中国价格及城镇居民家庭收支调查统计年鉴

2005

国家统计局城市社会经济调查总队 编

中国统计出版社
China Statistics Press

(京)新登字 041 号

图书在版编目(CIP)数据

中国价格及城镇居民家庭收支调查统计年鉴－2005
国家统计局城市社会经济调查总队编
－北京：中国统计出版社，2005.11
ISBN 7-5037-4817-6

Ⅰ.中…
Ⅱ.国…
Ⅲ.①城镇－职工家庭收支调查－统计资料－中国－2005－年鉴
②物价管理－统计资料－中国－2005－年鉴
Ⅳ.①F126.2－66
②F726.7－66

中国版本图书馆 CIP 数据核字(2005)第 130691 号

中国价格及城镇居民家庭收支调查统计年鉴－2005

作　　者/国家统计局城市社会经济调查总队
责任编辑/马　平
装帧设计/艺编广告·张　冰　方　红
出版发行/中国统计出版社
通信地址/北京市西城区月坛南街 75 号　邮政编码/100826
办公地址/北京市丰台区西三环南路甲 6 号
电　　话/(010)63459084　63266600－22500(发行部)
印　　刷/河北天普润印刷厂
经　　销/新华书店
开　　本/787×1092mm　1/16
字　　数/380 千字
印　　张/16
印　　数/1—1300 册
版　　别/2005 年 11 月第 1 版
版　　次/2005 年 11 月北京第 1 次印刷
书　　号/ISBN 7－5037－4817－6/F·2182
定　　价/128.00 元

《中国价格及城镇居民家庭收支调查统计年鉴－2005》

编 辑 委 员 会

编者说明

《中国价格及城镇居民家庭收支调查统计年鉴—2005》全面反映了2004年中国国内市场商品零售价格、居民消费价格、农业生产资料价格和城镇居民家庭生活的现状及变动情况。全书包括三部分内容：(一)专文；(二)价格调查资料；(三)城镇居民家庭收支调查资料。

居民消费价格是指城乡居民用于支付所购买的生活消费品和获得服务项目的价格。

商品零售价格是指工业、商业、餐饮业以及其他零售业向城乡居民、机关团体出售生活消费品和办公用品的价格。

农业生产资料价格是指工业、商业以及其他单位和个人向农民出售农业生产资料的价格。

价格指数是反映一定时期内价格变动趋势和变动程度的相对数。

可支配收入是指调查户可用于最终消费支出和其他非义务性支出以及储蓄的总和，即居民家庭可以用来自由支配的收入。计算公式为：

$$\text{可支配收入}=\text{家庭总收入}-\text{交纳所得税}-\text{个人交纳的社会保障支出}-\text{记帐补贴}$$

中国价格调查资料和城镇居民家庭收支调查资料是采用分类随机抽样方法收集、整理、汇总的，收录了全国、各省(区、市)，以及36个大中城市的资料。

目 录

专 文

价格调查资料

城镇居民家庭收支调查资料

(一)综合资料

(二)分省、自治区、直辖市调查资料

专　文

2004 年居民消费价格基本情况

2004 年，在党中央的正确领导和及时决策下，各地进一步加强和改善宏观调控，克服了经济运行中的不健康和不稳定因素，保持了平稳较快发展的良好势头，特别是在粮食等食品价格大幅上涨的情况下，全国居民消费价格总水平仍然保持基本稳定。与上年相比，居民消费价格总水平上涨了 3.9%。

一、总体变动特征

2004 年前 8 个月，价格总水平加速上涨。除春节不可比因素影响 1 月份价格同比涨幅高于 2 月份外，从 2 月份起价格同比涨幅从 2.1%一路上扬到 5.3%；9 月份涨幅略有回落，为 5.2%；10 月、11 月和 12 月涨幅快速回落，分别为 4.3%、2.8%和 2.4%。

与上月相比，1、3、4、8、9 及 12 月份环比价格指数上涨，2、5、6、7、11 月份环比价格指数下降，10 月份环比持平。2、11 月份环比指数下降主要是由于春节和“十一”等假日因素的滞后影响，而 5、6、7 三个月的环比指数下降主要是由鲜菜、鲜果等部分农产品的季节性价格走低引起的。

2004 年居民消费价格比去年同期上涨 3.9%，涨幅比上年同期扩大 2.7 个百分点。其中城市上涨 3.3%，农村上涨 4.8%。

(一)构成变动特征

1. 食品价格上涨是拉动价格总水平上涨的主要动力。

2004 年，粮食、油脂、肉禽蛋及水产品价格快速上涨对价格总水平的拉动力显著增强，而鲜菜价格的变动对价格总水平的影响则从 2003 年的正向拉动变为 2004 年的负向拉动。

粮食价格从年初即承继了上年末的快速上涨势头，于 4 月份达到最高点后开始回落，8、9 月份略有回升，但此后再度回落。与上年同期相比，全年累计，粮食价格上涨 26.4%，肉禽及其制品价格上涨 17.6%，水产品价格上涨 12.7%，油脂价格上涨 18.2%，鲜蛋价格上涨 21.2%，上述五项合计，引起居民消费价格总水平上涨 2.96 个百分点，占同期总涨幅的 76%。

2. 水、电、燃料价格涨幅逐月扩大，服务项目价格温和上涨，是拉动价格总水平上涨的重要因素。

2004 年，部分地区先后调整了水、电、燃料和一些服务性价格收费标准,如医疗保健服务、义务教育杂费和学杂托幼费等。与上年同期相比,全年服务项目价格上涨2.3%,拉动价格总水平上涨0.5个百分点。其中,医疗保健服务上涨5.2%,学杂托幼费上涨3.4%。

受国际原油价格剧烈波动和国内煤电油运总体供应紧张的影响,水、电、燃料价格不断上涨,2004年全年上涨7.5%,带动价格总水平上涨0.4个百分点。

3. 建材价格全面上扬,也是促使价格总水平上涨的一个方面。

受房地产市场持续升温和部分行业投资增长过快的影响,2004年以来,居住类中的建房及装修材料价格持续上涨。建材价格比上年同期上涨4.3%,拉动价格总水平上涨0.2个百分点。

4. 主要工业消费品价格继续下降,但降幅有所缩小。

2004年,除烟酒类价格因粮价上涨导致成本增加而转降为升外,居民消费中的大部分工业消费品价格仍呈下降态势。衣着、家庭设备用品价格分别比上年同期下降1.5%和1.4%。

5. 2003年价格上涨的"翘尾"影响是导致2004年价格总水平上涨的重要因素。

2003年上半年我国经济遭受"非典"重创,价格总水平基数相对较低,但9月份以后粮油价格大幅上涨,拉动居民消费价格总水平迅速攀高,从而对2004年的价格走势产生显著的"翘尾"影响。据测算,2004年居民消费价格3.9%的涨幅中,"翘尾"因素影响上涨2.2个百分点,占56%,而新涨价因素影响上涨1.7个百分点,占44%。

(二)农村居民消费价格涨幅继续高于城市

与上年同期相比,2004年城市居民消费价格总水平上涨3.3%,农村居民消费价格总水平上涨4.8%,农村涨幅高于城市1.5个百分点。在调查的八大类商品和服务中,除衣着类价格降幅农村大于城市0.1%外,其余七大类商品价格涨幅农村均高于城市,幅差在0.1—2.4个百分点之间。

二、影响2005年价格走势的因素

2004年宏观调控已经取得明显的效果,固定资产投资增幅逐步回落,货币信贷增势明显放慢,部分行业投资盲目扩张的势头得到遏制,经济发展中的一些薄弱环节逐步加强,特别是2004年农业获得丰收,粮食产量超过预期较多,这些都将有利于缓解供求矛盾,为2005年价格的基本稳定创造了有利条件。

但是,2005年价格运行仍然面临着较大的上涨压力。具体来看,影响2005年价格上涨的压力主要有如下几个方面:

(一)成本推动价格上涨的压力增大

从2002年底起,生产资料价格呈不断上涨的趋势,到2004年已上涨到10.7%,为1996年以来上涨幅度最高的一年,成为拉动工业品价格上涨的主要因素。目前生产资料价格上涨的势头仍在延续，这种趋势将加大对2005年价格总水平上涨的滞后影响。特别是原油、煤炭、电力、运输等资源紧张已成为制约经济运行中的“瓶颈”，并在短期内难以根本缓解。据有关部门预测，2005年全国煤炭供应缺口约在8000万吨左右；电力缺口估计在2500万千瓦左右。电力需求的增长直接带动煤炭需求的增长，而煤炭需求的增长又直接拉动运输需求的增长；铁路运能的不足直接刺激了公路和水路运输的发展，从而加大了对油品的消耗，进而形成了煤电油运全面紧张的局面。2005年煤炭、电力价格上涨已成必然趋势。由于对中国钢铁产量继续增加的预测，国外铁矿石企业已敲定2005年铁矿石价格涨幅达71.5%，大大超出了原先的预期。目前我国50%的铁矿石依赖进口。铁矿石价格的大幅上涨必将带动钢材价格的再度大幅回升，同时影响下游产业。例如家电行业的利润已逼近“零”利润，以钢材、塑料为代表的关键性原材料成本至少占白色家电整机成本的1/3。钢材价格的上涨势必加大对下游产业价格的上涨压力。另外，尽管2004年粮食产量超过预期，在一定程度上缓解了供求矛盾，但仍然存在缺口。我国农业特别是粮食生产还主要依靠天气、气候的配合，如果2005年气候条件不好，靠天吃饭的农业生产有可能出现粮食减产的情况，粮食价格有可能出现进一步上升，并带动肉禽及其制品、蛋类、水产品、蔬菜、水果等主要副食品价格的上涨。

（二）城市公共服务项目的政策性调价因素将明显增加

目前，我国公用事业中水价、电价、燃气、学费等均存在较大的涨价压力，铁路运输、城市公交运输、有线电视收费等也有涨价的压力。由于2004年各地公共服务事业收费受到政府对价格总水平上升“两条线控制”措施的制约，延缓了各地公共服务项目价格上调措施的出台，许多地区出现延缓出台的现象，这部分涨价的矛盾推迟到了2005年，必将加大2005年服务价格上涨的压力。

（三）国际市场价格上涨、美元贬值，将加大我国价格上涨的影响

2005年世界经济形势仍然保持上升的空间，国际市场价格特别是资源性产品价格仍将继续走高。我国经济处于高速增长阶段，资源消耗量大；同时，我国又是资源短缺型国家，对国外的资源依赖性较强，国际市场资源类产品价格上涨对我国国内价格的上涨的影响很大。尤其是国际原油价格的波动，直接影响国内成品油和液化气价格，并迅速在化工、运输等多个经济领域产生连锁反应，诸多行业面临成本上升的巨大压力。此外，美元的持续贬值，导致与美元汇率挂钩的人民币跟随贬值，促使我国的进口成本大幅度上涨，将进一步增加国内价格上涨的压力。

面临2005年多方面的价格上涨压力，国家宏观经济政策继续2004年的“双稳健政策”，“有保有压”、有紧有松。对过热行业如房地产、钢铁等行业继续保持紧缩措施，而对非过热行业特别是弱势产业和中小企业采取较为宽松的信贷政策，生产和投资增速有望进一步回落，需求对价格总水平的上推作用有所减弱。综合分析影响价格总水平的各种因素，我们认为，影响2004年价格走势的主要因素2005年仍将发挥作用,只是程度有所不同,加上2004年涨价的滞后影响,预计2005年居民消费价格总水平的涨幅将低于2004年;工业品价格总水平仍将高位运行。

三、政策和建议

为了巩固宏观调控成果,促进经济平稳健康发展,中央确定2005年宏观经济政策继续2004年的"双稳健"的取向,落实科学发展观,把科学发展观贯穿于经济和社会发展的各个方面。

(一)控制固定资产投资规模,继续把好土地审批和信贷投放这两个闸门

坚持实行最严格的土地管理制度,完善政策,从严执法。加强城市规划和土地管理,继续开展土地市场治理整顿,严格控制农用地转为建设用地,合理控制城市建设规模。同时,要防止投资下滑过度的问题,因为房地产和城市投资对整个社会的投资贡献及其带动作用都非常大,它们的显著降温可能使投资增长下滑过度。

(二)调整经济结构,提高经济运行的质量和效益

由于我国经济仍处在本轮经济增长同期的快速增长期,对能源、原材料的需求仍将保持快速增长。我国人均煤炭和石油资源量仅为世界平均水平的60%和10%,而我国已成为世界第二大能源消费国和第二大石油消费国,能源供应紧张局面日趋严重。近年来的快速增长在很大程度上是靠消耗大量物质资源实现的。我国单位产出的能耗和资源消耗水平明显高于国际先进水平,如果继续按照传统的发展模式以大量消耗资源来实现工业化,我国的资源需求量将接近世界其他国家资源消费量的总和,这是难以为继的。因此,要合理开发和利用现有资源,调整经济结构,把经济发展速度保持在能源、资源能够承载的区间内,转变增长方式,坚持可持续发展的道路,既要考虑当前发展的需求,又要考虑未来发展的需求,不能以牺牲后代人的利益为代价来满足当代人的利益,走一条科技含量高、经济效益好、资源消耗低、环境污染少、人力资源优势得到充分发挥的路子。

(三)稳定粮食价格,减轻农民负担,增加农民收入

2004年粮食的增产,只是缩小了粮食供求的缺口,并没有完全实现粮食的供求平衡,特别是在品种上、地域上还存在相当的供求缺口。因此,对2005年的粮食生产不能放松。除了要继续贯彻落实已出台的各项促进农民粮食生产积极性的政策措施外,还要在帮助农民引进和推广农业生产先进技术、优良品种、科学管理方面,采取一些鼓励政策,进一步减轻农民负担,增加农民收入。继续贯彻落实粮食最低收购价格、减免农业税、对粮食生产实行直接补贴等各项已出台的促进农民收入增长的政策措施,加强对涉农价格的管理,特别要加强农业生产资料价格的过快上涨的管理,加快和深化农村税费改革,确保粮食价格的基本稳定。

(四)合理控制各地公共服务项目价格上调,既要疏导价格矛盾,又要控制服务价格的过快上涨

2004年各地推迟了公共服务价格上调措施的出台,这将使2005年各地公共服务项目提价的压力增加。如果各地出台公共服务价格上调措施过多,幅度过大,会影响价格总水平上涨较大,难以实现全年价格总水平涨幅的控制目标,也会对低收入群体造成难以承受的经济压力。应根据价格运行的实际情况和趋势变化,合理地控制各地公共服务价格上调措施的出台时间和力度,调价时应充分考虑城市低收入阶层的承受能力,并防止其他商品及服务搭车涨价。

2004年城镇居民收支持续增长

随着国民经济持续较快发展，我国城镇居民收入稳步增长，消费水平和生活质量有新的提高。但收入差距呈扩大趋势，居民消费需求有待进一步培育和扩大。

一、可支配收入实际增长7.7%

(一)可支配收入变动趋势

2004年，全国城镇居民人均可支配收入为9422元，比上年增长11.2%，扣除价格上涨因素，实际增长7.7%，比2003年的增幅减少1.3个百分点。分季度看，2004年一季度、二季度、三季度及四季度城镇居民人均可支配收入分别为2639元、2176元、2257元和2350元，同比增长分别为12.0%、11.9%、10.3%和10.6%，增幅呈下降的趋势，与2003年逐季上升趋势形成鲜明对照(见图1)，主要原因是2003年出台的调资政策翘尾影响逐渐消失，居民增收途径不多。

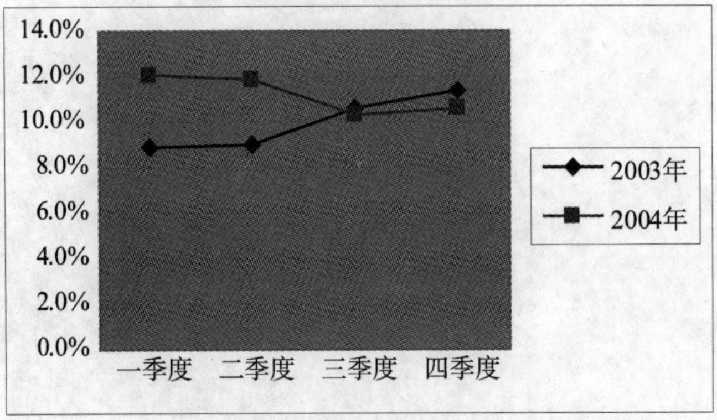

图1　2003～2004年各季度可支配收入同比增长

(未扣除价格因素)

(二)收入构成及增长原因

1. 工薪收入仍是城镇居民可支配收入的主体

城镇居民可支配收入仍以工薪收入为主。2004年，城镇居民人均工薪收入达7153元，比上年增长11.8%，增加额占全部可支配收入增加额的78%。

工薪收入增长的主要原因：一是部分经济发达地区在2003年下半年

或2004年，大幅度提高了机关事业单位职工的工资或增加补贴，如北京、山西、内蒙、辽宁、吉林、浙江、广东、广西、四川、甘肃等省市。二是企业改制及相关政策贯彻落实，促进了企业效益提高，特别是经济发达地区的企业职工工资和奖金增长较快。

2. 个体家庭经营活动不断壮大

2004年，城镇居民家庭经营净收入为494元，比上年增长22.3%。当年从事个体经营活动的人数虽与上年持平，但宏观经济较快发展和支持鼓励民营经济发展的各项措施落实，提高了个体从业人员的经营效益。

3. 财产性收入增长19.4%

2004年，全国城镇居民财产性收入为161元，比上年增长19.4%，主要是出租房屋收入快速增长所致。当年城镇居民出租房屋收入为86元，同比增长了50%，占财产性收入的比重为54%。主要原因是出租房屋的面积同比增长了39.0%；同时，全国大部分地区房价持续上涨带动了房屋租赁价格攀升，也促使出租房屋收入明显增加。

4. 转移性收入增长9.9%

2004年，城镇居民人均转移性收入为2321元，比上年增长9.9%。一是占转移性收入近八成的养老金或离退休金收入受2003年底以来一些省市加薪拉动的影响，同比增长11.6%；二是各级政府加大了社会保障力度。很多省市上调了最低生活保障线或扩大了居民最低生活保障覆盖面，明显地增加了城镇低收入居民的转移性收入。

(三)收入差距状况

1. 高、低收入组的收入差距呈扩大趋势

从收入水平来看，2004年城镇居民家庭中收入最高10%家庭的人均可支配收入为25377元，是收入最低10%家庭的8.9倍，而2003年是8.4倍。从增长速度来看，收入最高10%家庭的人均可支配收入比上年增长16.2%，而最低10%家庭的人均可支配收入增长10.5%，比前者低5.7个百分点。收入增长速度的明显差异使高低收入组之间差距继续呈扩大趋势。

2. 地区间收入差距变化不大

2004年，东部、中部和西部城镇居民人均可支配收入分别为11523元、7829元和7895元，东部是中部和西部的1.47倍和1.46倍，与2003年几乎相同。东部、中部与西部之间的差距没有明显变化。

城镇居民人均可支配收入超过13000元的省份全部集中在东部地区，分别是上海(16683元)、北京(15638元)、浙江(14546元)和广东(13628元)。居后的省份均为西部地区，分别是宁夏(7218元)、青海(7320元)、贵州(7322元)和甘肃(7377元)。

36个大中城市人均可支配收入为11631元，增长11.3%，收入水平超过全国平均水平23%。人均可支配收入排在前五位的城市是深圳(25865元)、广州(16884元)、上海(16683元)、宁波(15881元)和北京(15638元)。

位于后五名的是西宁(7626元)、兰州(7683元)、银川(7984元)、西安(8544元)和合肥(8610元)。

二、居民消费性支出实际增长6.8%

2004年,全国城镇居民人均消费性支出为7182元,比上年增长10.3%,扣除价格因素,实际增长6.8%。

2004年城镇居民人均八大类消费性支出呈七升一降格局(详见表1),主要有以下特点:

(一)服务性消费增长较快

随着一些传统福利制度的取消和第三产业的发展,居民服务性消费支出增长速度加快。2004年服务性消费支出为2013元,比上年增长了14.4%,不但超过2003年的增长幅度,也大大超过商品消费的增幅,保持了较快的增长势头。服务性消费支出占消费性支出的比重达到28%,比2003年提高了1个百分点。服务消费水平的高低是反映生活质量提高的一个重要标志,调查数据表明人们的消费观念发生了积极变化,传统的消费观念正在被新的观念所取代,花钱买时间、买时尚、买轻松、买健康等正成为城镇居民消费的新趋势。

表1　2004年城镇居民消费性支出情况

	实际数(元)	比上年增长(%)
消费性支出	7182	10.3
其中:服务性消费支出	2013	14.4
1. 食品	2710	12.1
2. 衣着	687	7.7
3. 家庭设备用品及服务	407	−0.7
4. 医疗保健	528	11.0
5. 交通和通信	844	17.0
6. 教育文化娱乐服务	1033	10.5
7. 居住	734	4.9
8. 杂项商品和服务	240	11.7

(二)家用汽车成为城镇居民的消费热点

2004年城镇居民消费支出中,交通和通信类支出继续保持快速增长势头,其中交通支出增势不减。当年全国城镇居民交通支出为389元,增长31%。主要原因是:(1)家用汽车增长迅猛。当年城镇居民购买汽车同比增长94%,更多普通百姓家庭拥有了自己的家用轿车。(2)受油价上升和家用汽车增加的影响,车用燃料支出增长42%。(3)受旅游升温的影响,交通费支出增长15%。

(三)食品价格上涨,恩格尔系数出现逆转

2004 年,粮、油、肉、禽、蛋等价格比上年明显上涨,直接拉动了城镇居民人均食品类消费支出明显增加。当年食品类支出达 2710 元,增长 12.1%,比 2003 年高 7 个多百分点。恩格尔系数达 37.7%,一反近几年持续下降趋势,超过上年 0.6 个百分点。

(四)非消费性支出增长快于消费性支出增长

2004 年,城镇居民人均非消费性支出 2531 元,比上年增长 14%,高于消费性支出增幅 3.7 个百分点。非消费性支出占总支出的比重为 26.1%,比 2003 年提高了 0.7 个百分点(详见表 2)。

(五)边际消费倾向大幅上升

2004 年,城镇居民消费倾向为 76.2%,比上年的 76.9%略有下降。边际消费倾向为 70.6%,比上年的 62.5%上升了 8.1 个百分点,主要原因是价格上涨明显增加了居民消费支出。

表 2 2004 年城镇居民人均支出及增长速度

项 目	实际数(元)	增长速度(%)
人均总支出	9714	11.3
1. 消费性支出	7182	10.3
2. 购房与建房支出	801	16.1
3. 转移性支出	1117	9.7
4. 财产性支出	15	62.6
5. 社会保障支出	598	19.0

三、值得注意的问题

(一)食品价格上涨使低收入群体消费支出明显增加

2004 年,收入最低 10%的城镇居民户人均消费性支出 2855 元,恩格尔系数达 49.7%,比全国平均水平高 12 个百分点,比上年也高 2 个百分点。食品价格上涨加重了低收入户的生活负担。据测算,受粮食、油、肉、禽、蛋、鱼、鲜菜等价格上涨的影响,收入最低 10%的家庭购买这 7 类食品的人均支出需增加 144 元,户均支出需增加 484 元(平均每月增加 40 元),占全部食品类支出的 10.2%,给低收入户日常生活带来了很大困难。

(二)收入差距加大不利于扩大居民消费需求

通过比较不同收入组城镇居民家庭的平均消费倾向(见表 3),可以看到平均消费倾向随着收入的增加而下降,且存在较大差异。

2004 年收入最低 10%家庭的人均消费性支出为 2855 元,仅及全国平均水平的三成,其食品支出占消费支出的比重较大,恩格尔系数高达 49.7%。总体看,收入最低 10%的家庭人均可支配收入仅比消费支出高 7 元,处于收支大体相抵状态,其消费倾向达 99.8%。而高收入群体收入多,消费支出增速也高于低收入群体，但受限于消费热点不多的影响，消费倾向只有66.4%，大大低于其他群体，致使大部分收入增量沉淀下来，从而向储蓄和投资倾斜，即期消费不多。

表3　2004年城镇居民高低收入组的收入与消费关系表

类　别	人均可支配收入（元）	人均消费性支出（元）	消费倾向（%）	可支配收入比上年增长（%）	人均消费性支出比上年增长（%）
全　　国	9422	7182	76.2	11.2	10.3
最低10%收入组	2862	2855	99.8	10.5	11.4
最高10%收入组	25377	16842	66.4	16.2	16.0

因此，在我国城镇居民消费水平普遍提高的同时，应看到低收入群体在娱乐文教服务、居住、杂项商品和服务、医疗保健等方面的支出受收入制约，未能完全达到基本需求水平。各级政府要采取切实措施保证居民收入的稳定增长，并在效率优先、兼顾公平的原则下，逐步解决收入分配制度不完善、居民收入差距拉大的问题。要利用再分配和调控手段，不断提高低收入群体的收入水平。另一方面，要不断培育消费热点，出台有效的扩大内需、刺激消费的政策，以提高高收入群体居民的消费倾向和即期消费水平。

价格调查资料

1978～2004年全国价格总指数(一)

(上年价格=100)

年份	商品零售价格指数	城市	农村	居民消费价格指数	城市	农村	农业生产资料价格指数
1978	100.7	102.5	100.1		100.7		99.9
1979	102.0	101.9	102.0		101.9		100.4
1980	106.0	108.1	104.4		107.5		101.0
1981	102.4	102.7	102.1		102.5		101.7
1982	101.9	102.1	101.7		102.0		101.9
1983	101.5	101.9	101.2		102.0		103.0
1984	102.8	102.5	103.0		102.7		108.9
1985	108.8	112.2	107.0	109.3	111.9	107.6	104.8
1986	106.0	107.0	105.0	106.5	107.0	106.1	101.1
1987	107.3	109.1	106.3	107.3	108.8	106.2	107.0
1988	118.5	121.3	117.1	118.8	120.7	117.5	116.2
1989	117.8	116.0	118.8	118.0	116.3	119.3	118.9
1990	102.1	100.2	103.2	103.1	101.3	104.5	105.5
1991	102.9	104.5	102.0	103.4	105.1	102.3	102.9
1992	105.4	107.7	103.9	106.4	108.6	104.7	103.7
1993	113.2	114.2	112.6	114.7	116.1	113.7	114.1
1994	121.7	120.9	122.9	124.1	125.0	123.4	121.6
1995	114.8	113.5	116.4	117.1	116.8	117.5	127.4
1996	106.1	105.8	106.4	108.3	108.8	107.9	108.4
1997	100.8	100.8	100.7	102.8	103.1	102.5	99.5
1998	97.4	97.4	97.6	99.2	99.4	99.0	94.5
1999	97.0	97.0	97.1	98.6	98.7	98.5	95.8
2000	98.5	98.5	98.5	100.4	100.8	99.9	99.1
2001	99.2	98.9	99.6	100.7	100.7	100.8	99.1
2002	98.7	98.5	99.1	99.2	99.0	99.6	100.5
2003	99.9	99.6	100.5	101.2	100.9	101.6	101.4
2004	102.8	102.1	104.2	103.9	103.3	104.8	110.6

1978～2004年全国价格总指数(二)

(1978年价格=100)

年份	商品零售价格指数	城市	农村	居民消费价格指数(1985年=100)	城市	农村(1985年=100)	农业生产资料价格指数
1978	100.0	100.0	100.0		100.0		100.0
1979	102.0	101.9	102.0		101.9		100.4
1980	108.1	110.2	106.5		109.5		101.4
1981	110.7	113.2	108.7		112.2		103.1
1982	112.8	115.6	110.5		114.4		105.1
1983	114.5	117.8	111.8		116.7		108.3
1984	117.7	120.7	115.2		119.9		117.9
1985	128.1	135.4	123.3	100.0	134.2	100.0	123.6
1986	135.8	144.9	129.5	106.5	143.6	106.1	125.0
1987	145.7	158.1	137.7	114.3	156.2	112.7	133.8
1988	172.7	191.8	161.2	135.8	188.5	132.4	155.5
1989	203.4	222.5	191.5	160.2	219.2	157.9	184.9
1990	207.7	222.9	197.6	165.2	222.0	165.1	195.1
1991	213.7	232.9	201.6	170.8	233.3	168.9	200.8
1992	225.2	250.8	209.5	181.7	253.4	176.8	208.2
1993	254.9	286.4	235.9	208.4	294.2	201.0	237.6
1994	310.2	346.3	289.9	258.6	367.8	248.0	288.9
1995	356.1	393.1	337.4	302.8	429.6	291.4	368.1
1996	377.8	415.9	359.0	327.9	467.4	314.4	399.0
1997	380.8	419.2	361.5	337.1	481.9	322.3	397.0
1998	370.9	408.3	352.8	334.4	479.0	319.1	375.2
1999	359.8	396.1	342.6	329.7	472.8	314.3	359.4
2000	354.4	390.2	337.5	331.0	476.6	314.0	356.2
2001	351.6	385.9	336.2	333.3	479.9	316.5	353.0
2002	347.0	380.1	333.2	330.6	475.1	315.2	354.8
2003	346.7	378.6	334.9	334.6	479.4	320.2	359.8
2004	356.4	386.6	349.0	347.7	495.2	335.6	397.9

2004年各地区居民消费价格指数和商品零售价格指数

（上年价格＝100）

地区	居民消费价格指数			商品零售价格指数		
	省(区、市)	城市	农村	省(区、市)	城市	农村
全国平均	**103.9**	**103.3**	**104.8**	**102.8**	**102.1**	**104.2**
北京	101.0	101.0		99.2	99.2	
天津	102.3	102.3		100.8	100.8	
河北	104.3	103.7	104.8	103.2	102.3	104.0
山西	104.1	103.6	105.4	103.1	102.4	104.2
内蒙古	102.9	102.5	103.9	102.7	102.4	103.1
辽宁	103.5	102.8	106.3	101.9	101.5	103.9
吉林	104.1	103.6	105.1	103.5	103.1	104.9
黑龙江	103.8	103.5	105.2	102.8	102.1	105.0
上海	102.2	102.2		100.9	100.9	
江苏	104.1	103.7	104.6	102.2	101.7	103.5
浙江	103.9	102.8	104.6	102.7	102.0	103.6
安徽	104.5	104.3	104.8	102.7	102.2	103.3
福建	104.0	103.8	104.3	102.7	102.4	103.2
江西	103.5	103.3	103.5	103.0	101.9	104.0
山东	103.6	102.8	104.6	102.8	102.3	103.7
河南	105.4	105.4	105.4	105.7	105.3	106.0
湖北	104.9	104.5	105.8	104.1	103.1	105.4
湖南	105.1	104.1	105.7	103.9	103.0	105.0
广东	103.0	102.6	103.7	102.9	102.5	103.7
广西	104.4	104.1	104.9	103.9	103.4	104.4
海南	104.4	103.2	106.4	103.4	103.0	103.8
重庆	103.7	103.7		101.4	101.4	
四川	104.9	104.6	105.2	103.7	102.8	104.6
贵州	104.0	103.5	105.3	103.2	102.4	104.4
云南	106.0	106.1	105.9	104.7	104.5	105.0
西藏	102.7	102.0	103.4	100.7	100.5	101.2
陕西	103.1	103.0	103.2	102.5	101.9	103.7
甘肃	102.3	101.3	104.3	102.1	102.0	102.1
青海	103.2	102.1	105.5	102.6	102.7	102.2
宁夏	103.7	103.3	104.5	102.8	102.1	104.2
新疆	102.7	102.1	104.5	100.7	99.4	103.2

2004年全国居民消费价格分类指数(一)

(上年价格=100)

项　　目	全国	城市	农村	其中:36个大中城市
居民消费价格总指数	**103.9**	**103.3**	**104.8**	**102.4**
一、食品	**109.9**	**109.1**	**111.5**	**107.3**
1.粮食	126.4	125.7	127.7	124.2
2.淀粉及薯类	106.8	105.6	109.3	105.8
3.干豆类及豆制品	120.5	120.8	119.9	119.3
4.油脂	118.2	115.1	121.8	114.4
5.肉禽及其制品	117.6	117.9	117.1	115.1
(1)食用畜肉及副产品	121.7	121.9	121.4	118.9
(2)禽	113.4	113.4	113.6	112.7
(3)肉禽加工制品	107.1	106.7	107.7	106.3
6.蛋	120.2	120.4	119.6	120.1
7.水产品	112.7	111.9	114.7	110.4
(1)鱼	118.5	118.5	118.5	117.6
(2)其它水产品	103.9	103.9	104.4	103.7
8.菜	95.1	94.2	97.4	93.5
9.调味品	101.5	102.0	101.0	102.8
10.糖	102.2	101.6	103.0	101.1
11.茶及饮料	100.0	100.1	99.8	99.9
(1)茶叶	101.1	101.4	100.5	100.6
(2)饮料	99.5	99.5	99.4	99.7
12.干鲜瓜果	104.0	103.8	104.5	105.2
13.糕点饼干面包	101.6	101.9	101.0	102.3
14.奶及奶制品	100.5	100.2	101.8	99.7
15.在外用膳食品	104.1	103.8	104.6	103.0
16.其它食品及食品加工服务	101.2	101.1	101.4	101.0
二、烟酒及用品	**101.2**	**101.2**	**101.3**	**100.5**
1.烟草	100.9	100.6	101.1	99.7
2.酒	102.2	102.8	101.7	102.5
3.吸烟饮酒用品	99.3	98.8	100.7	98.0
三、衣着	**98.5**	**98.5**	**98.4**	**98.4**
1.服装	98.3	98.4	98.1	98.4
(1)男式服装	98.2	98.2	97.9	98.3
(2)女式服装	98.5	98.7	97.9	98.6
(3)儿童服装	98.4	98.0	98.7	97.3
2.衣着材料	100.2	99.9	100.5	100.2
3.鞋袜帽	98.3	98.2	98.6	98.0
(1)鞋	98.2	98.1	98.4	97.8
(2)袜子	99.3	99.4	99.3	99.8
(3)帽子	98.5	97.9	99.0	99.1
4.衣着加工服务	100.7	100.6	100.8	100.3

2004年全国居民消费价格分类指数(二)

(上年价格=100)

项　　目	全国	城市	农村	其中:36个大中城市
四、家庭设备用品及服务	**98.6**	**98.1**	**99.7**	**98.2**
1.耐用消费品	97.1	96.6	98.3	96.5
(1)家具	98.9	98.6	99.4	98.8
(2)家庭设备	96.1	95.7	97.3	95.4
2.室内装饰品	99.2	99.1	99.4	99.6
3.床上用品	99.3	98.6	100.5	98.7
4.家庭日用杂品	99.8	99.5	100.4	99.5
5.家庭服务及加工维修服务	101.9	101.3	103.3	102.1
五、医疗保健和个人用品	**99.7**	**99.2**	**100.5**	**99.2**
1.医疗保健	99.1	98.4	100.1	98.3
(1)医疗器具及用品	102.3	103.3	101.6	102.4
(2)中药材及中成药	98.9	98.9	99.1	99.5
(3)西药	94.9	95.3	94.1	94.3
(4)保健器具及用品	98.6	99.2	96.9	99.5
(5)医疗保健服务	105.2	103.6	106.8	102.9
2.个人用品及服务	101.2	101.0	101.3	101.4
(1)化妆美容用品	98.8	98.8	99.0	98.1
(2)卫生用品	98.4	98.2	98.8	98.2
(3)个人饰品	104.5	106.1	102.7	106.8
(4)个人服务	101.8	101.3	102.4	101.3
六、交通和通信	**98.5**	**97.9**	**99.8**	**97.4**
1.交通	100.4	100.1	100.7	99.6
(1)交通工具	96.5	95.1	97.8	94.2
(2)车用燃料及零配件	107.7	108.1	107.1	108.4
(3)车辆使用及维修	101.0	101.2	100.7	102.0
(4)市区公共交通	101.0	101.1	100.5	101.1
(5)城市间交通	102.5	101.6	103.4	100.9
2.通信	96.8	96.2	98.4	95.6
(1)通信工具	84.3	82.0	89.9	77.0
(2)通信服务	99.8	99.5	100.7	99.6
七、娱乐教育文化用品及服务	**101.3**	**100.8**	**102.1**	**100.5**
1.文娱用耐用消费品及服务	93.3	92.6	94.8	91.3
2.教育	103.4	103.1	103.8	102.7
(1)教材及参考书	102.8	102.5	103.4	101.9
(2)学杂托幼费	103.4	103.2	103.8	102.8
3.文化娱乐用品	101.1	101.3	100.2	102.2
(1)文化娱乐	99.4	99.4	99.3	99.9
(2)书报杂志	100.6	100.5	100.7	100.4
(3)文娱费	103.2	103.5	101.7	105.2
4.旅游及外出	100.6	100.8	100.5	102.0
八、居住	**104.9**	**104.3**	**105.8**	**103.3**
1.建房及装修材料	104.3	103.2	104.8	102.5
2.租房	103.0	103.1	102.6	101.5
3.自有住房	100.9	100.9	101.1	101.2
4.水、电、燃料	107.5	106.7	109.1	105.2

2004年各地区居民消费价格指数(一)

(上年价格=100)

地区	居民消费价格指数	一、食品	1.粮食	2.淀粉及薯类	3.干豆类及豆制品	4.油脂
全国平均	**103.9**	**109.9**	**126.4**	**106.8**	**120.5**	**118.2**
北京	101.0	104.8	120.6	102.1	117.2	117.0
天津	102.3	109.9	123.7	102.3	119.9	120.1
河北	104.3	110.7	123.7	107.2	123.3	122.1
山西	104.1	109.5	123.4	109.6	121.5	114.2
内蒙古	102.9	108.8	124.4	105.8	122.4	116.0
辽宁	103.5	108.7	126.6	103.6	122.2	111.7
吉林	104.1	110.2	132.9	107.5	124.2	109.4
黑龙江	103.8	108.8	125.4	105.0	122.2	112.1
上海	102.2	108.3	133.9	107.2	119.6	114.2
江苏	104.1	110.2	136.4	105.4	128.1	112.1
浙江	103.9	111.1	135.5	107.0	123.1	119.0
安徽	104.5	110.8	139.6	107.5	115.2	120.6
福建	104.0	109.9	125.7	106.7	118.3	115.5
江西	103.5	109.0	127.3	112.1	117.4	119.6
山东	103.6	109.1	124.3	106.8	125.1	123.7
河南	105.4	113.5	128.1	113.3	124.3	122.0
湖北	104.9	110.7	128.1	105.9	115.3	119.1
湖南	105.1	111.6	127.5	107.2	121.0	125.4
广东	103.0	107.5	116.8	105.3	110.6	113.2
广西	104.4	112.2	125.5	113.7	126.9	125.2
海南	104.4	111.0	115.4	106.7	109.4	107.7
重庆	103.7	111.0	127.1	129.4	116.0	121.4
四川	104.9	111.2	124.2	105.2	114.8	121.8
贵州	104.0	112.6	124.7	107.3	118.2	120.3
云南	106.0	114.8	126.6	99.7	115.4	119.4
西藏	102.7	105.3	112.4	98.5	105.3	109.7
陕西	103.1	107.3	123.9	110.6	121.7	111.6
甘肃	102.3	106.2	117.8	112.4	113.8	110.6
青海	103.2	106.5	113.9	105.2	127.7	116.6
宁夏	103.7	109.6	120.0	110.2	121.3	115.2
新疆	102.7	105.8	116.3	102.8	118.2	106.1

2004年各地区居民消费价格指数(二)

(上年价格=100)

地区	5.肉禽及其制品	(1)食用畜肉及副产品	(2)禽	(3)加工肉禽	6.蛋	7.水产品
全国平均	**117.6**	**121.7**	**113.4**	**107.1**	**120.2**	**112.7**
北京	110.1	112.5	103.9	108.4	112.7	107.1
天津	113.9	116.2	118.3	105.9	123.8	131.6
河北	115.9	120.0	112.7	105.4	124.9	114.1
山西	120.5	125.2	116.8	106.5	123.9	120.5
内蒙古	113.6	115.3	112.3	105.8	120.9	120.5
辽宁	115.4	116.7	118.0	106.2	122.8	107.8
吉林	115.2	117.6	114.2	104.9	119.2	112.7
黑龙江	113.3	115.8	112.6	103.8	118.3	114.5
上海	116.8	121.9	119.3	106.7	118.6	107.7
江苏	117.4	122.6	115.5	106.0	120.9	114.7
浙江	119.8	125.0	117.5	105.4	122.6	111.6
安徽	120.1	124.4	111.9	106.1	117.5	119.5
福建	115.1	120.7	110.4	104.7	124.0	107.2
江西	117.4	121.1	112.2	111.0	118.9	118.5
山东	117.9	121.2	114.7	109.9	121.2	110.3
河南	119.6	123.9	116.7	108.6	119.6	118.4
湖北	120.1	124.1	114.8	108.5	119.8	123.5
湖南	121.5	124.9	114.1	110.4	120.1	122.5
广东	112.8	117.2	107.4	105.1	117.3	108.6
广西	118.5	122.5	112.7	113.8	120.1	112.3
海南	123.7	132.9	103.6	122.0	110.9	109.0
重庆	121.5	126.1	118.1	104.3	117.2	111.6
四川	120.9	125.6	118.2	106.7	117.0	118.2
贵州	122.8	128.0	116.0	109.0	115.2	116.2
云南	123.3	130.0	112.0	109.5	116.2	111.0
西藏	111.9	115.6	101.6	101.6	102.0	111.5
陕西	120.8	126.6	118.1	103.9	122.0	116.0
甘肃	114.5	120.1	110.0	103.8	123.0	116.3
青海	113.9	114.1	123.6	107.4	118.9	115.5
宁夏	118.1	117.8	120.5	115.7	124.9	123.6
新疆	108.8	109.1	108.5	106.5	114.1	115.5

2004年各地区居民消费价格指数(三)

(上年价格=100)

地　区	(1)鱼	(2)其他水产品	8.菜	9.调味品	10.糖	11.茶及饮料
全国平均	**118.5**	**103.9**	**95.1**	**101.5**	**102.2**	**100.0**
北　京	115.1	99.2	95.2	99.3	100.6	99.0
天　津	117.9	137.8	94.5	104.3	99.8	99.7
河　北	116.9	108.0	94.3	102.3	100.6	100.0
山　西	125.0	107.2	83.5	104.8	102.6	100.9
内蒙古	124.3	103.2	92.2	101.2	103.2	98.8
辽　宁	117.0	96.9	92.7	100.5	100.9	99.4
吉　林	117.6	102.0	92.7	103.4	101.2	100.1
黑龙江	118.1	108.1	93.0	100.2	102.8	99.8
上　海	119.8	99.1	95.5	102.9	102.1	100.2
江　苏	122.4	102.3	90.4	102.4	102.4	99.3
浙　江	120.2	100.6	96.9	103.0	102.2	99.6
安　徽	124.2	104.3	78.9	103.4	103.1	102.0
福　建	111.8	102.9	104.8	101.4	103.2	99.9
江　西	122.5	108.7	88.8	99.4	102.6	99.4
山　东	120.3	98.9	89.8	101.0	101.0	100.7
河　南	123.1	107.4	104.4	100.0	102.3	99.6
湖　北	131.9	110.2	91.9	100.9	101.6	99.1
湖　南	126.6	107.3	87.9	101.0	101.7	100.8
广　东	111.0	104.5	102.8	100.3	102.0	101.2
广　西	112.6	111.0	102.1	100.6	102.4	98.5
海　南	111.5	103.5	105.1	99.2	106.5	97.8
重　庆	115.6	103.6	112.6	102.5	103.1	101.9
四　川	121.5	108.4	95.7	102.2	105.7	99.4
贵　州	118.3	110.5	98.6	104.5	100.5	99.6
云　南	108.6	111.1	119.9	101.3	103.2	98.9
西　藏	113.0	107.1	92.6	99.0	97.8	102.2
陕　西	123.8	98.6	82.0	102.4	104.6	100.5
甘　肃	122.5	101.0	93.2	99.5	99.1	100.9
青　海	119.1	109.8	91.2	100.6	100.5	99.7
宁　夏	132.5	100.6	94.0	100.0	103.5	100.4
新　疆	125.2	99.1	100.3	99.0	100.4	99.3

2004 年各地区居民消费价格指数(四)

(上年价格=100)

地　区	(1)茶叶	(2)饮料	12.干鲜瓜果	13.糕点饼干	14.奶及奶制品	15.在外用膳食品
全国平均	**101.1**	**99.5**	**104.0**	**101.6**	**100.5**	**104.1**
北　京	99.4	98.9	102.3	101.8	98.8	105.0
天　津	102.9	98.5	109.2	105.9	100.0	103.9
河　北	98.9	100.4	107.7	102.4	103.0	102.4
山　西	103.0	100.3	107.7	103.2	102.3	104.4
内蒙古	99.7	98.6	99.8	103.8	101.1	105.1
辽　宁	98.8	99.7	102.8	102.9	97.8	102.4
吉　林	100.6	99.9	105.7	99.7	101.9	102.2
黑龙江	99.9	99.8	101.9	101.5	100.8	103.0
上　海	100.0	100.3	118.3	100.6	99.6	104.2
江　苏	101.0	98.8	103.9	102.3	100.3	104.9
浙　江	101.4	99.1	106.3	101.3	100.1	105.4
安　徽	105.0	98.7	101.6	99.9	99.2	103.3
福　建	99.7	100.1	98.1	100.4	98.1	105.1
江　西	100.0	99.4	100.2	102.5	99.7	103.3
山　东	102.5	99.5	107.1	99.9	100.6	104.8
河　南	101.1	99.3	106.1	100.9	102.9	105.0
湖　北	100.4	98.5	104.3	102.2	100.9	103.4
湖　南	102.1	100.2	102.2	103.3	103.3	103.5
广　东	102.8	100.0	102.1	101.8	100.5	103.0
广　西	97.0	99.5	102.9	104.5	102.2	103.5
海　南	95.4	98.4	107.2	99.8	102.4	97.3
重　庆	102.8	101.4	99.6	101.4	100.1	100.1
四　川	100.1	99.1	102.1	101.0	96.8	104.8
贵　州	98.8	100.0	101.4	102.2	101.8	106.3
云　南	97.5	99.4	109.7	103.6	104.3	105.7
西　藏	104.9	99.4	107.3	97.5	106.0	99.7
陕　西	99.6	100.9	101.3	100.2	99.8	104.1
甘　肃	104.2	99.4	103.2	100.1	101.1	101.7
青　海	99.7	99.8	97.1	106.2	103.3	102.2
宁　夏	101.0	100.1	108.1	101.6	102.0	106.8
新　疆	100.0	98.8	104.8	99.7	100.6	101.2

2004年各地区居民消费价格指数(五)

(上年价格=100)

地　区	16.其他食品及加工服务费	二、烟　酒及用品	1.烟　草	2.酒	3.吸烟、饮酒用品	三、衣　着
全国平均	**101.2**	**101.2**	**100.9**	**102.2**	**99.3**	**98.5**
北　京	102.5	101.2	99.3	103.5	100.3	98.9
天　津	101.9	101.0	101.5	106.0	91.4	92.1
河　北	100.3	100.7	98.9	102.7	99.2	96.8
山　西	101.0	103.2	102.4	106.5	99.0	99.4
内蒙古	99.9	102.0	102.4	101.5	99.8	100.1
辽　宁	99.5	100.2	99.5	101.4	96.5	97.9
吉　林	102.1	102.0	100.5	103.3	103.5	100.9
黑龙江	100.5	100.6	99.6	102.2	98.0	100.4
上　海	96.9	98.3	96.6	100.3	100.8	94.2
江　苏	102.3	100.7	100.3	101.5	101.1	99.0
浙　江	101.2	101.4	101.3	101.9	99.7	97.3
安　徽	99.7	101.0	99.6	102.7	99.3	97.7
福　建	101.7	101.1	101.7	100.5	98.6	97.6
江　西	100.8	100.8	100.3	101.3	101.6	98.0
山　东	102.2	101.2	101.5	101.7	97.7	97.9
河　南	101.1	104.2	106.0	102.8	98.9	98.4
湖　北	103.2	100.7	100.2	103.2	97.3	99.8
湖　南	101.6	100.8	100.5	101.7	100.2	100.3
广　东	101.0	101.6	101.6	102.3	98.5	99.1
广　西	101.4	100.2	99.4	100.6	102.3	98.0
海　南	100.4	100.5	100.0	101.5	100.4	98.8
重　庆	101.3	100.4	98.5	106.0	98.6	91.2
四　川	100.6	101.8	100.5	104.3	99.8	98.5
贵　州	103.9	99.9	99.1	101.8	99.8	92.2
云　南	102.6	101.4	101.7	100.6	100.0	97.8
西　藏	100.2	100.0	100.7	99.2	98.3	100.4
陕　西	100.1	101.3	100.8	102.3	101.9	102.5
甘　肃	101.9	99.8	100.1	99.9	97.6	99.4
青　海	100.7	102.4	101.2	103.9	100.6	102.4
宁　夏	100.0	104.5	105.1	104.0	101.1	99.1
新　疆	99.2	100.3	98.4	102.2	100.5	99.4

2004年各地区居民消费价格指数(六)

(上年价格＝100)

地　　区	1.服装	(1)男式服装	(2)女式服装	(3)儿童服装	2.衣着材料	3.鞋袜帽
全国平均	**98.3**	**98.2**	**98.5**	**98.4**	**100.2**	**98.3**
北　　京	98.0	98.7	97.3	100.9	98.8	101.1
天　　津	92.5	89.4	95.1	92.9	100.6	88.7
河　　北	96.7	95.6	98.1	95.1	98.1	96.6
山　　西	98.8	100.8	97.4	97.9	98.5	100.9
内 蒙 古	100.3	99.5	100.4	102.3	100.2	99.9
辽　　宁	97.9	97.8	97.9	98.8	99.8	97.6
吉　　林	100.3	100.1	100.9	97.2	100.3	102.8
黑 龙 江	100.7	101.6	100.3	99.0	100.9	99.6
上　　海	94.5	94.5	95.1	89.3	101.2	91.7
江　　苏	98.4	98.7	98.1	99.2	99.7	99.7
浙　　江	97.0	96.1	97.1	98.5	101.3	97.2
安　　徽	98.2	97.2	98.1	101.9	102.9	95.1
福　　建	97.4	98.2	98.6	92.4	100.4	97.6
江　　西	98.0	98.6	96.9	99.7	101.8	97.1
山　　东	97.6	97.3	98.1	96.8	99.7	98.0
河　　南	98.4	98.4	98.3	98.9	99.8	97.9
湖　　北	100.0	100.3	100.3	98.5	100.4	98.5
湖　　南	101.0	100.8	101.3	100.4	100.9	98.5
广　　东	98.9	97.5	99.7	99.6	102.8	98.7
广　　西	96.4	93.4	96.6	99.8	99.2	100.6
海　　南	98.6	100.4	97.4	98.1	100.8	99.1
重　　庆	93.4	89.6	95.7	93.1	101.8	84.4
四　　川	98.2	97.6	97.7	100.1	101.4	98.8
贵　　州	90.5	91.3	89.0	94.1	96.6	94.7
云　　南	98.0	99.4	98.9	93.2	97.4	96.5
西　　藏	100.9	102.3	100.2	99.9	99.8	99.8
陕　　西	102.7	102.9	103.2	100.7	99.5	103.2
甘　　肃	99.0	97.5	98.5	105.2	99.1	100.7
青　　海	102.5	104.2	100.7	105.3	100.0	102.9
宁　　夏	99.8	97.9	101.3	98.4	99.3	97.2
新　　疆	100.0	101.1	99.3	100.0	101.4	97.3

2004年各地区居民消费价格指数(七)

(上年价格=100)

地　区	(1)鞋	(2)袜子	(3)帽子	4.衣着加工服务费	四、家庭设备用品及服务	1.耐用消费品
全国平均	**98.2**	**99.3**	**98.5**	**100.7**	**98.6**	**97.1**
北　京	101.2	98.8	102.2	99.4	96.9	95.5
天　津	87.2	99.5	100.0	100.0	98.3	97.5
河　北	96.4	98.3	95.2	102.0	97.4	95.7
山　西	102.5	99.6	83.7	100.3	99.0	99.1
内蒙古	99.9	99.7	100.4	96.9	98.6	97.7
辽　宁	97.3	98.8	97.3	99.6	97.5	96.0
吉　林	103.6	98.0	98.6	97.5	99.1	98.1
黑龙江	99.5	101.3	100.8	98.9	99.4	97.8
上　海	91.3	103.0	100.0	101.0	97.8	96.1
江　苏	99.6	100.1	101.8	102.6	99.1	97.4
浙　江	96.6	100.6	99.8	103.1	98.3	96.5
安　徽	94.8	98.6	98.5	103.3	98.0	95.5
福　建	97.3	99.7	100.2	100.7	98.6	97.2
江　西	96.4	100.4	98.6	100.7	99.2	96.3
山　东	97.6	99.5	99.4	100.7	98.8	97.6
河　南	97.7	99.1	98.5	100.3	98.2	96.2
湖　北	98.7	99.2	100.2	100.0	97.9	95.6
湖　南	98.1	101.6	99.2	99.9	99.5	98.1
广　东	98.6	98.6	99.7	100.6	98.6	97.6
广　西	100.9	98.9	95.8	106.0	99.6	97.9
海　南	98.6	104.4	99.5	101.5	100.3	98.7
重　庆	83.2	97.0	94.3	98.8	98.5	95.6
四　川	98.7	99.9	105.0	98.7	99.6	97.8
贵　州	94.2	96.5	101.3	102.7	98.6	98.8
云　南	95.7	103.2	94.4	98.4	99.7	98.5
西　藏	99.7	100.4	99.5	99.0	99.9	99.7
陕　西	104.3	95.7	97.5	99.6	98.5	97.1
甘　肃	100.6	102.5	96.9	97.9	99.4	97.8
青　海	103.4	99.4	101.2	100.6	99.4	97.9
宁　夏	97.1	97.8	98.2	101.5	97.9	95.9
新　疆	97.4	96.6	99.7	100.1	98.4	97.4

2004年各地区居民消费价格指数(八)

(上年价格=100)

地　区	(1)家　具	(2)家庭设备	2.室　内装饰品	3.床上用品	4.家庭日用杂品	5.家庭服务及加工维修服务费
全国平均	**98.9**	**96.1**	**99.2**	**99.3**	**99.8**	**101.9**
北　京	98.3	94.1	96.5	99.1	96.9	103.1
天　津	99.9	96.2	100.0	89.0	101.2	98.4
河　北	98.0	94.3	97.4	100.9	99.7	100.9
山　西	101.0	98.0	99.1	100.1	97.5	104.4
内蒙古	98.6	97.0	99.9	100.0	99.1	99.1
辽　宁	98.3	94.9	99.8	95.8	98.8	101.6
吉　林	99.1	97.5	100.7	99.6	99.6	100.4
黑龙江	100.2	96.3	99.2	99.6	102.1	98.6
上　海	98.6	94.5	100.6	101.8	98.5	102.6
江　苏	99.5	96.5	100.0	99.7	99.9	104.5
浙　江	98.7	95.7	99.1	94.9	100.7	103.1
安　徽	98.8	94.4	99.1	98.1	100.0	101.1
福　建	100.5	95.4	99.2	100.4	99.6	100.7
江　西	97.5	95.6	99.2	100.3	101.6	102.1
山　东	98.9	96.8	99.4	99.4	99.9	102.3
河　南	98.9	94.8	98.4	100.3	99.8	101.0
湖　北	97.2	94.6	100.0	99.3	99.8	101.7
湖　南	99.4	97.5	100.3	101.0	100.4	104.7
广　东	98.0	97.3	98.7	97.9	99.3	101.0
广　西	98.2	97.5	101.8	100.8	100.4	102.4
海　南	99.1	98.4	99.1	102.6	101.1	100.4
重　庆	99.7	93.9	99.1	99.1	103.8	100.8
四　川	100.2	95.8	99.0	100.0	101.4	102.7
贵　州	98.3	99.1	97.6	96.9	98.6	99.9
云　南	100.9	96.7	101.8	100.0	99.7	102.9
西　藏	99.0	100.3	98.8	100.7	99.4	102.9
陕　西	97.6	96.6	95.7	101.3	99.7	101.9
甘　肃	97.9	97.6	100.0	103.2	99.6	103.9
青　海	99.8	96.2	100.6	101.1	100.4	103.3
宁　夏	94.7	96.6	96.7	97.7	99.0	110.0
新　疆	97.8	97.3	97.4	100.7	99.0	100.2

2004年各地区居民消费价格指数(九)

(上年价格＝100)

地　区	五、医疗保健和个人用品	1. 医疗保健	(1)医疗器具及用品	(2)中药材及中成药	(3)西　药	(4)保健器具及用品
全国平均	**99.7**	**99.1**	**102.3**	**98.9**	**94.9**	**98.6**
北　京	99.2	98.4	105.5	97.8	97.4	98.4
天　津	93.4	91.6	100.0	94.0	81.1	93.4
河　北	102.2	103.3	98.4	102.3	98.6	99.8
山　西	99.6	97.5	102.0	94.6	96.4	99.9
内蒙古	100.7	100.2	101.9	104.6	93.3	98.6
辽　宁	102.8	103.8	102.7	97.0	97.5	97.7
吉　林	99.3	98.3	104.1	97.6	96.3	100.0
黑龙江	101.1	101.0	103.1	106.5	97.0	99.5
上　海	100.0	98.9	102.8	101.3	93.1	101.0
江　苏	99.7	98.1	103.3	99.5	93.5	100.7
浙　江	95.1	92.3	96.8	97.3	81.6	94.9
安　徽	100.6	99.2	99.7	96.1	93.7	98.0
福　建	97.7	96.2	100.9	95.9	92.7	98.4
江　西	96.6	93.9	99.5	91.0	89.1	97.3
山　东	100.0	99.8	100.9	98.4	96.9	99.2
河　南	99.0	98.4	101.1	99.1	96.4	98.7
湖　北	98.2	97.4	95.9	97.1	95.8	100.3
湖　南	99.9	99.9	101.4	100.1	97.6	101.7
广　东	99.9	99.6	104.7	101.3	97.4	99.0
广　西	101.1	101.9	106.8	98.6	98.4	99.6
海　南	99.7	100.2	102.9	97.4	98.5	99.6
重　庆	99.4	98.7	101.8	94.3	91.9	95.9
四　川	103.6	105.1	103.3	101.1	96.7	96.9
贵　州	105.1	107.2	99.5	101.4	99.6	100.0
云　南	99.8	98.8	115.2	99.6	96.3	101.0
西　藏	100.3	100.3	102.1	100.3	100.1	99.8
陕　西	97.0	95.5	97.4	95.9	91.9	95.7
甘　肃	99.6	98.2	103.5	92.1	96.0	99.6
青　海	102.0	101.6	101.0	92.6	95.1	98.8
宁　夏	98.1	96.4	107.5	98.0	92.7	99.4
新　疆	101.8	102.6	100.1	99.8	98.7	100.2

2004年各地区居民消费价格指数(十)

(上年价格=100)

地　区	(5)医疗保健服务费	2.个人用品及服务	(1)化妆美容用品	(2)卫生用品	(3)个人饰品	(4)个人服务
全国平均	**105.2**	**101.2**	**98.8**	**98.4**	**104.5**	**101.8**
北　京	100.0	102.4	99.9	97.3	109.4	101.5
天　津	100.6	98.7	101.1	100.4	102.0	94.8
河　北	112.1	99.8	101.0	98.6	99.7	100.0
山　西	100.9	103.4	98.5	96.5	106.1	106.0
内蒙古	109.9	101.7	100.3	95.8	102.2	106.8
辽　宁	125.3	99.7	96.8	97.2	104.0	99.5
吉　林	102.3	101.7	99.4	99.3	111.2	98.2
黑龙江	101.6	101.6	99.7	97.2	108.3	99.6
上　海	99.1	102.9	98.6	99.3	109.1	100.0
江　苏	101.4	103.3	99.7	99.2	108.2	104.6
浙　江	100.0	102.0	98.0	99.5	105.7	102.5
安　徽	109.5	103.2	98.6	96.8	103.4	106.8
福　建	100.0	100.3	99.1	99.0	103.0	99.7
江　西	100.2	100.7	99.1	97.6	104.4	101.9
山　东	105.0	100.3	98.8	97.2	101.6	101.9
河　南	99.9	100.7	99.5	98.6	104.1	101.0
湖　北	100.2	100.5	98.6	98.4	103.6	100.8
湖　南	104.2	99.9	96.8	98.7	104.4	101.1
广　东	100.2	100.6	98.4	99.5	105.6	99.8
广　西	110.5	99.7	100.0	95.8	103.6	99.5
海　南	104.7	98.5	100.0	93.0	105.8	100.3
重　庆	116.0	101.2	100.8	97.9	108.1	100.0
四　川	122.6	100.0	98.8	99.1	101.2	100.0
贵　州	122.4	102.6	102.1	99.3	100.9	106.4
云　南	102.0	102.1	98.3	98.8	103.3	101.5
西　藏	100.1	100.3	99.7	99.4	100.2	102.2
陕　西	100.9	102.3	98.7	100.9	107.2	100.9
甘　肃	108.9	103.3	100.1	101.8	102.5	106.1
青　海	117.3	102.9	98.7	97.6	106.3	106.6
宁　夏	100.6	103.4	99.1	98.6	110.1	106.8
新　疆	110.9	100.3	96.8	98.2	103.2	103.2

2004年各地区居民消费价格指数(十一)

(上年价格=100)

地区	六、交通和通信	1.交通	(1)交通工具	(2)车用燃料及零配件	(3)车辆使用及维修费	(4)市区公共交通费
全国平均	**98.5**	**100.4**	**96.5**	**107.7**	**101.0**	**101.0**
北京	95.7	96.4	89.8	109.8	104.2	100.0
天津	96.8	98.7	95.0	106.8	99.1	100.0
河北	98.6	99.9	97.9	109.6	101.3	100.6
山西	98.7	101.4	98.0	110.2	103.7	101.2
内蒙古	98.4	99.4	94.9	108.8	100.7	100.5
辽宁	98.5	101.2	98.4	106.2	101.7	101.2
吉林	95.6	99.7	97.1	103.5	101.9	97.0
黑龙江	98.9	100.0	97.2	104.9	99.5	100.0
上海	96.5	99.8	95.4	109.1	98.1	100.8
江苏	98.3	100.1	96.9	108.0	99.8	103.1
浙江	97.7	98.7	93.7	108.0	102.9	100.8
安徽	100.1	102.7	99.8	106.8	100.2	100.6
福建	97.6	100.6	97.3	108.2	101.7	101.1
江西	98.5	100.4	98.6	107.2	98.9	99.4
山东	99.6	100.5	97.9	108.4	101.5	100.4
河南	100.6	100.9	98.2	107.3	99.8	102.1
湖北	99.3	101.4	98.6	104.6	100.9	101.5
湖南	98.8	101.4	96.2	107.8	102.4	99.3
广东	98.8	100.0	95.9	107.7	100.9	100.1
广西	97.7	98.2	94.3	105.6	100.1	100.0
海南	99.6	100.5	96.2	106.6	99.9	100.1
重庆	99.2	100.8	97.7	109.7	100.2	100.0
四川	100.5	102.6	99.5	107.1	100.5	105.6
贵州	96.6	97.1	98.9	106.3	101.0	103.7
云南	98.5	100.7	95.4	108.8	102.3	101.6
西藏	100.3	101.1	100.1	103.7	100.0	93.4
陕西	99.1	101.9	98.5	106.1	98.9	100.9
甘肃	95.1	105.8	99.2	101.0	97.1	118.6
青海	98.6	100.3	100.5	107.5	100.9	99.7
宁夏	99.7	102.8	97.2	106.8	119.1	100.9
新疆	99.4	101.0	97.9	106.0	100.5	100.4

2004年各地区居民消费价格指数(十二)

(上年价格=100)

地 区	(5)城市间交通费	2.通信	(1)通信工具	(2)通信服务	七、娱乐教育文化	1.文娱用耐用消费品及服务
全国平均	**102.5**	**96.8**	**84.3**	**99.8**	**101.3**	**93.3**
北 京	102.3	94.9	72.6	100.1	101.5	95.0
天 津	101.5	95.5	72.5	100.0	99.2	91.9
河 北	102.1	97.4	84.7	99.9	102.4	91.7
山 西	104.4	96.5	77.6	99.8	102.7	94.9
内 蒙 古	102.0	97.2	87.5	99.8	99.7	93.0
辽 宁	102.4	97.0	76.9	100.0	101.5	90.9
吉 林	103.9	92.9	84.5	99.2	99.7	92.7
黑 龙 江	101.1	98.2	84.9	99.9	100.2	93.2
上 海	102.7	93.8	67.3	100.0	99.9	88.7
江 苏	100.9	96.6	83.5	100.1	101.5	91.9
浙 江	101.9	96.6	85.7	100.3	102.8	94.6
安 徽	106.8	97.8	88.2	100.1	100.2	93.6
福 建	101.3	95.6	80.6	98.8	103.5	94.3
江 西	102.0	96.8	80.6	100.0	100.4	94.0
山 东	102.7	98.8	86.1	101.8	101.8	95.9
河 南	102.7	100.2	91.3	102.0	102.3	94.5
湖 北	102.7	96.6	86.4	98.1	103.8	90.9
湖 南	106.5	96.7	88.5	99.3	102.2	95.9
广 东	100.0	97.8	88.0	100.1	99.4	93.8
广 西	98.7	96.5	87.3	99.0	98.6	88.9
海 南	102.6	98.4	87.6	100.0	97.9	92.8
重 庆	101.1	98.0	79.8	100.0	103.2	93.0
四 川	103.2	98.1	91.1	100.0	102.2	95.3
贵 州	90.8	95.4	91.2	97.0	101.0	93.0
云 南	106.7	97.5	86.0	99.9	102.2	92.8
西 藏	106.2	99.2	95.2	100.0	99.4	96.3
陕 西	107.1	96.2	77.9	99.8	100.5	91.2
甘 肃	103.5	84.7	82.3	85.7	101.4	95.3
青 海	99.6	96.5	79.6	100.7	102.6	93.9
宁 夏	105.6	97.1	85.0	100.6	100.1	88.0
新 疆	102.5	97.7	90.8	99.2	98.6	94.8

2004年各地区居民消费价格指数(十三)

(上年价格=100)

地　区	2.教育	(1)教材及参考书	(2)学杂托幼费	3.文化娱乐用品	(1)文化娱乐	(2)书报杂志
全国平均	**103.4**	**102.8**	**103.4**	**101.1**	**99.4**	**100.6**
北　京	99.9	97.4	100.0	103.7	101.3	100.3
天　津	101.5	97.0	101.8	94.9	101.0	100.5
河　北	105.1	104.0	105.2	100.8	99.4	100.4
山　西	104.7	109.3	104.3	101.3	99.1	99.8
内蒙古	100.5	101.1	100.5	101.1	99.5	100.4
辽　宁	105.1	102.5	105.4	101.2	99.2	100.3
吉　林	102.0	106.0	101.3	100.2	98.6	101.1
黑龙江	101.5	103.0	101.1	100.0	99.0	99.7
上　海	101.5	100.6	101.7	106.0	99.9	100.0
江　苏	104.0	101.7	104.0	100.6	99.1	101.0
浙　江	104.7	99.2	104.9	100.6	99.6	100.9
安　徽	101.2	108.2	101.0	99.9	99.1	100.5
福　建	108.0	111.3	107.7	100.4	99.4	100.9
江　西	101.3	100.9	101.3	100.9	98.9	100.6
山　东	103.5	104.8	103.4	100.8	99.6	100.3
河　南	105.2	102.5	105.6	99.9	99.3	100.3
湖　北	107.3	100.3	107.6	100.4	98.8	100.3
湖　南	103.9	102.4	104.0	102.1	99.0	100.7
广　东	101.0	103.5	100.6	100.2	99.4	100.6
广　西	101.2	101.2	101.2	102.7	99.8	102.1
海　南	99.6	98.2	99.6	99.3	99.2	100.1
重　庆	107.2	101.9	107.7	99.0	99.5	100.6
四　川	102.3	103.1	102.2	101.0	99.6	100.4
贵　州	103.2	104.7	103.1	102.3	99.5	100.4
云　南	108.0	100.5	108.9	100.7	98.4	102.1
西　藏	100.3	99.9	100.4	99.8	99.5	100.2
陕　西	101.3	102.0	101.2	101.9	99.5	100.4
甘　肃	104.0	104.4	104.0	99.5	97.3	100.3
青　海	106.1	102.3	106.2	104.5	102.4	100.0
宁　夏	102.4	103.9	101.9	103.0	99.7	100.0
新　疆	100.7	100.8	100.7	101.4	99.0	100.3

2004年各地区居民消费价格指数(十四)

(上年价格=100)

地　区	(3)文娱费	4.旅游及外出	八、居住	1.建房及装修材料	2.租房	3.自有住房	4.水电燃料
全国平均	**103.2**	**100.6**	**104.9**	**104.3**	**103.0**	**100.9**	**107.5**
北　京	107.8	114.2	101.4	98.6	100.0	100.8	104.7
天　津	88.6	106.5	103.6	100.7	100.3	100.4	108.4
河　北	104.1	96.3	105.9	102.2	102.8	100.2	110.9
山　西	107.8	99.8	106.6	103.8	102.2	101.9	110.0
内蒙古	103.5	100.5	104.4	101.7	100.5	100.3	107.9
辽　宁	103.1	94.0	103.2	102.0	102.7	100.8	104.7
吉　林	101.6	95.5	107.5	100.8	100.0	99.6	113.1
黑龙江	101.1	100.0	106.6	103.4	102.6	100.7	110.7
上　海	110.0	99.7	101.6	102.6	100.0	100.8	101.7
江　苏	102.1	99.7	104.4	104.2	102.2	101.1	105.5
浙　江	101.1	103.2	104.4	104.7	104.6	100.6	105.7
安　徽	100.4	98.2	105.6	102.7	102.1	100.6	113.3
福　建	101.1	98.6	104.2	103.9	101.0	100.6	105.8
江　西	103.4	100.8	104.8	104.3	102.6	102.3	109.3
山　东	103.2	99.9	105.6	103.9	104.3	102.2	109.9
河　南	100.7	98.4	106.3	106.4	101.6	100.5	108.9
湖　北	101.8	100.5	106.1	109.3	100.4	101.3	106.2
湖　南	106.6	101.0	104.5	104.7	102.5	101.2	106.0
广　东	100.6	99.3	103.8	106.0	100.0	100.3	105.4
广　西	107.9	89.7	105.2	106.3	108.1	100.1	105.0
海　南	98.7	99.6	101.9	106.0	99.7	100.1	100.7
重　庆	97.6	105.5	100.9	97.6	100.5	103.1	102.1
四　川	103.1	108.7	103.4	102.0	106.2	100.4	105.5
贵　州	106.0	96.0	104.1	101.3	99.7	100.4	107.9
云　南	102.6	99.4	107.7	107.6	110.7	100.1	106.2
西　藏	99.5	102.6	106.2	100.7	102.8	100.0	111.7
陕　西	105.5	104.4	106.2	102.0	117.9	102.4	109.4
甘　肃	100.8	97.0	105.0	102.1	102.9	103.2	108.8
青　海	108.7	96.0	102.4	100.8	100.0	100.7	105.9
宁　夏	108.0	111.3	106.3	106.1	109.9	102.9	106.8
新　疆	104.2	89.9	108.3	107.5	111.5	100.8	113.2

2004 年各地区城市居民消费价格指数(一)

(上年价格=100)

地　　区	居民消费价格指数	一、食　品	1.粮　食	2.淀粉及薯　类	3.干豆类及豆制品	4.油　脂
全国平均	**103.3**	**109.1**	**125.7**	**105.6**	**120.8**	**115.1**
北　京	101.0	104.8	120.6	102.1	117.2	117.0
天　津	102.3	109.9	123.7	102.3	119.9	120.1
河　北	103.7	110.0	123.2	103.6	125.6	118.2
山　西	103.6	108.5	123.2	107.4	120.3	116.2
内蒙古	102.5	108.0	125.7	102.6	123.2	116.9
辽　宁	102.8	108.1	126.1	102.7	123.3	110.2
吉　林	103.6	109.1	127.9	103.7	123.3	109.3
黑龙江	103.5	107.7	122.0	104.1	121.3	112.1
上　海	102.2	108.3	133.9	107.2	119.6	114.2
江　苏	103.7	110.2	136.4	106.9	130.3	111.2
浙　江	102.8	108.7	131.5	104.9	119.6	113.6
安　徽	104.3	110.6	140.2	107.9	116.4	117.7
福　建	103.8	109.8	124.8	106.1	118.5	113.5
江　西	103.3	108.9	127.3	113.4	116.5	114.3
山　东	102.8	108.4	122.4	107.6	128.8	123.1
河　南	105.4	114.1	128.2	110.8	125.2	121.3
湖　北	104.5	110.3	126.1	105.4	114.9	116.5
湖　南	104.1	110.2	127.0	102.5	121.2	117.4
广　东	102.6	107.0	114.1	104.8	109.2	110.8
广　西	104.1	111.7	130.1	117.4	126.5	118.6
海　南	103.2	108.7	115.8	104.6	114.4	100.8
重　庆	103.7	111.0	127.1	129.4	116.0	121.4
四　川	104.6	109.7	125.0	101.1	115.1	117.4
贵　州	103.5	111.0	125.8	103.4	118.7	112.3
云　南	106.1	114.8	129.2	97.6	111.3	114.6
西　藏	102.0	103.7	111.8	96.9	106.0	108.8
陕　西	103.0	106.8	125.2	111.1	121.9	112.2
甘　肃	101.3	106.1	116.7	115.1	113.6	110.9
青　海	102.1	105.8	112.7	113.7	129.6	116.7
宁　夏	103.3	108.7	118.4	111.1	119.3	114.3
新　疆	102.1	104.7	115.5	104.4	118.9	105.5

2004年各地区城市居民消费价格指数(二)

(上年价格=100)

地　区	5.肉禽及其制品	(1)食用畜肉及副产品	(2)禽	(3)加工肉禽	6.蛋	7.水产品
全国平均	**117.9**	**121.9**	**113.4**	**106.7**	**120.4**	**111.9**
北　京	110.1	112.5	103.9	108.4	112.7	107.1
天　津	113.9	116.2	118.3	105.9	123.8	131.6
河　北	116.4	120.2	116.7	104.8	124.0	115.2
山　西	120.8	125.5	116.5	105.5	123.2	120.2
内蒙古	113.5	115.2	111.1	104.8	120.5	120.0
辽　宁	114.9	116.2	118.2	105.8	123.3	106.8
吉　林	116.2	119.1	113.4	105.0	119.6	110.7
黑龙江	113.8	115.8	113.4	103.6	119.6	114.8
上　海	116.8	121.9	119.3	106.7	118.6	107.7
江　苏	118.5	124.0	117.7	106.5	121.2	114.3
浙　江	119.6	126.2	120.4	105.2	121.3	108.8
安　徽	121.0	127.0	111.1	105.6	117.6	118.0
福　建	117.3	121.9	109.6	104.9	123.8	106.4
江　西	119.0	121.7	115.6	106.1	124.6	117.6
山　东	119.8	123.8	111.8	106.4	121.2	104.7
河　南	119.9	123.9	118.2	108.8	121.5	118.7
湖　北	122.2	125.3	115.4	104.4	119.9	123.0
湖　南	121.6	125.5	113.3	108.6	120.4	117.6
广　东	112.7	117.3	107.3	105.4	119.3	108.6
广　西	118.4	123.0	108.7	115.7	119.2	111.9
海　南	118.7	127.6	103.1	107.7	110.7	109.3
重　庆	121.5	126.1	118.1	104.3	117.2	111.6
四　川	121.0	124.7	118.3	107.0	117.6	117.0
贵　州	125.5	129.3	114.6	111.2	115.6	116.5
云　南	126.4	134.0	113.0	113.0	118.1	116.3
西　藏	108.8	111.7	100.0	102.3	99.4	113.8
陕　西	122.8	126.7	120.6	102.7	123.2	115.2
甘　肃	116.6	120.4	112.8	104.5	127.8	116.6
青　海	113.9	113.7	127.1	106.9	119.2	116.2
宁　夏	117.5	117.5	118.4	115.4	123.3	122.9
新　疆	108.5	109.1	107.2	105.5	113.9	116.5

2004年各地区城市居民消费价格指数(三)

(上年价格=100)

地　区	(1)鱼	(2)其他水产品	8.菜	9.调味品	10.糖	11.茶及饮料
全国平均	**118.5**	**103.9**	**94.2**	**102.0**	**101.6**	**100.1**
北　京	115.1	99.2	95.2	99.3	100.6	99.0
天　津	117.9	137.8	94.5	104.3	99.8	99.7
河　北	118.9	108.9	93.4	104.3	101.6	100.5
山　西	124.9	106.8	81.5	105.3	102.0	100.6
内蒙古	124.0	102.5	90.9	101.2	102.1	98.2
辽　宁	116.9	96.7	92.8	101.3	100.9	99.5
吉　林	114.5	103.3	91.3	105.3	100.5	100.1
黑龙江	118.6	109.0	92.8	100.0	102.3	99.7
上　海	119.8	99.1	95.5	102.9	102.1	100.2
江　苏	123.5	102.2	91.6	103.4	101.8	99.3
浙　江	119.0	100.5	96.1	104.0	101.1	98.8
安　徽	125.0	104.2	77.7	104.0	101.4	101.1
福　建	114.1	101.3	107.5	100.7	101.2	100.1
江　西	121.2	108.5	86.1	99.7	101.1	99.8
山　东	116.7	97.3	92.4	101.8	100.7	101.3
河　南	124.1	107.7	105.4	100.0	101.0	99.7
湖　北	131.9	112.5	91.1	101.7	101.8	98.5
湖　南	122.5	106.0	85.9	101.7	102.9	101.4
广　东	112.1	103.9	102.9	100.5	101.6	101.9
广　西	111.2	111.5	104.3	101.6	99.9	98.9
海　南	112.6	103.4	108.2	99.5	106.4	97.3
重　庆	115.6	103.6	112.6	102.5	103.1	101.9
四　川	121.1	107.7	93.8	103.7	103.1	99.6
贵　州	118.7	110.2	97.5	105.1	98.1	99.4
云　南	115.0	112.4	118.9	100.0	106.0	101.1
西　藏	116.3	106.0	89.2	98.1	96.3	103.6
陕　西	124.0	97.8	79.5	103.9	106.2	100.5
甘　肃	123.3	101.1	90.7	100.9	103.0	99.9
青　海	119.3	111.2	89.8	99.6	99.8	100.4
宁　夏	132.6	101.1	95.6	101.0	102.5	100.8
新　疆	127.7	98.8	95.0	98.9	100.1	99.4

2004年各地区城市居民消费价格指数(四)

(上年价格=100)

地　　区	(1)茶叶	(2)饮料	12.干鲜瓜果	13.糕点饼干	14.奶及奶制品	15.在外用膳食品
全国平均	**101.4**	**99.5**	**103.8**	**101.9**	**100.2**	**103.8**
北　　京	99.4	98.9	102.3	101.8	98.8	105.0
天　　津	102.9	98.5	109.2	105.9	100.0	103.9
河　　北	98.1	101.2	107.5	102.8	102.9	101.9
山　　西	101.0	100.5	109.2	103.4	102.4	103.3
内 蒙 古	98.4	98.1	99.1	104.0	101.1	105.4
辽　　宁	98.8	100.0	103.1	103.2	97.4	102.0
吉　　林	101.2	99.9	106.7	99.7	101.8	103.0
黑 龙 江	100.5	99.5	100.1	101.4	100.6	103.3
上　　海	100.0	100.3	118.3	100.6	99.6	104.2
江　　苏	101.3	98.7	106.0	102.8	100.3	104.4
浙　　江	98.9	98.8	106.8	101.7	99.4	105.8
安　　徽	104.0	98.5	103.1	99.4	99.5	104.1
福　　建	99.5	100.7	98.3	100.2	97.8	106.3
江　　西	99.8	99.4	98.8	103.5	99.9	102.8
山　　东	103.9	99.6	108.7	100.2	100.0	102.7
河　　南	101.8	99.4	105.3	101.4	102.0	103.4
湖　　北	98.7	98.5	105.5	102.3	100.5	102.1
湖　　南	106.8	100.4	100.8	104.5	103.5	104.5
广　　东	104.2	100.1	101.0	102.3	100.1	103.8
广　　西	99.6	98.4	102.9	101.6	106.2	102.1
海　　南	92.9	98.3	109.5	100.3	101.5	96.3
重　　庆	102.8	101.4	99.6	101.4	100.1	100.1
四　　川	100.6	99.0	99.9	100.9	96.4	104.3
贵　　州	98.3	99.9	101.3	102.1	101.6	104.9
云　　南	103.4	100.1	103.1	104.7	105.2	105.7
西　　藏	107.5	99.4	104.4	96.8	107.4	99.1
陕　　西	99.2	101.0	101.1	100.1	99.7	103.9
甘　　肃	100.0	99.9	102.2	99.7	100.2	101.3
青　　海	100.4	100.5	96.8	107.2	103.3	102.3
宁　　夏	102.4	100.1	105.5	102.1	100.5	105.1
新　　疆	99.9	99.1	104.5	99.0	101.0	100.6

2004年各地区城市居民消费价格指数(五)

(上年价格=100)

地　区	16.其他食品及加工服务费	二、烟　酒及用品	1.烟　草	2.酒	3.吸烟、饮酒用品	三、衣　着
全国平均	**101.1**	**101.2**	**100.6**	**102.8**	**98.8**	**98.5**
北　京	102.5	101.2	99.3	103.5	100.3	98.9
天　津	101.9	101.0	101.5	106.0	91.4	92.1
河　北	99.9	102.3	99.6	105.8	99.4	96.6
山　西	98.6	102.7	101.7	106.8	98.7	99.2
内蒙古	99.6	101.8	101.1	102.8	99.8	99.9
辽　宁	99.2	100.4	99.3	102.3	95.6	98.0
吉　林	101.9	102.4	102.1	103.1	99.6	101.5
黑龙江	101.0	100.6	99.5	103.2	97.6	100.3
上　海	96.9	98.3	96.6	100.3	100.8	94.2
江　苏	103.0	100.8	100.3	101.5	102.6	98.5
浙　江	101.7	101.5	102.1	100.7	100.2	97.7
安　徽	100.6	101.8	100.1	103.9	98.8	98.0
福　建	101.3	101.0	101.9	100.2	97.6	97.6
江　西	102.1	100.8	101.2	100.8	99.9	97.2
山　东	100.8	100.9	101.0	102.8	96.5	98.6
河　南	100.3	103.9	104.7	103.8	98.8	97.9
湖　北	103.1	100.8	101.1	101.2	97.4	99.9
湖　南	103.9	100.9	99.9	103.0	100.3	99.8
广　东	100.8	101.4	101.3	102.7	98.2	98.7
广　西	99.7	99.4	98.9	100.8	98.1	98.9
海　南	100.7	100.9	99.8	102.2	101.8	98.7
重　庆	101.3	100.4	98.5	106.0	98.6	91.2
四　川	101.1	102.1	99.9	107.0	100.5	97.8
贵　州	99.0	100.2	100.2	100.2	100.1	91.2
云　南	104.7	102.2	102.4	102.4	99.8	99.8
西　藏	101.3	99.2	100.3	97.8	97.7	99.7
陕　西	98.4	102.1	101.0	104.2	102.1	103.6
甘　肃	104.1	99.2	99.2	99.8	97.6	98.1
青　海	100.8	103.1	101.7	105.4	101.6	103.3
宁　夏	99.6	104.5	104.6	105.3	101.9	100.4
新　疆	97.9	100.1	97.5	102.7	100.8	99.1

2004年各地区城市居民消费价格指数(六)

(上年价格=100)

地　区	1.服装	(1)男式服装	(2)女式服装	(3)儿童服装	2.衣着材料	3.鞋袜帽
全国平均	**98.4**	**98.2**	**98.7**	**98.0**	**99.9**	**98.2**
北　京	98.0	98.7	97.3	100.9	98.8	101.1
天　津	92.5	89.4	95.1	92.9	100.6	88.7
河　北	96.6	95.1	98.4	94.0	97.9	95.9
山　西	98.6	100.9	97.4	95.2	98.1	101.0
内蒙古	100.2	99.2	100.5	102.8	100.1	99.4
辽　宁	98.1	98.1	98.0	99.1	99.4	97.7
吉　林	100.5	100.1	100.9	99.6	100.2	104.3
黑龙江	100.7	101.7	100.3	98.4	100.1	99.2
上　海	94.5	94.5	95.1	89.3	101.2	91.7
江　苏	97.9	97.7	98.1	98.1	100.1	99.3
浙　江	97.6	96.4	98.7	97.4	101.0	96.4
安　徽	98.3	98.0	98.1	100.0	99.4	96.4
福　建	97.7	97.8	99.0	92.3	100.6	96.8
江　西	97.1	97.9	96.0	100.2	101.3	96.2
山　东	98.8	98.2	99.6	97.5	99.8	97.9
河　南	98.2	98.4	98.0	98.6	99.4	96.3
湖　北	100.5	100.7	100.7	98.7	100.0	98.0
湖　南	100.6	100.6	101.1	99.3	100.8	97.3
广　东	98.8	97.2	99.9	99.3	102.4	97.9
广　西	96.5	91.3	97.2	101.1	101.2	103.9
海　南	98.3	100.7	97.0	97.6	100.9	99.7
重　庆	93.4	89.6	95.7	93.1	101.8	84.4
四　川	97.5	97.3	97.5	98.5	101.4	98.4
贵　州	89.3	90.8	88.2	90.5	98.3	94.8
云　南	99.7	101.1	98.9	99.1	99.5	100.1
西　藏	99.7	99.7	100.0	98.8	101.2	99.1
陕　西	103.6	103.0	104.7	100.2	98.1	105.3
甘　肃	97.5	96.9	97.8	100.1	98.9	100.2
青　海	103.1	105.0	100.7	109.7	100.6	104.4
宁　夏	101.6	100.0	102.8	101.5	99.8	97.0
新　疆	99.8	101.2	99.0	99.7	101.1	96.6

2004年各地区城市居民消费价格指数(七)

(上年价格=100)

地　区	(1)鞋	(2)袜子	(3)帽子	4.衣着加工服务费	四、家庭设备用品及服务	1.耐用消费品
全国平均	**98.1**	**99.4**	**97.9**	**100.6**	**98.1**	**96.6**
北　京	101.2	98.8	102.2	99.4	96.9	95.5
天　津	87.2	99.5	100.0	100.0	98.3	97.5
河　北	95.4	100.6	95.3	100.5	97.1	95.2
山　西	103.2	99.2	78.3	99.7	99.2	99.6
内蒙古	99.4	100.2	98.9	96.4	98.4	97.7
辽　宁	97.4	98.4	101.4	99.6	97.4	95.8
吉　林	105.1	100.1	100.5	99.0	98.9	98.0
黑龙江	98.9	103.9	101.4	99.4	99.7	98.0
上　海	91.3	103.0	100.0	101.0	97.8	96.1
江　苏	99.2	99.4	104.3	104.8	98.5	96.9
浙　江	96.1	99.5	99.3	103.6	96.5	95.7
安　徽	96.2	98.5	98.9	104.4	96.9	94.3
福　建	96.4	100.2	101.8	100.3	98.2	96.6
江　西	95.9	98.3	99.0	100.5	98.8	96.2
山　东	97.7	98.9	99.8	100.5	98.4	97.3
河　南	96.0	99.5	98.7	100.1	97.8	95.7
湖　北	97.9	98.0	103.0	100.1	97.2	94.7
湖　南	96.8	103.6	101.2	99.9	98.8	97.4
广　东	97.5	99.5	99.4	102.4	98.4	97.0
广　西	104.0	99.8	98.6	99.1	99.1	98.2
海　南	98.7	113.7	100.0	102.3	101.0	98.1
重　庆	83.2	97.0	94.3	98.8	98.5	95.6
四　川	98.3	99.8	100.8	95.7	98.4	96.3
贵　州	94.1	100.5	100.2	103.1	99.0	99.8
云　南	100.4	97.1	100.5	98.0	98.3	97.2
西　藏	98.8	99.9	99.5	100.0	99.7	99.9
陕　西	106.1	95.8	99.4	100.0	98.0	96.9
甘　肃	99.7	107.3	99.5	97.3	99.0	98.2
青　海	104.7	101.7	102.4	100.5	99.8	98.1
宁　夏	96.9	99.1	95.0	102.6	98.3	96.4
新　疆	96.6	96.0	100.1	99.8	98.2	97.4

2004年各地区城市居民消费价格指数(八)

(上年价格=100)

地　区	(1)家　具	(2)家庭设备	2.室　内装饰品	3.床上用品	4.家庭日用杂品	5.家庭服务及加工维修服务费
全国平均	**98.6**	**95.7**	**99.1**	**98.6**	**99.5**	**101.3**
北　京	98.3	94.1	96.5	99.1	96.9	103.1
天　津	99.9	96.2	100.0	89.0	101.2	98.4
河　北	97.7	94.2	100.4	100.4	100.7	100.9
山　西	103.0	98.2	99.8	100.3	96.9	105.2
内蒙古	98.9	96.9	99.2	99.6	99.1	98.6
辽　宁	98.3	94.7	99.4	95.0	98.9	102.1
吉　林	99.0	97.6	98.9	98.4	99.9	99.6
黑龙江	100.7	96.3	99.3	98.6	103.2	98.9
上　海	98.6	94.5	100.6	101.8	98.5	102.6
江　苏	99.5	95.9	99.6	99.6	100.0	101.5
浙　江	97.7	95.2	97.1	91.9	96.5	102.6
安　徽	98.2	93.4	98.4	98.2	99.1	101.3
福　建	100.1	95.2	98.9	100.4	99.2	100.2
江　西	98.9	95.4	99.5	99.8	102.4	102.8
山　东	99.1	96.6	99.4	99.3	100.1	101.1
河　南	99.3	94.3	98.2	99.5	100.0	101.2
湖　北	96.3	93.8	100.2	99.0	99.8	102.0
湖　南	98.9	96.9	100.4	100.5	100.4	101.5
广　东	96.7	97.3	99.5	98.1	99.4	100.5
广　西	98.7	97.6	101.0	99.0	98.7	105.3
海　南	98.4	97.9	98.6	109.4	102.7	100.0
重　庆	99.7	93.9	99.1	99.1	103.8	100.8
四　川	100.2	94.2	99.7	100.0	99.2	103.1
贵　州	99.6	99.8	97.6	90.1	99.7	99.3
云　南	99.5	95.8	104.5	98.5	96.3	103.5
西　藏	99.6	100.2	97.8	100.7	98.8	99.8
陕　西	97.8	96.4	94.2	100.4	99.4	101.0
甘　肃	97.7	98.5	97.9	100.2	99.5	101.6
青　海	100.5	96.3	100.7	101.8	101.1	104.3
宁　夏	93.5	98.2	92.2	98.1	98.6	114.4
新　疆	97.0	97.6	97.0	100.2	98.8	100.0

2004 年各地区城市居民消费价格指数(九)

(上年价格=100)

地区	五、医疗保健和个人用品	1.医疗保健	(1)医疗器具及用品	(2)中药材及中成药	(3)西药	(4)保健器具及用品
全国平均	**99.2**	**98.4**	**103.3**	**98.9**	**95.3**	**99.2**
北京	99.2	98.4	105.5	97.8	97.4	98.4
天津	93.4	91.6	100.0	94.0	81.1	93.4
河北	101.0	100.7	107.4	100.1	98.2	99.9
山西	99.5	97.8	103.6	94.5	97.0	100.1
内蒙古	99.3	99.3	96.6	106.2	92.7	97.4
辽宁	99.5	99.4	100.7	97.1	97.3	97.7
吉林	98.5	97.1	102.6	97.1	95.3	100.4
黑龙江	101.0	101.0	96.4	107.2	97.3	100.0
上海	100.0	98.9	102.8	101.3	93.1	101.0
江苏	99.1	97.4	104.4	97.4	93.5	100.4
浙江	96.2	94.2	99.8	98.1	87.1	96.0
安徽	98.9	97.8	102.3	96.8	94.2	97.7
福建	96.9	95.2	100.2	95.9	91.2	98.6
江西	96.4	93.9	99.1	92.0	91.0	97.9
山东	99.7	99.6	102.9	98.8	97.7	99.3
河南	99.0	98.1	104.8	98.3	96.2	98.8
湖北	98.9	98.4	95.4	100.2	96.1	101.0
湖南	99.8	100.0	100.6	98.5	98.0	101.9
广东	100.0	99.6	104.7	101.1	97.5	100.0
广西	100.5	101.4	104.8	98.1	98.1	99.2
海南	99.4	100.3	103.6	97.7	97.6	99.5
重庆	99.4	98.7	101.8	94.3	91.9	95.9
四川	102.2	102.8	103.8	99.2	96.8	94.8
贵州	103.4	105.8	101.1	101.3	100.5	100.9
云南	100.4	99.1	113.0	100.7	97.2	102.5
西藏	100.2	100.0	98.0	99.5	100.4	100.9
陕西	96.5	94.8	100.5	97.6	90.5	93.4
甘肃	96.3	95.0	100.3	92.4	94.7	101.3
青海	96.7	95.1	115.0	89.2	96.5	102.3
宁夏	98.8	96.7	107.8	98.3	93.1	102.9
新疆	101.4	102.2	101.3	99.9	100.3	100.6

2004年各地区城市居民消费价格指数(十)

(上年价格=100)

地　区	(5)医疗保健服务费	2.个人用品及服务	(1)化妆美容用品	(2)卫生用品	(3)个人饰品	(4)个人服务
全国平均	**103.6**	**101.0**	**98.8**	**98.2**	**106.1**	**101.3**
北　京	100.0	102.4	99.9	97.3	109.4	101.5
天　津	100.6	98.7	101.1	100.4	102.0	94.8
河　北	116.2	101.7	101.8	97.8	105.1	100.7
山　西	101.2	103.2	98.9	96.1	105.2	107.4
内蒙古	109.5	99.3	100.4	94.2	103.9	100.5
辽　宁	117.1	99.5	96.3	97.4	104.6	99.3
吉　林	100.1	102.0	99.5	98.9	110.4	99.6
黑龙江	100.1	101.0	99.9	97.2	107.9	99.1
上　海	99.1	102.9	98.6	99.3	109.1	100.0
江　苏	100.8	103.3	99.4	99.0	109.2	105.3
浙　江	99.9	101.5	96.1	98.7	107.2	103.1
安　徽	113.8	101.4	99.7	97.1	108.5	102.6
福　建	100.1	100.3	98.8	98.3	105.5	99.9
江　西	100.2	100.6	99.2	96.8	105.6	101.8
山　东	103.4	100.0	98.9	97.9	102.6	100.5
河　南	101.4	101.0	99.4	98.8	105.0	101.1
湖　北	102.2	100.4	98.6	99.3	104.2	100.3
湖　南	110.6	99.3	95.7	98.4	105.7	102.1
广　东	99.8	101.0	98.5	100.0	105.4	102.1
广　西	112.3	99.2	99.8	93.7	103.9	99.8
海　南	108.7	96.6	100.0	90.3	114.2	101.0
重　庆	116.0	101.2	100.8	97.9	108.1	100.0
四　川	127.0	100.4	98.9	98.7	106.9	100.1
贵　州	125.0	99.7	99.1	98.7	100.1	100.9
云　南	100.0	104.5	99.0	100.0	105.9	112.1
西　藏	100.0	100.5	100.0	100.0	100.0	102.2
陕　西	100.0	103.0	98.7	101.4	108.6	102.9
甘　肃	100.8	100.3	101.4	95.3	104.1	100.3
青　海	104.6	103.0	98.5	97.2	103.4	116.2
宁　夏	100.6	104.4	99.3	98.7	112.7	109.0
新　疆	107.0	100.0	96.0	98.5	103.3	102.7

2004年各地区城市居民消费价格指数(十一)

(上年价格=100)

地　区	六、交通和通　信	1.交通	(1)交通工具	(2)车用燃料及零配件	(3)车辆使用及维修费	(4)市区公共交通费
全国平均	**97.9**	**100.1**	**95.1**	**108.1**	**101.2**	**101.1**
北　京	95.7	96.4	89.8	109.8	104.2	100.0
天　津	96.8	98.7	95.0	106.8	99.1	100.0
河　北	98.2	100.5	98.4	110.0	100.9	100.1
山　西	98.2	101.9	96.6	110.6	108.6	100.9
内蒙古	97.7	98.5	91.6	109.3	100.7	99.5
辽　宁	98.1	101.1	96.3	106.2	103.1	101.3
吉　林	95.0	102.0	99.0	105.2	104.0	100.2
黑龙江	98.7	99.9	96.6	103.1	99.2	100.2
上　海	96.5	99.8	95.4	109.1	98.1	100.8
江　苏	97.8	99.9	96.0	109.4	100.2	104.1
浙　江	96.6	98.2	90.5	108.2	102.9	100.1
安　徽	98.5	101.2	97.5	106.1	99.9	101.1
福　建	96.7	100.6	95.0	109.6	103.6	100.5
江　西	97.1	99.5	95.0	107.2	98.1	100.1
山　东	98.3	100.5	97.5	109.0	101.1	100.0
河　南	99.4	99.9	96.3	106.6	99.6	101.1
湖　北	98.6	101.2	98.5	103.2	102.2	101.2
湖　南	97.9	99.9	96.8	107.3	100.8	99.1
广　东	98.8	99.9	95.4	108.0	101.8	100.1
广　西	98.5	99.6	93.2	104.9	101.2	100.0
海　南	99.2	100.4	95.1	106.3	100.9	100.0
重　庆	99.2	100.8	97.7	109.7	100.2	100.0
四　川	100.3	103.8	98.1	107.8	100.4	108.9
贵　州	97.2	101.6	98.6	107.6	101.4	103.4
云　南	98.9	100.4	95.8	108.5	102.5	99.2
西　藏	100.0	100.4	99.9	102.8	100.0	91.7
陕　西	98.1	100.7	98.6	106.3	98.5	100.9
甘　肃	93.2	110.4	98.6	94.8	96.0	123.8
青　海	97.4	99.9	98.3	108.8	101.3	100.0
宁　夏	98.6	101.7	93.9	106.9	121.1	100.1
新　疆	99.2	100.7	96.9	105.6	100.4	99.9

2004 年各地区城市居民消费价格指数(十二)

(上年价格=100)

地　区	(5)城市间交通费	2.通信	(1)通信工具	(2)通信服务	七、娱乐教育文化	1.文娱用耐用消费品及服务
全国平均	**101.6**	**96.2**	**82.0**	**99.5**	**100.8**	**92.6**
北　京	102.3	94.9	72.6	100.1	101.5	95.0
天　津	101.5	95.5	72.5	100.0	99.2	91.9
河　北	100.9	96.6	82.4	99.7	100.8	91.8
山　西	102.3	96.1	76.7	99.7	102.5	95.0
内蒙古	101.2	97.0	84.6	99.8	99.6	91.9
辽　宁	101.6	96.7	73.6	100.0	101.0	90.3
吉　林	104.9	91.2	83.4	99.1	99.2	92.3
黑龙江	100.4	98.1	83.0	99.8	100.7	91.8
上　海	102.7	93.8	67.3	100.0	99.9	88.7
江　苏	99.5	95.8	79.0	100.0	100.8	90.3
浙　江	102.4	95.1	81.7	100.3	101.8	93.2
安　徽	103.8	96.9	80.2	99.8	100.4	92.4
福　建	100.7	94.7	76.1	98.3	103.0	94.0
江　西	101.9	95.9	78.1	100.1	101.3	93.8
山　东	102.0	96.4	83.7	100.0	101.0	95.6
河　南	101.2	98.9	89.7	100.5	102.3	94.1
湖　北	102.2	96.2	85.7	97.6	102.5	88.9
湖　南	101.8	96.9	88.2	99.5	101.4	97.8
广　东	99.9	97.8	87.7	99.9	99.4	92.7
广　西	102.7	96.0	86.9	98.7	98.1	89.5
海　南	106.5	98.3	85.0	100.0	96.9	91.3
重　庆	101.1	98.0	79.8	100.0	103.2	93.0
四　川	101.3	97.8	89.3	100.0	104.2	93.0
贵　州	106.0	95.1	88.4	96.7	100.9	92.5
云　南	102.4	97.7	87.2	100.1	101.4	93.8
西　藏	106.7	99.4	96.1	100.0	99.6	97.4
陕　西	102.9	96.2	75.2	100.1	100.0	89.6
甘　肃	102.1	81.3	80.6	82.0	99.6	95.1
青　海	100.6	95.8	78.0	100.3	100.2	92.7
宁　夏	105.0	96.6	82.8	100.2	99.3	87.2
新　疆	102.2	97.9	90.4	99.6	98.2	94.3

2004年各地区城市居民消费价格指数(十三)

(上年价格=100)

地 区	2.教育	(1)教材及参考书	(2)学杂托幼费	3.文化娱乐用品	(1)文化娱乐	(2)书报杂志
全国平均	**103.1**	**102.5**	**103.2**	**101.3**	**99.4**	**100.5**
北 京	99.9	97.4	100.0	103.7	101.3	100.3
天 津	101.5	97.0	101.8	94.9	101.0	100.5
河 北	103.6	103.4	103.6	101.1	98.5	100.3
山 西	104.7	106.7	104.5	102.4	99.5	100.3
内 蒙 古	100.6	102.4	100.5	101.4	99.4	100.5
辽 宁	104.9	102.6	105.2	101.6	99.6	100.3
吉 林	101.4	106.6	100.7	99.4	98.7	100.6
黑 龙 江	102.5	103.2	102.4	100.1	99.3	99.6
上 海	101.5	100.6	101.7	106.0	99.9	100.0
江 苏	104.0	101.8	104.1	100.6	99.2	100.5
浙 江	105.0	99.4	105.4	100.8	99.8	100.7
安 徽	102.0	108.3	101.6	100.1	98.7	100.8
福 建	109.1	111.4	108.9	100.5	99.0	101.0
江 西	103.4	100.9	103.6	101.5	99.3	100.5
山 东	103.0	102.5	103.0	100.9	99.4	100.3
河 南	107.0	102.2	107.9	100.0	99.2	100.4
湖 北	105.9	99.8	106.3	100.6	99.2	100.1
湖 南	102.0	103.2	101.9	102.7	98.3	100.4
广 东	100.8	103.6	100.5	100.3	99.5	100.7
广 西	100.0	100.8	100.0	104.4	100.5	102.8
海 南	99.7	96.9	99.7	98.9	99.0	100.0
重 庆	107.2	101.9	107.7	99.0	99.5	100.6
四 川	106.1	103.5	106.4	101.4	99.8	100.2
贵 州	102.9	100.6	103.0	102.7	99.7	100.5
云 南	108.5	100.3	109.1	100.3	98.7	102.3
西 藏	100.3	99.9	100.4	99.9	100.1	100.3
陕 西	100.4	100.4	100.4	102.6	99.5	100.6
甘 肃	102.2	105.6	102.0	99.3	96.7	100.2
青 海	101.8	102.4	101.7	105.1	103.2	100.0
宁 夏	101.2	104.3	100.4	103.0	99.0	100.1
新 疆	101.0	101.5	101.0	101.5	99.1	99.7

2004年各地区城市居民消费价格指数(十四)

(上年价格=100)

地　区	(3)文娱费	4.旅游及外出	八、居住	1.建房及装修材料	2.租房	3.自有住房	4.水电燃料
全国平均	**103.5**	**100.8**	**104.3**	**103.2**	**103.1**	**100.9**	**106.7**
北　京	107.8	114.2	101.4	98.6	100.0	100.8	104.7
天　津	88.6	106.5	103.6	100.7	100.3	100.4	108.4
河　北	104.6	96.2	105.7	100.7	103.5	100.1	108.5
山　西	108.8	99.6	106.0	100.6	101.5	100.6	110.5
内蒙古	103.7	100.5	104.4	100.3	100.2	100.3	107.8
辽　宁	103.0	93.9	102.4	100.9	101.8	100.7	103.5
吉　林	99.4	94.7	108.1	102.2	100.0	100.5	113.1
黑龙江	101.0	100.0	106.9	101.0	102.8	101.2	111.3
上　海	110.0	99.7	101.6	102.6	100.0	100.8	101.7
江　苏	101.9	99.6	103.0	102.1	101.8	100.4	104.4
浙　江	101.4	100.3	104.6	106.0	106.0	100.7	106.2
安　徽	100.7	98.2	105.5	103.0	101.7	100.7	112.1
福　建	101.5	98.6	103.6	101.5	101.3	100.8	105.9
江　西	103.7	100.8	104.7	100.7	100.7	102.1	110.9
山　东	103.3	100.8	103.6	100.9	103.7	101.0	106.3
河　南	100.6	98.1	104.9	105.2	101.1	100.8	107.4
湖　北	101.8	100.6	105.5	109.5	100.3	101.4	106.6
湖　南	107.3	101.0	105.2	106.2	102.8	101.5	106.6
广　东	100.7	100.6	103.2	105.7	100.0	100.2	105.0
广　西	115.3	95.5	105.1	107.1	109.1	100.0	102.7
海　南	98.3	99.6	101.2	108.0	100.0	100.0	100.3
重　庆	97.6	105.5	100.9	97.6	100.5	103.1	102.1
四　川	103.9	109.6	102.8	101.0	106.8	100.5	103.7
贵　州	106.0	97.1	104.2	100.9	99.6	100.6	106.7
云　南	100.7	98.4	106.3	106.7	118.5	100.1	104.8
西　藏	99.2	101.4	109.1	101.3	100.0	100.0	119.9
陕　西	105.8	104.5	106.9	99.2	118.9	102.6	109.8
甘　肃	100.8	96.9	104.0	100.6	102.1	103.8	106.6
青　海	108.8	95.8	102.8	103.0	100.0	100.7	105.1
宁　夏	108.0	111.6	104.6	105.1	108.3	100.6	104.6
新　疆	104.5	86.8	108.3	106.7	113.0	100.5	113.9

2004年各地区农村居民消费价格指数(一)

(上年价格=100)

地　区	居民消费价格指数	一、食　品	1.粮　食	2.淀粉及薯类	3.干豆类及豆制品	4.油　脂
全国平均	**104.8**	**111.5**	**127.7**	**109.3**	**119.9**	**121.8**
北　京						
天　津						
河　北	104.8	111.6	124.2	113.2	119.5	126.1
山　西	105.4	112.1	123.7	111.1	125.1	111.8
内蒙古	103.9	110.9	123.1	110.9	119.5	113.9
辽　宁	106.3	111.9	128.1	111.1	117.5	115.9
吉　林	105.1	112.5	140.6	113.4	125.4	110.1
黑龙江	105.2	113.9	131.8	110.3	126.6	112.3
上　海						
江　苏	104.6	110.2	136.5	104.3	123.8	113.1
浙　江	104.6	113.1	138.3	108.6	124.9	121.0
安　徽	104.8	111.5	137.3	106.0	113.2	124.1
福　建	104.3	110.1	127.1	108.1	118.4	118.1
江　西	103.5	109.0	126.9	108.1	117.4	124.0
山　东	104.6	110.0	126.6	105.2	122.6	124.2
河　南	105.4	112.4	127.6	123.0	122.1	122.8
湖　北	105.8	111.3	132.3	105.3	115.8	123.4
湖　南	105.7	114.0	129.1	116.9	120.5	131.0
广　东	103.7	108.4	121.3	106.1	113.1	117.9
广　西	104.9	113.0	119.7	107.5	126.4	129.0
海　南	106.4	114.6	114.7	116.5	102.8	111.3
重　庆						
四　川	105.2	113.1	123.6	110.2	114.8	125.0
贵　州	105.3	116.6	123.9	109.7	118.3	128.9
云　南	105.9	114.6	125.0	102.1	121.6	122.1
西　藏	103.4	108.4	113.4	102.6	104.6	111.8
陕　西	103.2	108.4	122.4	109.8	121.4	111.0
甘　肃	104.3	106.5	119.5	107.7	114.0	110.6
青　海	105.5	108.5	115.7	97.4	120.7	115.4
宁　夏	104.5	111.6	122.7	108.2	125.1	116.3
新　疆	104.5	109.3	118.8	99.0	115.0	107.8

2004年各地区农村居民消费价格指数(二)

(上年价格=100)

地区	5.肉禽及其制品	(1)食用畜肉及副产品	(2)禽	(3)加工肉禽	6.蛋	7.水产品
全国平均	**117.1**	**121.4**	**113.6**	**107.7**	**119.6**	**114.7**
北京						
天津						
河北	115.2	119.6	109.6	106.1	126.0	112.1
山西	119.6	124.6	117.7	108.6	125.4	122.3
内蒙古	113.9	115.9	115.3	108.1	123.4	122.2
辽宁	117.8	119.3	117.1	109.2	120.1	115.8
吉林	112.7	113.3	115.2	105.6	120.0	116.8
黑龙江	110.4	116.0	110.4	104.5	111.3	113.5
上海						
江苏	115.7	120.5	111.5	105.2	120.8	115.5
浙江	119.9	124.7	116.2	105.5	123.6	114.2
安徽	118.5	120.2	113.4	107.6	116.6	122.3
福建	112.9	118.9	111.3	104.4	124.6	108.4
江西	115.1	119.5	109.2	112.9	111.0	120.3
山东	116.0	117.7	117.2	111.3	121.2	120.1
河南	119.0	123.9	114.8	108.1	116.5	117.7
湖北	114.2	118.1	113.5	110.6	118.9	125.0
湖南	121.2	123.9	116.0	112.0	119.4	129.7
广东	113.1	117.1	107.5	104.3	112.3	110.5
广西	118.7	121.7	118.8	113.8	121.9	114.2
海南	129.3	139.1	104.0	126.4	111.2	108.4
重庆						
四川	120.7	126.4	118.0	106.4	113.7	120.5
贵州	115.9	121.6	119.4	108.4	115.1	113.4
云南	118.5	124.1	109.5	106.0	113.6	99.4
西藏	118.1	122.8	106.8	100.4	107.7	102.9
陕西	115.5	126.5	113.5	104.9	118.2	119.1
甘肃	110.0	119.3	105.8	102.7	102.8	114.3
青海	113.4	113.9	117.1	108.4	114.3	104.6
宁夏	119.2	118.3	125.7	117.8	129.0	127.1
新疆	109.7	109.3	112.0	109.5	115.1	112.2

2004年各地区农村居民消费价格指数(三)

(上年价格=100)

地　区	(1)鱼	(2)其他水产品	8.菜	9.调味品	10.糖	11.茶及饮料
全国平均	**118.5**	**104.4**	**97.4**	**101.0**	**103.0**	**99.8**
北　京						
天　津						
河　北	113.9	104.9	95.7	100.9	98.5	99.0
山　西	125.3	109.9	89.6	104.3	103.4	101.7
内蒙古	125.1	105.9	95.8	101.3	104.5	101.2
辽　宁	117.3	101.8	92.0	97.8	100.6	98.5
吉　林	122.4	96.8	94.8	100.1	103.7	100.4
黑龙江	117.0	99.5	95.0	100.6	105.1	100.8
上　海						
江　苏	120.9	103.6	88.5	101.4	103.2	99.4
浙　江	120.6	104.4	97.5	102.6	102.7	100.4
安　徽	123.1	106.9	83.2	102.8	104.3	104.6
福　建	108.3	108.5	99.3	102.0	104.7	99.4
江　西	124.4	110.5	97.1	99.4	103.7	98.7
山　东	123.2	107.5	86.2	100.8	101.2	99.6
河　南	120.7	105.8	101.9	100.1	103.6	99.1
湖　北	132.1	96.2	94.5	100.1	100.9	100.8
湖　南	131.2	113.6	99.6	100.5	100.0	100.0
广　东	108.8	105.1	102.8	100.0	102.7	99.8
广　西	116.2	106.8	98.7	99.8	106.0	98.0
海　南	109.7	104.0	98.3	99.0	106.7	99.4
重　庆						
四　川	122.3	109.8	102.3	101.9	107.0	99.1
贵　州	115.0	107.3	109.1	104.2	105.8	100.9
云　南	97.6	104.4	122.6	102.3	101.0	95.4
西　藏	100.3	108.3	100.6	100.7	101.0	100.4
陕　西	123.0	103.9	88.6	100.4	102.3	100.3
甘　肃	118.5	97.3	99.6	98.6	94.1	102.3
青　海	113.0	96.2	96.8	101.8	101.9	98.7
宁　夏	132.0	96.1	90.1	99.0	104.2	99.6
新　疆	118.6	99.5	118.5	99.1	101.3	98.9

2004年各地区农村居民消费价格指数(四)

(上年价格=100)

地　区	(1)茶叶	(2)饮料	12.干鲜瓜果	13.糕点饼干	14.奶及奶制品	15.在外用膳食品
全国平均	**100.5**	**99.4**	**104.5**	**101.0**	**101.8**	**104.6**
北　京						
天　津						
河　北	100.0	98.4	108.2	101.5	103.1	103.1
山　西	105.2	99.4	101.9	102.2	101.4	108.5
内蒙古	101.3	101.2	103.3	103.3	101.1	103.9
辽　宁	100.4	97.7	100.6	100.8	102.6	105.9
吉　林	99.2	99.8	104.8	99.9	101.8	98.6
黑龙江	98.2	102.5	112.2	102.6	104.3	101.5
上　海						
江　苏	100.5	98.9	100.4	101.5	100.4	106.0
浙　江	103.2	99.4	105.9	100.9	101.3	105.5
安　徽	107.1	99.7	97.8	101.5	96.2	101.6
福　建	100.5	98.8	97.4	101.4	99.5	103.1
江　西	98.1	99.1	100.7	100.1	98.3	103.4
山　东	100.2	99.2	104.2	99.5	102.2	107.7
河　南	100.1	98.6	108.6	100.3	107.3	107.3
湖　北	104.0	98.7	101.5	101.3	101.9	106.4
湖　南	100.0	100.0	106.7	101.1	100.7	102.7
广　东	99.8	99.8	104.4	100.7	102.0	100.3
广　西	93.8	101.1	106.3	108.2	99.9	105.4
海　南	102.6	98.7	101.3	99.1	104.7	99.9
重　庆						
四　川	99.0	99.1	108.2	101.4	100.6	106.3
贵　州	100.7	100.8	98.0	103.9	110.8	111.7
云　南	90.8	99.2	117.3	101.1	99.1	106.0
西　藏	101.4	99.2	114.1	98.8	103.0	101.0
陕　西	100.9	99.9	102.8	100.6	101.2	104.5
甘　肃	107.8	98.6	106.5	101.6	105.2	102.9
青　海	99.2	98.4	99.0	102.6	104.2	102.1
宁　夏	99.3	99.7	113.9	100.1	106.1	111.8
新　疆	100.5	97.4	105.6	102.0	98.8	103.5

2004年各地区农村居民消费价格指数(五)

(上年价格=100)

地区	16.其他食品及加工服务费	二、烟酒及用品	1.烟草	2.酒	3.吸烟、饮酒用品	三、衣着
全国平均	**101.4**	**101.3**	**101.1**	**101.7**	**100.7**	**98.4**
北京						
天津						
河北	100.4	99.5	98.3	100.7	98.5	97.1
山西	103.9	103.9	103.5	105.8	100.6	99.7
内蒙古	100.3	102.2	103.9	100.7	99.9	100.9
辽宁	100.1	99.4	99.9	98.8	98.5	97.2
吉林	102.2	101.5	98.2	103.3	107.0	98.6
黑龙江	99.0	100.5	99.9	101.0	102.6	101.0
上海						
江苏	100.8	100.7	100.3	101.4	99.4	99.8
浙江	101.1	101.3	101.0	102.5	99.2	97.0
安徽	99.3	100.3	99.1	101.7	100.3	96.5
福建	101.8	101.2	101.5	101.0	100.2	97.5
江西	99.8	100.8	99.9	101.5	105.5	99.1
山东	104.2	101.4	101.8	101.2	99.8	96.4
河南	101.6	104.5	106.8	101.6	99.3	99.3
湖北	103.4	100.6	99.4	103.3	99.9	99.2
湖南	98.7	100.8	101.3	99.9	100.0	101.6
广东	101.0	101.8	101.8	102.0	99.3	99.7
广西	103.0	101.1	99.7	101.7	107.5	96.7
海南	100.0	100.0	100.2	100.4	96.8	98.8
重庆						
四川	100.5	101.6	100.8	103.4	98.0	99.7
贵州	121.4	99.5	98.1	103.3	99.0	95.0
云南	99.6	100.8	101.4	98.6	100.0	95.7
西藏	97.6	101.7	101.4	102.5	100.0	102.1
陕西	102.6	100.2	100.5	99.4	99.7	99.8
甘肃	99.5	100.6	101.1	100.1	97.7	102.1
青海	100.0	101.6	100.6	102.9	97.9	99.7
宁夏	100.7	104.5	105.8	101.2	100.1	96.5
新疆	102.5	100.9	100.8	101.2	99.1	100.6

2004年各地区农村居民消费价格指数(六)

(上年价格=100)

地区	1.服装	(1)男式服装	(2)女式服装	(3)儿童服装	2.衣着材料	3.鞋袜帽
全国平均	**98.1**	**97.9**	**97.9**	**98.7**	**100.5**	**98.6**
北京						
天津						
河北	96.9	96.3	97.8	95.8	98.3	97.2
山西	99.4	100.4	97.3	103.0	98.9	100.6
内蒙古	100.9	101.1	99.9	101.8	100.6	101.2
辽宁	96.8	95.8	96.9	98.3	101.3	97.4
吉林	99.1	99.7	101.2	92.0	101.3	98.2
黑龙江	100.4	100.3	100.7	100.0	102.6	101.7
上海						
江苏	99.5	100.5	98.3	99.4	99.3	100.4
浙江	96.3	95.5	95.1	99.0	101.7	97.7
安徽	97.3	92.9	98.1	105.3	107.9	92.4
福建	96.8	98.7	97.7	92.5	100.2	98.5
江西	99.3	99.6	98.6	100.0	102.8	98.1
山东	94.5	94.1	93.4	96.3	99.7	98.2
河南	98.7	98.5	98.7	99.1	100.2	100.3
湖北	98.5	98.7	98.3	98.7	101.5	100.4
湖南	102.0	101.5	102.2	102.4	101.0	101.0
广东	99.2	98.3	99.5	100.3	103.3	100.5
广西	97.3	98.8	97.9	97.1	96.0	95.5
海南	99.0	99.6	98.5	98.8	99.8	98.1
重庆						
四川	99.3	98.6	98.6	101.0	101.3	99.9
贵州	94.9	93.3	93.1	99.0	94.2	94.6
云南	96.5	98.1	98.9	88.5	96.2	93.6
西藏	104.0	111.7	100.7	101.6	96.7	101.2
陕西	100.0	101.2	98.4	101.0	102.0	98.9
甘肃	102.8	99.8	101.3	107.9	99.4	101.8
青海	99.8	99.5	99.9	100.0	99.5	99.5
宁夏	95.8	93.6	97.9	93.0	98.8	97.8
新疆	100.6	100.3	100.8	100.7	101.9	100.0

2004年各地区农村居民消费价格指数(七)

(上年价格=100)

地　区	(1)鞋	(2)袜子	(3)帽子	4.衣着加工服务费	四、家庭设备用品及服务	1.耐用消费品
全国平均	**98.4**	**99.3**	**99.0**	**100.8**	**99.7**	**98.3**
北　京						
天　津						
河　北	97.3	96.6	95.3	105.8	97.9	96.9
山　西	100.8	100.0	99.9	101.9	98.2	96.3
内蒙古	101.7	99.2	101.9	100.0	99.1	97.7
辽　宁	97.1	99.8	92.5	100.5	98.3	97.2
吉　林	99.2	93.2	95.0	94.3	99.8	98.3
黑龙江	102.9	97.5	100.0	96.2	98.5	96.9
上　海						
江　苏	100.4	100.5	100.3	100.9	100.0	98.4
浙　江	96.9	101.9	100.0	101.4	100.3	97.5
安　徽	91.6	99.3	98.4	98.5	100.1	99.3
福　建	98.3	99.4	99.9	101.5	99.3	98.2
江　西	97.0	101.1	98.5	101.2	99.8	96.8
山　东	97.6	100.3	98.9	101.1	99.3	98.2
河　南	100.9	98.8	98.4	100.8	98.9	97.7
湖　北	100.5	100.2	99.0	99.7	99.5	98.8
湖　南	101.3	99.9	98.3	100.1	100.9	99.7
广　东	102.1	96.9	100.4	99.2	99.2	99.2
广　西	95.3	97.9	95.8	115.5	100.6	97.1
海　南	98.3	96.2	99.4	100.6	99.2	99.9
重　庆						
四　川	99.5	99.9	105.4	103.9	100.8	99.7
贵　州	94.9	91.8	101.5	97.7	97.7	96.3
云　南	91.3	109.1	93.5	99.7	101.5	100.3
西　藏	101.7	101.1	99.5	97.1	100.4	99.1
陕　西	99.9	95.4	96.9	98.1	99.8	97.5
甘　肃	102.7	99.7	95.1	99.8	100.3	96.3
青　海	100.0	97.7	100.0	100.7	98.3	97.1
宁　夏	97.9	96.2	102.9	99.3	97.2	94.8
新　疆	100.3	99.3	98.8	101.6	98.8	97.6

2004年各地区农村居民消费价格指数(八)

(上年价格=100)

地　区	(1)家　具	(2)家庭设备	2.室　内装饰品	3.床上用品	4.家庭日用杂品	5.家庭服务及加工维修服务费
全国平均	**99.4**	**97.3**	**99.4**	**100.5**	**100.4**	**103.3**
北　京						
天　津						
河　北	98.5	94.9	95.0	101.5	98.6	100.9
山　西	96.2	96.3	97.6	99.8	99.3	102.3
内蒙古	97.8	97.5	101.7	100.9	99.2	102.4
辽　宁	98.4	96.5	102.2	100.5	98.4	96.6
吉　林	99.0	97.7	104.5	101.3	99.3	102.3
黑龙江	97.9	96.2	99.0	103.2	99.1	97.4
上　海						
江　苏	99.7	97.8	101.0	99.8	99.9	110.2
浙　江	99.6	96.5	101.1	99.4	104.1	104.5
安　徽	99.6	99.1	99.6	98.1	101.1	100.6
福　建	100.9	95.9	99.7	100.0	99.9	101.7
江　西	96.5	97.4	98.8	100.7	101.0	100.7
山　东	98.8	97.3	99.4	99.5	99.7	104.2
河　南	98.4	96.7	98.6	101.4	99.2	100.3
湖　北	98.8	98.8	99.0	99.9	99.8	101.0
湖　南	100.3	99.3	100.1	101.7	100.4	112.1
广　东	101.1	97.5	96.6	97.5	99.1	102.5
广　西	97.6	96.5	109.4	103.7	103.0	100.2
海　南	100.1	99.7	100.0	96.7	99.0	102.8
重　庆						
四　川	100.3	98.8	97.8	100.1	102.8	101.6
贵　州	96.8	95.7	100.2	104.8	96.9	102.2
云　南	102.7	97.9	99.9	102.0	103.5	101.6
西　藏	97.8	100.6	100.0	100.7	100.6	110.7
陕　西	97.5	97.5	100.2	102.2	100.2	105.1
甘　肃	97.9	92.7	100.0	108.3	99.9	110.7
青　海	97.9	95.9	99.3	100.3	98.2	100.0
宁　夏	96.8	93.0	103.6	97.0	100.3	99.8
新　疆	99.7	95.5	98.3	101.6	99.7	100.5

2004年各地区农村居民消费价格指数(九)

(上年价格=100)

地区	五、医疗保健和个人用品	1.医疗保健	(1)医疗器具及用品	(2)中药材及中成药	(3)西药	(4)保健器具及用品
全国平均	**100.5**	**100.1**	**101.6**	**99.1**	**94.1**	**96.9**
北京						
天津						
河北	103.2	105.6	97.7	106.2	99.2	99.8
山西	99.7	96.7	101.2	94.8	94.4	99.1
内蒙古	102.9	101.6	102.4	101.5	94.8	99.4
辽宁	112.6	117.1	105.1	96.6	98.8	97.3
吉林	101.0	101.3	106.8	98.9	99.9	99.2
黑龙江	101.2	100.4	106.2	100.9	95.4	98.1
上海						
江苏	100.4	99.0	104.7	101.9	93.4	102.4
浙江	94.4	91.0	95.4	96.9	77.8	93.8
安徽	103.0	101.7	86.0	94.1	93.4	99.4
福建	98.7	97.5	101.0	95.8	95.0	97.6
江西	96.8	94.3	99.8	91.4	87.1	96.3
山东	100.2	100.0	99.7	97.9	96.1	99.1
河南	99.1	98.7	100.0	100.6	96.7	98.6
湖北	97.0	95.9	96.0	84.4	95.1	98.0
湖南	100.0	99.7	101.8	103.1	96.7	100.5
广东	99.7	99.6	104.5	101.9	97.2	96.4
广西	102.1	103.4	103.1	102.7	100.4	101.2
海南	100.3	100.0	101.9	95.7	102.6	99.9
重庆						
四川	103.7	106.0	103.0	103.6	96.6	99.7
贵州	109.6	110.1	99.2	101.8	93.8	98.4
云南	98.5	98.4	115.7	95.8	95.6	99.9
西藏	100.5	100.9	109.9	101.6	99.7	96.4
陕西	98.2	97.0	97.2	91.2	95.6	99.4
甘肃	105.4	104.5	104.0	91.3	98.9	96.6
青海	110.7	113.6	96.7	101.4	92.2	91.9
宁夏	97.0	96.0	107.1	98.0	92.1	94.1
新疆	102.8	103.5	97.7	100.0	94.6	97.8

2004年各地区农村居民消费价格指数(十)

(上年价格=100)

地　区	(5)医疗保健服务费	2.个人用品及服务	(1)化妆美容用品	(2)卫生用品	(3)个人饰品	(4)个人服务
全国平均	**106.8**	**101.3**	**99.0**	**98.8**	**102.7**	**102.4**
北　京						
天　津						
河　北	111.2	98.2	98.3	99.4	95.5	99.6
山　西	100.2	103.6	97.2	97.6	107.6	104.1
内蒙古	110.1	105.8	99.6	99.6	99.9	112.9
辽　宁	132.2	100.4	99.9	96.9	102.7	100.3
吉　林	105.0	100.2	99.5	99.7	109.3	95.0
黑龙江	105.1	104.6	98.2	96.9	109.5	104.3
上　海						
江　苏	102.2	103.4	100.7	99.6	107.0	104.8
浙　江	100.0	102.6	99.4	100.0	105.7	103.1
安　徽	108.1	104.9	95.3	97.1	101.4	110.8
福　建	99.9	100.2	99.8	99.8	101.6	99.4
江　西	100.1	100.7	98.8	97.5	102.8	101.7
山　东	106.1	100.7	98.4	96.2	100.5	102.6
河　南	99.0	100.3	99.9	98.4	102.4	101.0
湖　北	99.6	100.6	98.6	96.0	103.0	105.2
湖　南	99.7	100.5	99.9	99.0	103.3	100.2
广　东	100.8	99.9	98.0	98.3	106.0	98.5
广　西	107.7	100.6	100.8	99.1	103.6	99.1
海　南	99.9	100.6	100.1	100.0	101.8	99.9
重　庆						
四　川	119.2	99.8	98.5	99.4	99.8	100.0
贵　州	121.2	108.2	124.2	101.7	101.6	113.3
云　南	103.9	98.8	96.2	97.9	100.6	99.2
西　藏	100.4	99.7	98.9	98.5	100.8	102.0
陕　西	102.1	101.4	98.5	99.4	105.9	99.6
甘　肃	117.5	107.3	95.5	116.6	99.1	109.1
青　海	137.8	102.9	99.3	99.1	106.7	101.5
宁　夏	100.7	100.9	98.6	98.2	101.8	103.8
新　疆	124.1	101.2	99.4	96.5	103.2	104.4

2004年各地区农村居民消费价格指数(十一)

(上年价格=100)

地区	六、交通和通信	1.交通	(1)交通工具	(2)车用燃料及零配件	(3)车辆使用及维修费	(4)市区公共交通费
全国平均	**99.8**	**100.7**	**97.8**	**107.1**	**100.7**	**100.5**
北京						
天津						
河北	98.9	99.4	97.8	108.8	101.9	102.2
山西	99.7	100.6	98.6	107.7	98.0	104.5
内蒙古	100.0	100.8	98.5	106.0	100.8	104.4
辽宁	100.3	101.6	99.2	106.2	100.2	100.5
吉林	96.8	96.0	96.2	101.4	99.2	90.6
黑龙江	99.7	100.2	97.4	108.3	101.0	99.3
上海						
江苏	99.0	100.2	98.2	106.3	99.2	100.0
浙江	98.4	99.0	95.5	107.4	103.1	101.7
安徽	102.7	104.4	101.1	109.5	101.0	99.4
福建	98.9	100.5	98.4	106.5	100.0	103.0
江西	100.2	101.1	100.3	107.0	99.9	99.0
山东	101.3	100.5	98.2	107.6	101.9	101.7
河南	102.7	102.1	99.5	108.1	100.6	107.0
湖北	100.6	101.5	98.8	105.0	98.8	102.2
湖南	100.8	103.0	96.0	108.0	104.7	101.5
广东	98.9	100.2	97.2	107.0	99.3	99.9
广西	96.4	96.5	94.6	106.6	98.3	100.0
海南	100.1	100.5	97.1	106.9	99.1	100.4
重庆						
四川	101.4	102.3	100.2	106.5	100.6	101.0
贵州	94.7	93.9	99.3	105.2	100.0	105.1
云南	97.8	101.7	94.7	109.2	102.2	106.2
西藏	101.1	103.0	101.2	105.2	100.1	99.8
陕西	101.4	103.7	98.3	105.8	99.9	101.3
甘肃	98.6	101.1	99.4	102.3	101.8	94.4
青海	100.9	100.5	100.9	106.6	101.8	98.9
宁夏	101.4	104.1	100.2	106.7	116.5	103.6
新疆	99.8	101.8	99.0	107.0	100.6	102.7

2004年各地区农村居民消费价格指数(十二)

(上年价格=100)

地　区	(5)城市间交通费	2.通信	(1)通信工具	(2)通信服务	七、娱乐教育文化	1.文娱用耐用消费品及服务
全国平均	**103.4**	**98.4**	**89.9**	**100.7**	**102.1**	**94.8**
北　京						
天　津						
河　北	102.8	98.4	88.5	100.0	103.9	91.6
山　西	107.9	98.1	82.8	100.0	103.1	94.1
内蒙古	102.6	98.2	94.6	100.0	100.0	95.9
辽　宁	104.3	99.0	92.6	100.1	103.6	94.2
吉　林	101.6	97.3	93.0	98.5	101.2	93.9
黑龙江	101.9	98.8	92.9	100.1	98.5	97.1
上　海						
江　苏	103.1	97.8	89.2	100.1	102.6	95.2
浙　江	101.5	97.8	89.4	100.4	103.6	95.7
安　徽	108.0	100.3	98.0	101.3	99.8	95.1
福　建	101.7	97.3	86.9	99.8	104.3	94.9
江　西	102.0	98.8	89.8	100.0	99.9	94.6
山　东	103.5	102.4	91.5	104.3	102.6	96.5
河　南	103.5	104.0	94.8	106.4	102.2	95.5
湖　北	102.8	98.4	88.8	100.3	107.2	95.0
湖　南	110.2	95.7	89.6	98.6	103.4	93.9
广　东	100.2	97.6	88.4	100.7	99.4	95.9
广　西	94.5	97.0	87.4	99.9	99.1	88.1
海　南	100.9	98.8	94.2	100.0	99.3	98.2
重　庆						
四　川	103.7	98.6	94.5	99.9	99.3	96.9
贵　州	87.2	96.5	91.8	98.7	101.1	93.6
云　南	115.6	94.2	77.5	99.0	103.5	91.7
西　藏	104.7	98.6	92.8	99.8	98.9	93.8
陕　西	111.5	96.2	88.0	98.2	101.4	95.1
甘　肃	106.1	93.5	90.4	94.2	104.3	95.8
青　海	99.7	104.3	98.5	105.7	112.2	96.4
宁　夏	105.8	98.2	89.5	101.4	101.5	89.7
新　疆	103.3	96.8	93.0	97.5	99.9	96.7

2004年各地区农村居民消费价格指数(十三)

(上年价格=100)

地　区	2.教育	(1)教材及参考书	(2)学杂托幼费	3.文化娱乐用品	(1)文化娱乐	(2)书报杂志
全国平均	**103.8**	**103.4**	**103.8**	**100.2**	**99.3**	**100.7**
北　京						
天　津						
河　北	106.2	104.8	106.3	100.2	100.1	100.7
山　西	104.5	118.0	103.7	98.7	98.3	99.1
内蒙古	100.4	98.2	100.5	99.8	99.7	100.0
辽　宁	105.7	102.5	105.9	99.2	98.5	100.5
吉　林	103.3	104.4	102.9	102.2	98.4	102.2
黑龙江	98.3	101.3	97.1	99.1	98.1	100.5
上　海						
江　苏	104.0	101.0	104.0	100.9	99.1	102.0
浙　江	104.6	99.7	104.7	100.4	99.1	101.3
安　徽	100.4	107.6	100.3	99.3	99.7	98.4
福　建	107.3	110.9	107.1	100.3	100.1	100.7
江　西	100.3	100.3	100.3	99.9	98.7	100.7
山　东	103.9	108.7	103.8	100.5	100.2	100.2
河　南	103.7	103.1	103.7	99.6	99.4	100.1
湖　北	109.3	101.5	109.5	99.7	98.0	101.0
湖　南	106.1	101.7	106.5	100.6	100.6	101.1
广　东	101.2	102.6	100.8	99.9	99.4	100.2
广　西	102.1	99.8	102.2	99.9	98.5	100.9
海　南	99.3	98.2	99.4	100.2	99.4	100.4
重　庆						
四　川	99.8	102.8	99.6	100.1	99.3	100.7
贵　州	103.0	110.6	102.5	98.7	94.9	100.4
云　南	107.8	100.9	108.8	102.0	97.9	101.4
西　藏	100.4	100.0	100.4	99.4	98.1	100.0
陕　西	102.2	105.2	102.0	100.4	99.5	100.2
甘　肃	105.5	100.8	105.5	100.4	99.8	101.0
青　海	117.7	100.2	117.9	99.2	98.6	100.1
宁　夏	104.0	103.4	104.1	103.0	101.3	99.7
新　疆	99.9	98.8	100.0	100.8	97.7	104.0

2004年各地区农村居民消费价格指数(十四)

(上年价格=100)

地区	(3)文娱费	4.旅游及外出	八、居住	1.建房及装修材料	2.租房	3.自有住房	4.水电燃料
全国平均	**101.7**	**100.5**	**105.8**	**104.8**	**102.6**	**101.1**	**109.1**
北京							
天津							
河北	98.2	99.6	106.1	102.6	97.8	100.3	114.3
山西	99.5	101.6	107.7	106.5	107.1	109.2	108.7
内蒙古	100.3	100.0	104.3	102.8	101.2	99.6	108.0
辽宁	105.5	100.1	105.4	103.4	122.0	101.2	109.5
吉林	106.8	100.1	106.1	99.8	100.0	97.3	112.6
黑龙江	102.4	100.0	105.9	105.4	100.1	98.3	108.4
上海							
江苏	103.3	100.9	105.8	105.0	104.9	101.4	107.9
浙江	101.3	109.3	104.4	104.2	100.8	100.9	104.8
安徽	97.4	98.5	105.9	102.7	103.3	100.0	115.1
福建	100.2	98.6	104.8	105.2	100.0	100.0	105.6
江西	101.7	99.5	104.8	105.0	112.3	102.4	106.3
山东	102.5	98.1	107.3	104.8	104.5	104.0	114.9
河南	100.8	99.9	107.9	107.1	103.6	99.1	110.7
湖北	102.0	100.4	108.5	109.9	102.2	100.8	108.3
湖南	98.0	97.5	103.9	104.2	100.1	100.2	104.7
广东	100.2	91.7	105.3	106.1	99.9	100.7	106.4
广西	99.9	88.7	105.4	105.1	102.2	100.3	108.9
海南	102.6	99.3	103.3	105.0	98.4	101.7	101.6
重庆							
四川	100.6	101.0	103.5	102.4	100.2	100.2	107.9
贵州	104.6	98.9	104.0	101.3	100.0	100.0	110.3
云南	110.3	101.5	108.4	108.4	100.1	100.2	110.7
西藏	100.0	106.0	98.7	98.9	111.2	100.0	94.6
陕西	102.9	99.7	104.8	104.1	102.3	100.3	108.7
甘肃	100.9	105.3	106.6	103.3	106.2	100.4	112.1
青海	103.3	98.2	101.9	99.4	100.0	100.3	107.3
宁夏	108.1	111.6	108.1	106.8	114.9	105.2	109.8
新疆	101.2	104.1	108.1	108.9	101.9	101.4	111.0

2004年36个大中城市居民消费价格指数(一)

(上年价格=100)

城　市	居民消费价格指数	一、食品类	1.粮　食	2.淀粉及薯　类	3.干豆类及豆制品	4.油　脂
平均指数	**102.4**	**107.3**	**124.2**	**105.8**	**119.3**	**114.4**
北　京	101.0	104.8	120.6	102.1	117.2	117.0
天　津	102.3	109.9	123.7	102.3	119.9	120.1
石家庄	102.5	105.9	124.8	105.5	130.4	116.1
太　原	103.9	108.6	126.9	114.0	124.7	120.9
呼和浩特	102.4	105.8	116.5	97.0	128.9	114.7
沈　阳	102.2	106.3	126.1	104.0	128.3	108.6
大　连	102.6	106.9	117.3	99.8	119.7	111.7
长　春	104.1	109.3	125.7	100.0	113.2	109.2
哈尔滨	103.1	104.6	113.0	106.7	113.4	115.4
上　海	102.2	108.3	133.9	107.2	119.6	114.2
南　京	103.0	107.3	135.4	105.6	118.1	112.2
杭　州	102.5	108.3	124.9	102.4	115.2	112.5
宁　波	102.7	107.5	132.6	109.1	117.0	114.5
合　肥	102.2	107.3	140.3	92.6	119.9	115.0
福　州	103.9	109.5	116.5	100.1	109.1	111.2
厦　门	103.1	108.0	119.1	106.7	121.2	112.3
南　昌	103.2	107.1	121.5	116.9	117.1	109.6
济　南	102.5	107.4	124.3	107.3	132.8	131.2
青　岛	102.1	104.0	113.9	105.8	133.5	115.7
郑　州	105.7	113.1	132.7	110.3	129.6	120.7
武　汉	103.3	107.4	125.1	101.9	113.1	111.8
长　沙	103.2	106.4	122.9	100.0	122.9	113.9
广　州	101.7	105.4	113.1	107.3	101.8	108.4
深　圳	101.3	106.1	113.7	100.8	108.7	111.6
南　宁	104.2	110.1	128.2	118.6	121.7	111.3
海　口	103.0	108.3	115.6	104.6	111.9	100.7
重　庆	103.7	111.0	127.1	129.4	116.0	121.4
成　都	103.9	107.6	121.7	95.4	115.7	115.5
贵　阳	102.1	109.4	127.4	98.8	120.8	112.5
昆　明	106.5	114.9	130.3	94.3	110.3	115.3
拉　萨	101.8	104.8	111.9	101.2	105.9	108.3
西　安	102.3	105.7	123.3	112.7	121.1	113.7
兰　州	101.1	105.1	114.8	117.2	111.3	110.9
西　宁	102.6	106.0	112.4	114.8	129.8	117.3
银　川	103.2	109.1	119.2	105.0	116.2	115.5
乌鲁木齐	100.9	102.1	114.2	101.6	123.2	105.0

2004年36个大中城市居民消费价格指数(二)

(上年价格=100)

城市	5.肉禽及其制品	(1)食用畜肉及副产品	(2)禽	(3)加工肉禽	6.蛋	7.水产品
平均指数	**115.1**	**118.9**	**112.7**	**106.3**	**120.1**	**110.4**
北京	110.1	112.5	103.9	108.4	112.7	107.1
天津	113.9	116.2	118.3	105.9	123.8	131.6
石家庄	116.3	118.9	118.2	105.0	124.7	111.4
太原	118.9	123.9	117.8	103.6	122.3	124.1
呼和浩特	112.2	113.1	111.5	105.1	113.6	114.2
沈阳	113.3	114.2	118.3	104.1	122.3	107.1
大连	115.7	117.3	117.3	109.3	125.3	105.9
长春	115.8	118.6	112.7	104.9	118.3	106.4
哈尔滨	111.5	113.9	108.7	102.9	110.1	105.9
上海	116.8	121.9	119.3	106.7	118.6	107.7
南京	116.5	122.3	119.0	103.9	119.3	105.5
杭州	120.2	127.6	127.6	101.9	121.0	111.5
宁波	117.1	120.0	114.8	110.9	122.3	101.3
合肥	115.0	121.3	102.2	101.2	118.0	114.0
福州	113.4	120.1	107.9	105.2	124.9	107.3
厦门	115.9	123.6	104.5	102.7	123.5	107.0
南昌	119.0	122.2	117.4	103.6	131.2	118.3
济南	115.9	121.1	113.2	108.3	120.2	108.4
青岛	116.6	123.6	110.3	105.8	128.5	93.3
郑州	121.1	125.5	118.4	111.3	130.4	116.5
武汉	114.8	116.9	114.5	103.9	117.2	129.3
长沙	118.6	124.8	110.0	111.1	119.5	116.2
广州	110.1	117.6	101.8	102.3	121.7	107.8
深圳	108.3	110.2	105.1	103.4	112.8	110.6
南宁	116.7	121.0	108.9	117.2	118.7	111.0
海口	120.0	128.8	108.1	107.7	110.7	108.5
重庆	121.5	126.1	118.1	104.3	117.2	111.6
成都	118.2	122.0	115.2	107.7	119.3	117.9
贵阳	122.6	128.6	113.3	111.7	116.6	115.9
昆明	127.4	136.2	112.1	112.5	118.2	116.7
拉萨	112.4	116.6	102.6	102.1	96.1	115.1
西安	118.9	123.1	119.7	100.9	123.3	112.3
兰州	113.6	117.7	107.7	102.4	127.7	113.3
西宁	114.7	115.2	122.6	106.9	119.5	117.7
银川	117.5	118.3	117.9	112.2	123.5	122.2
乌鲁木齐	107.5	108.4	107.0	105.1	116.2	118.2

2004年36个大中城市居民消费价格指数(三)

(上年价格=100)

城　市	(1)鱼	(2)其他水产品	8.菜	9.调味品	10.糖	11.茶及饮料
平均指数	**117.6**	**103.7**	**93.5**	**102.8**	**101.1**	**99.9**
北　京	115.1	99.2	95.2	99.3	100.6	99.0
天　津	117.9	137.8	94.5	104.3	99.8	99.7
石家庄	117.8	103.8	85.9	102.9	98.9	100.3
太　原	137.1	104.8	74.7	109.2	101.1	102.3
呼和浩特	119.6	96.3	80.3	100.0	104.4	98.6
沈　阳	114.0	100.2	89.9	102.4	99.0	98.8
大　连	121.2	93.7	95.9	103.0	101.3	99.5
长　春	113.1	94.4	91.8	111.1	100.4	101.1
哈尔滨	110.5	100.0	93.5	103.5	95.9	100.0
上　海	119.8	99.1	95.5	102.9	102.1	100.2
南　京	112.0	97.4	88.8	104.9	103.6	97.9
杭　州	125.1	103.6	97.3	107.1	102.1	98.5
宁　波	110.7	93.3	93.7	104.4	102.7	100.2
合　肥	125.1	99.8	78.6	97.0	99.8	103.6
福　州	109.1	105.9	119.7	100.6	101.3	99.7
厦　门	119.3	98.6	105.9	100.1	98.2	101.6
南　昌	121.3	112.2	81.6	99.3	103.9	99.3
济　南	116.5	103.9	87.9	103.2	99.7	98.9
青　岛	104.3	87.6	94.7	101.3	102.8	108.1
郑　州	122.3	108.9	108.3	99.6	97.7	99.8
武　汉	133.9	116.9	90.6	102.8	101.3	98.7
长　沙	121.3	105.2	81.4	100.5	104.9	102.6
广　州	114.5	102.6	104.9	102.7	100.9	101.0
深　圳	112.9	107.3	103.1	100.6	99.1	101.3
南　宁	109.4	114.2	102.2	103.1	98.6	98.7
海　口	111.9	103.4	108.2	99.5	106.5	97.3
重　庆	115.6	103.6	112.6	102.5	103.1	101.9
成　都	124.9	106.3	88.1	107.2	105.4	98.2
贵　阳	117.8	110.7	94.4	104.7	93.8	100.2
昆　明	118.3	112.7	116.5	100.2	107.2	101.3
拉　萨	119.9	101.0	92.5	95.2	92.8	103.9
西　安	123.3	95.7	79.6	105.5	108.4	101.3
兰　州	120.3	100.6	87.8	104.7	102.8	98.9
西　宁	121.2	112.1	89.4	100.3	98.8	101.0
银　川	132.8	97.7	101.7	100.5	100.3	100.3
乌鲁木齐	125.9	96.8	83.0	100.7	100.2	100.2

2004年36个大中城市居民消费价格指数(四)

(上年价格=100)

城 市	(1)茶叶	(2)饮料	12.干鲜瓜果	13.糕点饼干	14.奶及奶制品	15.在外用膳食品
平均指数	**100.6**	**99.7**	**105.2**	**102.3**	**99.7**	**103.0**
北京	99.4	98.9	102.3	101.8	98.8	105.0
天津	102.9	98.5	109.2	105.9	100.0	103.9
石家庄	101.9	99.7	91.7	100.8	99.7	100.4
太原	102.0	102.3	114.1	104.1	103.2	102.0
呼和浩特	100.0	98.0	97.3	106.0	98.4	110.4
沈阳	97.1	99.5	100.4	103.1	94.0	101.6
大连	97.1	100.2	107.0	107.7	97.7	100.3
长春	100.0	101.3	102.4	100.0	100.7	100.8
哈尔滨	100.0	100.0	94.3	102.9	100.0	104.7
上海	100.0	100.3	118.3	100.6	99.6	104.2
南京	94.3	99.0	112.6	105.1	101.1	98.2
杭州	96.0	99.2	106.6	101.8	98.9	102.8
宁波	105.6	99.5	112.0	102.2	100.0	109.1
合肥	108.1	99.0	102.4	99.3	96.2	103.0
福州	100.0	99.4	102.2	99.1	96.3	107.9
厦门	99.5	103.8	93.5	101.3	98.2	103.8
南昌	98.5	99.8	102.9	102.7	100.5	100.1
济南	100.0	98.0	106.9	101.2	100.1	104.3
青岛	116.6	102.2	105.9	97.6	99.6	96.1
郑州	100.8	99.6	104.4	102.4	101.4	100.4
武汉	98.3	98.8	106.3	102.0	99.8	100.8
长沙	117.7	99.6	95.3	115.4	108.0	99.9
广州	103.2	100.2	102.8	102.7	99.2	101.8
深圳	111.4	99.9	101.8	104.8	99.6	105.2
南宁	98.9	98.6	102.1	101.0	102.6	101.1
海口	92.9	98.8	109.5	100.3	101.8	96.6
重庆	102.8	101.4	99.6	101.4	100.1	100.1
成都	98.0	98.3	100.7	100.6	94.6	103.0
贵阳	98.8	100.4	102.2	101.9	100.8	105.6
昆明	103.3	100.2	103.8	106.5	106.8	105.1
拉萨	108.0	99.9	105.0	85.5	109.5	97.9
西安	98.7	102.3	101.5	98.2	99.6	103.2
兰州	99.8	98.7	103.0	98.6	99.7	101.7
西宁	100.6	101.1	98.3	108.6	103.4	102.3
银川	100.0	100.5	106.8	102.5	100.3	104.6
乌鲁木齐	96.1	101.1	103.7	99.4	100.5	99.8

2004年36个大中城市居民消费价格指数(五)

(上年价格=100)

城　市	16.其他食品及加工服务费	二、烟　酒及用品	1.烟　草	2.酒	3.吸烟、饮酒用品	三、衣　着
平均指数	**101.0**	**100.5**	**99.7**	**102.5**	**98.0**	**98.4**
北　京	102.5	101.2	99.3	103.5	100.3	98.9
天　津	101.9	101.0	101.5	106.0	91.4	92.1
石家庄	96.4	100.2	97.9	103.5	99.8	97.8
太　原	99.2	103.0	101.6	107.6	95.0	99.0
呼和浩特	99.8	102.2	101.0	105.1	99.9	101.9
沈　阳	99.3	98.9	97.2	102.9	93.7	98.5
大　连	99.4	102.0	102.4	101.5	104.6	100.4
长　春	99.6	102.7	102.6	103.1	100.0	101.1
哈尔滨	105.0	101.7	100.0	104.1	100.0	101.7
上　海	96.9	98.3	96.6	100.3	100.8	94.2
南　京	104.6	98.4	98.4	97.8	103.0	101.3
杭　州	105.0	99.7	100.3	98.2	99.7	98.1
宁　波	98.8	101.5	102.1	99.8	99.9	99.0
合　肥	101.1	99.7	97.6	102.8	98.2	94.8
福　州	99.4	98.6	101.9	94.2	99.8	98.8
厦　门	101.5	102.0	102.4	101.5	101.2	94.4
南　昌	103.3	100.6	101.0	100.3	100.0	98.7
济　南	100.7	104.6	99.8	109.3	101.7	100.2
青　岛	98.6	98.1	101.5	101.1	85.4	103.6
郑　州	100.6	101.7	102.1	102.2	98.2	100.4
武　汉	104.1	101.7	101.0	104.1	97.8	99.8
长　沙	107.5	100.7	98.8	103.7	100.1	103.5
广　州	100.9	102.5	102.1	103.6	100.0	99.1
深　圳	101.8	99.5	98.7	102.1	95.1	99.2
南　宁	99.1	100.6	99.2	103.2	98.0	98.1
海　口	100.7	100.9	99.8	101.6	101.8	98.9
重　庆	101.3	100.4	98.5	106.0	98.6	91.2
成　都	100.2	101.3	99.2	104.8	100.8	97.1
贵　阳	97.4	100.0	100.0	100.0	100.0	86.0
昆　明	106.0	102.9	102.8	104.5	100.0	100.4
拉　萨	100.0	100.0	99.5	101.4	97.7	100.9
西　安	96.0	102.1	101.6	104.1	99.4	104.1
兰　州	105.0	99.2	98.9	100.5	97.5	97.8
西　宁	102.3	103.3	101.1	106.4	102.8	102.3
银　川	102.2	105.0	104.2	107.3	103.7	100.9
乌鲁木齐	97.5	99.1	96.6	102.4	100.0	99.5

2004年36个大中城市居民消费价格指数(六)

(上年价格＝100)

城市	1.服装	(1)男式服装	(2)女式服装	(3)儿童服装	2.衣着材料	3.鞋袜帽
平均指数	**98.4**	**98.3**	**98.6**	**97.3**	**100.2**	**98.0**
北京	98.0	98.7	97.3	100.9	98.8	101.1
天津	92.5	89.4	95.1	92.9	100.6	88.7
石家庄	99.4	99.3	100.7	89.4	99.7	93.1
太原	98.3	102.5	96.6	90.9	97.6	101.2
呼和浩特	101.9	101.1	101.3	110.2	105.0	102.6
沈阳	98.1	99.4	96.8	102.2	99.2	100.0
大连	100.3	101.2	100.5	87.4	100.5	100.7
长春	99.5	99.1	99.8	99.5	100.0	105.2
哈尔滨	102.9	106.3	102.5	96.7	98.4	98.7
上海	94.5	94.5	95.1	89.3	101.2	91.7
南京	100.0	98.9	100.9	102.4	105.0	104.3
杭州	98.8	94.6	101.8	100.7	100.6	88.5
宁波	98.7	99.6	98.8	94.2	102.9	99.6
合肥	95.6	94.0	96.4	97.6	100.5	91.0
福州	98.9	97.3	100.3	98.4	100.0	98.2
厦门	94.1	94.1	95.8	87.3	100.0	94.8
南昌	98.4	100.7	96.4	102.7	107.7	98.5
济南	99.8	98.0	101.1	100.5	100.7	101.3
青岛	106.5	106.4	107.8	93.7	96.0	96.7
郑州	100.6	100.6	100.6	100.4	100.0	100.0
武汉	100.3	99.8	100.9	99.6	99.8	97.9
长沙	106.1	105.4	107.5	98.8	103.4	97.1
广州	100.7	98.2	102.0	104.1	101.7	94.0
深圳	99.3	99.8	98.8	100.0	97.0	98.7
南宁	95.7	96.5	94.2	99.8	100.0	103.7
海口	98.6	100.4	97.3	97.6	100.9	99.4
重庆	93.4	89.6	95.7	93.1	101.8	84.4
成都	97.4	95.3	98.3	99.9	101.8	96.0
贵阳	83.2	85.5	82.4	77.5	99.7	92.1
昆明	100.9	103.2	99.5	100.5	99.8	99.2
拉萨	101.1	100.4	101.6	101.0	101.5	100.2
西安	102.6	101.5	104.1	98.2	98.2	107.0
兰州	96.7	96.3	96.7	100.0	98.4	100.5
西宁	101.5	106.3	97.5	110.6	99.1	105.4
银川	103.0	100.2	104.8	103.4	100.9	95.1
乌鲁木齐	101.7	105.0	99.9	99.1	101.9	93.7

2004年36个大中城市居民消费价格指数(七)

(上年价格=100)

城市	(1)鞋	(2)袜子	(3)帽子	4.衣着加工服务费	四、家庭设备用品及服务	1.耐用消费品
平均指数	**97.8**	**99.8**	**99.1**	**100.3**	**98.2**	**96.5**
北京	101.2	98.8	102.2	99.4	96.9	95.5
天津	87.2	99.5	100.0	100.0	98.3	97.5
石家庄	92.0	101.1	112.7	100.0	98.6	97.2
太原	103.8	99.3	72.5	100.0	101.3	102.2
呼和浩特	103.0	97.1	98.5	93.3	98.6	96.3
沈阳	99.5	106.2	114.8	97.3	97.1	96.2
大连	101.6	90.6	84.5	100.0	99.5	97.9
长春	105.9	100.0	100.0	100.0	99.2	99.1
哈尔滨	98.2	116.2	114.3	99.5	99.0	97.0
上海	91.3	103.0	100.0	101.0	97.8	96.1
南京	105.3	98.8	103.8	102.6	98.3	95.2
杭州	87.4	100.0	100.0	114.8	96.8	97.2
宁波	99.8	98.7	100.0	99.8	98.1	97.8
合肥	90.3	100.4	100.0	123.7	97.4	95.6
福州	98.1	99.7	99.0	100.0	98.2	97.3
厦门	94.4	98.7	93.9	98.6	98.2	96.5
南昌	98.6	96.3	100.0	100.0	101.9	98.0
济南	101.2	103.4	100.6	100.0	97.3	95.7
青岛	96.4	100.2	100.1	103.6	99.0	96.0
郑州	100.0	100.0	100.0	100.0	97.9	96.6
武汉	97.5	100.1	102.4	100.0	96.6	94.5
长沙	94.9	113.2	104.5	99.1	98.7	97.4
广州	93.2	100.0	94.7	110.2	98.4	96.9
深圳	98.1	101.3	104.1	99.6	96.8	94.4
南宁	104.1	100.0	100.0	100.0	100.2	98.8
海口	98.7	113.7	100.0	102.3	100.4	97.8
重庆	83.2	97.0	94.3	98.8	98.5	95.6
成都	95.7	99.3	102.0	91.3	98.0	96.3
贵阳	90.3	100.0	100.0	102.0	98.5	98.6
昆明	99.0	100.0	100.0	96.0	98.2	97.3
拉萨	100.2	100.0	100.0	100.0	99.9	98.4
西安	108.0	94.1	99.3	100.0	99.6	96.9
兰州	100.6	100.0	100.0	98.9	98.7	97.9
西宁	105.7	101.9	102.9	100.7	100.1	97.3
银川	94.6	99.2	96.1	102.6	96.7	94.3
乌鲁木齐	93.8	91.5	100.0	100.0	98.1	97.9

2004年36个大中城市居民消费价格指数(八)

(上年价格=100)

城市	(1)家具	(2)家庭设备	2.室内装饰品	3.床上用品	4.家庭日用杂品	5.家庭服务及加工维修服务费
平均指数	**98.8**	**95.4**	**99.6**	**98.7**	**99.5**	**102.1**
北京	98.3	94.1	96.5	99.1	96.9	103.1
天津	99.9	96.2	100.0	89.0	101.2	98.4
石家庄	103.5	94.5	101.1	100.3	99.3	102.7
太原	105.9	99.3	99.7	102.2	98.5	104.2
呼和浩特	100.0	93.4	100.0	103.0	99.9	100.0
沈阳	99.3	94.6	97.8	95.0	99.2	101.3
大连	103.1	95.1	101.7	92.4	102.6	104.0
长春	100.0	98.6	99.6	98.7	99.2	100.0
哈尔滨	102.8	94.6	100.8	102.4	104.5	100.0
上海	98.6	94.5	100.6	101.8	98.5	102.6
南京	98.6	93.7	96.9	99.3	100.6	109.7
杭州	95.1	97.7	99.5	79.1	94.1	104.3
宁波	99.6	97.0	89.0	104.7	100.1	99.3
合肥	100.4	94.0	99.9	99.9	99.4	98.4
福州	98.0	96.8	100.0	99.5	95.7	100.0
厦门	99.9	95.0	100.0	97.2	101.6	100.0
南昌	98.6	97.8	98.7	100.4	106.7	107.0
济南	98.4	94.3	100.1	101.9	99.9	100.0
青岛	101.4	93.3	93.2	94.7	101.6	116.8
郑州	100.3	93.8	99.3	100.7	100.1	100.6
武汉	96.1	93.7	100.5	98.6	97.9	102.7
长沙	99.5	96.4	100.1	102.5	98.1	101.8
广州	98.1	96.2	99.8	99.2	100.8	100.4
深圳	94.8	94.2	100.0	95.2	99.7	103.1
南宁	96.2	100.6	111.9	99.9	96.0	106.3
海口	97.8	97.9	98.6	109.4	101.9	100.0
重庆	99.7	93.9	99.1	99.1	103.8	100.8
成都	99.7	94.6	99.4	97.9	100.1	100.0
贵阳	100.0	98.1	92.5	91.8	100.1	100.0
昆明	100.0	95.4	105.0	98.3	96.1	105.1
拉萨	98.3	98.4	98.5	103.3	99.4	106.8
西安	96.4	97.0	97.4	107.3	102.9	102.0
兰州	97.1	98.9	98.3	99.8	99.1	101.5
西宁	100.8	95.7	101.1	100.6	102.7	105.2
银川	89.1	97.0	85.1	98.1	98.1	115.3
乌鲁木齐	97.0	98.5	92.1	101.0	100.6	97.5

2004年36个大中城市居民消费价格指数(九)

(上年价格=100)

城市	五、医疗保健和个人用品	1.医疗保健	(1)医疗器具及用品	(2)中药材及中成药	(3)西药	(4)保健器具及用品
平均指数	**99.2**	**98.3**	**102.4**	**99.5**	**94.3**	**99.5**
北京	99.2	98.4	105.5	97.8	97.4	98.4
天津	93.4	91.6	100.0	94.0	81.1	93.4
石家庄	102.0	103.4	107.9	99.8	98.3	98.5
太原	100.4	98.6	107.5	96.1	98.6	102.0
呼和浩特	101.6	102.3	96.9	118.6	86.9	98.5
沈阳	100.2	101.4	93.6	104.0	99.5	99.9
大连	96.6	94.2	105.2	88.6	87.7	92.0
长春	97.6	96.4	102.6	98.0	92.5	100.9
哈尔滨	105.4	106.7	95.6	121.0	98.7	108.1
上海	100.0	98.9	102.8	101.3	93.1	101.0
南京	103.0	100.3	100.6	99.8	99.8	101.3
杭州	97.4	96.8	104.4	107.4	86.7	97.6
宁波	96.5	93.5	99.6	98.6	88.7	90.5
合肥	98.9	97.7	100.0	103.7	85.7	98.6
福州	97.1	95.8	95.6	95.9	90.5	104.1
厦门	98.7	98.6	101.8	100.1	95.6	100.1
南昌	94.4	91.3	95.6	89.2	88.7	98.9
济南	100.8	100.4	101.2	97.8	98.6	101.4
青岛	95.6	95.7	104.6	93.2	93.9	96.9
郑州	98.7	98.2	105.3	96.1	98.1	99.3
武汉	98.6	98.2	94.3	98.7	96.5	101.4
长沙	102.8	104.8	97.2	99.5	96.9	98.5
广州	99.7	99.7	97.7	101.0	98.7	100.7
深圳	102.1	101.8	100.2	106.2	99.7	100.9
南宁	101.4	102.6	105.2	99.1	96.5	99.8
海口	99.8	100.7	103.6	97.7	97.6	99.5
重庆	99.4	98.7	101.8	94.3	91.9	95.9
成都	104.1	104.9	98.9	100.3	100.4	94.3
贵阳	106.9	108.6	108.0	100.9	98.4	101.1
昆明	100.7	99.3	114.3	101.6	96.9	102.9
拉萨	99.9	99.8	98.0	99.4	100.0	100.5
西安	97.2	96.1	99.9	100.0	91.1	93.4
兰州	101.0	96.9	103.3	96.7	95.6	100.7
西宁	98.0	93.6	115.1	88.5	96.1	102.9
银川	98.9	96.9	108.0	97.6	94.0	103.0
乌鲁木齐	100.6	101.8	100.0	98.6	102.9	103.7

2004年36个大中城市居民消费价格指数(十)

(上年价格=100)

城市	(5)医疗保健服务费	2.个人用品及服务	(1)化妆美容用品	(2)卫生用品	(3)个人饰品	(4)个人服务
平均指数	**102.9**	**101.4**	**98.1**	**98.2**	**106.8**	**101.3**
北京	100.0	102.4	99.9	97.3	109.4	101.5
天津	100.6	98.7	101.1	100.4	102.0	94.8
石家庄	116.4	98.8	99.9	94.8	101.7	99.0
太原	100.0	104.9	96.9	93.6	107.3	114.8
呼和浩特	106.6	100.1	100.0	95.1	110.2	100.0
沈阳	110.5	97.3	87.6	97.0	105.1	97.2
大连	116.1	101.5	101.4	99.4	103.6	101.7
长春	100.0	101.5	99.5	100.3	104.8	100.0
哈尔滨	100.4	100.2	99.8	96.7	106.6	96.4
上海	99.1	102.9	98.6	99.3	109.1	100.0
南京	100.3	110.1	100.8	97.6	113.2	119.1
杭州	99.4	99.2	90.5	98.5	103.1	99.4
宁波	100.0	103.5	100.2	99.3	103.9	109.6
合肥	105.7	101.0	101.9	97.8	106.8	100.0
福州	100.6	101.1	98.9	98.9	105.1	100.0
厦门	100.0	98.9	100.5	97.6	96.4	100.0
南昌	100.0	101.2	100.4	93.6	110.9	100.0
济南	104.0	101.7	100.2	99.1	108.0	100.0
青岛	100.0	95.6	86.2	92.1	100.0	100.2
郑州	100.9	100.7	94.8	99.7	105.3	100.7
武汉	102.0	99.7	98.4	98.8	102.4	99.0
长沙	125.2	96.9	85.3	94.7	107.4	103.7
广州	99.3	99.8	94.5	101.2	102.3	100.6
深圳	100.0	102.5	100.6	99.7	110.3	99.6
南宁	115.6	98.7	99.5	95.4	102.4	100.0
海口	108.7	97.3	100.0	90.2	113.6	101.1
重庆	116.0	101.2	100.8	97.9	108.1	100.0
成都	133.6	101.7	99.9	99.8	108.6	100.0
贵阳	128.8	100.4	97.7	100.7	104.6	100.2
昆明	100.0	105.6	100.0	100.6	105.4	114.6
拉萨	100.0	100.0	100.0	100.0	100.1	100.0
西安	100.0	101.3	98.0	102.2	106.0	100.0
兰州	100.0	105.1	99.6	95.2	107.5	102.0
西宁	101.0	108.6	99.5	96.8	103.9	119.4
银川	100.0	104.3	98.4	98.8	113.7	110.8
乌鲁木齐	101.8	98.1	93.4	101.6	100.6	100.0

2004年36个大中城市居民消费价格指数(十一)

(上年价格=100)

城　市	六、交通和通信	1.交通	(1)交通工具	(2)车用燃料及零配件	(3)车辆使用及维修费	(4)市区公共交通费
平均指数	**97.4**	**99.6**	**94.2**	**108.4**	**102.0**	**101.1**
北　京	95.7	96.4	89.8	109.8	104.2	100.0
天　津	96.8	98.7	95.0	106.8	99.1	100.0
石家庄	98.6	101.1	98.6	106.0	107.4	100.0
太　原	97.7	101.8	98.1	108.5	126.1	100.0
呼和浩特	98.4	99.7	94.1	106.4	102.5	99.9
沈　阳	98.5	102.1	100.1	104.8	107.2	102.5
大　连	97.9	101.2	93.2	108.0	99.4	101.5
长　春	99.6	102.8	99.1	108.3	106.8	100.0
哈尔滨	98.4	100.4	98.7	108.5	100.0	100.0
上　海	96.5	99.8	95.4	109.1	98.1	100.8
南　京	97.7	100.4	98.9	108.6	102.2	102.8
杭　州	97.1	98.3	94.5	103.8	103.7	100.0
宁　波	98.4	98.3	91.9	108.8	103.4	100.0
合　肥	98.5	100.7	100.3	104.1	100.0	100.0
福　州	97.3	99.3	94.5	106.9	100.3	100.0
厦　门	98.3	102.2	98.6	111.8	105.8	100.0
南　昌	97.5	99.4	95.6	105.8	97.2	100.0
济　南	97.6	99.6	95.3	108.3	101.2	100.1
青　岛	97.8	100.4	95.8	110.1	98.6	100.0
郑　州	100.2	99.9	97.7	108.1	97.3	100.0
武　汉	97.6	101.3	97.5	102.4	104.9	102.4
长　沙	97.0	98.8	96.7	107.1	100.8	99.3
广　州	98.9	100.8	97.3	107.9	100.3	100.0
深　圳	97.8	98.3	93.8	109.8	107.5	100.0
南　宁	97.8	99.2	94.7	107.0	99.7	100.0
海　口	98.3	102.3	96.0	107.2	100.8	100.0
重　庆	99.2	100.8	97.7	109.7	100.2	100.0
成　都	100.2	102.6	97.7	108.3	100.0	107.3
贵　阳	97.2	99.2	98.1	110.1	101.7	100.0
昆　明	99.2	100.8	95.6	111.5	102.5	100.0
拉　萨	102.8	103.0	99.6	102.0	100.0	100.0
西　安	95.5	100.8	98.6	105.2	97.9	101.4
兰　州	94.1	112.6	98.9	89.6	95.6	122.2
西　宁	97.9	100.0	99.8	104.5	96.6	100.0
银　川	98.3	101.1	88.4	107.1	148.4	100.0
乌鲁木齐	100.1	101.4	96.3	107.5	100.3	100.0

2004年36个大中城市居民消费价格指数(十二)

(上年价格=100)

城　市	(5)城市间交通费	2.通信	(1)通信工具	(2)通信服务	七、娱乐教育文化	1.文娱用耐用消费品及服务
平均指数	**100.9**	**95.6**	**77.0**	**99.6**	**100.5**	**91.3**
北　京	102.3	94.9	72.6	100.1	101.5	95.0
天　津	101.5	95.5	72.5	100.0	99.2	91.9
石家庄	101.2	96.7	86.0	100.0	99.8	90.6
太　原	100.9	96.0	76.2	100.0	102.9	94.9
呼和浩特	102.1	97.4	85.2	100.0	98.7	81.7
沈　阳	100.8	97.3	76.5	100.0	101.0	90.5
大　连	101.6	95.6	73.0	100.0	102.1	90.6
长　春	108.2	96.3	87.7	98.0	99.1	89.6
哈尔滨	100.3	97.4	79.1	99.9	100.4	85.8
上　海	102.7	93.8	67.3	100.0	99.9	88.7
南　京	95.4	95.5	69.2	100.0	99.4	86.7
杭　州	97.7	96.0	79.7	100.1	101.4	91.5
宁　波	102.3	98.6	90.7	100.5	100.9	98.1
合　肥	102.6	97.0	77.9	100.0	98.5	92.7
福　州	99.9	96.4	77.8	100.0	105.2	95.2
厦　门	100.7	96.0	70.8	100.0	104.0	95.8
南　昌	102.0	96.5	76.2	100.1	102.7	92.2
济　南	101.7	94.4	72.1	100.0	99.7	91.5
青　岛	101.2	95.5	72.4	100.0	105.0	91.9
郑　州	102.0	100.3	100.3	100.3	106.9	97.2
武　汉	100.5	95.1	84.2	97.1	102.3	87.3
长　沙	97.8	95.4	82.9	98.7	101.9	97.0
广　州	101.7	97.0	85.1	100.0	98.9	83.8
深　圳	97.7	97.2	85.9	100.0	98.5	96.6
南　宁	100.3	96.2	89.1	98.3	97.8	89.5
海　口	106.3	95.4	85.0	100.0	98.6	93.9
重　庆	101.1	98.0	79.8	100.0	103.2	93.0
成　都	101.3	98.1	89.7	100.1	106.0	91.6
贵　阳	98.4	95.5	87.1	97.8	96.9	90.8
昆　明	102.8	97.9	86.6	100.0	100.9	92.8
拉　萨	113.9	102.5	96.4	103.5	99.5	96.7
西　安	102.1	92.8	62.4	100.0	99.1	90.9
兰　州	99.4	78.4	76.3	79.3	98.4	95.0
西　宁	100.0	96.6	78.0	99.7	101.4	93.5
银　川	104.9	96.5	80.7	100.2	98.6	83.3
乌鲁木齐	105.8	99.1	92.9	100.0	96.8	93.0

2004年36个大中城市居民消费价格指数(十三)

(上年价格=100)

城　市	2.教育	(1)教材及参考书	(2)学杂托幼费	3.文化娱乐用品	(1)文化娱乐	(2)书报杂志
平均指数	**102.7**	**101.9**	**102.8**	**102.2**	**99.9**	**100.4**
北　京	99.9	97.4	100.0	103.7	101.3	100.3
天　津	101.5	97.0	101.8	94.9	101.0	100.5
石家庄	103.4	103.7	103.3	105.1	99.0	100.0
太　原	107.3	109.4	107.2	102.4	100.2	100.0
呼和浩特	100.6	108.5	100.0	100.5	99.9	100.0
沈　阳	106.6	104.6	106.8	101.0	100.5	100.0
大　连	104.6	101.4	104.9	103.8	101.5	100.0
长　春	101.4	106.2	100.0	99.1	98.9	100.0
哈尔滨	102.9	106.6	102.4	99.8	99.5	100.0
上　海	101.5	100.6	101.7	106.0	99.9	100.0
南　京	102.2	96.8	102.4	101.5	99.6	100.9
杭　州	104.0	97.9	104.7	101.2	99.3	100.0
宁　波	102.9	98.7	103.6	100.6	100.9	100.8
合　肥	101.1	109.7	100.5	101.6	99.0	99.0
福　州	116.3	109.7	117.4	100.9	98.5	101.5
厦　门	108.9	112.2	108.3	100.9	100.2	100.0
南　昌	105.2	100.7	105.5	101.2	99.3	100.5
济　南	102.3	112.7	101.8	100.2	98.6	100.0
青　岛	109.8	103.0	110.6	103.3	97.4	100.0
郑　州	114.0	100.2	115.7	101.4	100.0	100.0
武　汉	107.3	99.7	107.7	100.7	98.8	100.2
长　沙	101.1	101.0	101.2	104.6	97.0	101.3
广　州	100.3	109.3	100.0	99.9	99.3	100.0
深　圳	100.1	101.4	100.0	100.8	100.4	100.5
南　宁	99.8	99.9	99.7	102.5	100.7	102.5
海　口	100.0	96.9	100.1	99.0	99.1	100.0
重　庆	107.2	101.9	107.7	99.0	99.5	100.6
成　都	110.1	101.4	111.0	101.5	100.1	100.0
贵　阳	100.0	100.1	100.0	103.2	98.5	100.8
昆　明	109.2	100.4	109.7	100.8	99.2	103.0
拉　萨	100.5	99.9	100.8	100.1	100.2	100.0
西　安	100.0	99.7	100.0	102.5	99.1	100.0
兰　州	102.3	106.4	101.9	98.3	95.3	100.0
西　宁	102.0	102.5	101.9	107.2	104.8	100.0
银　川	100.6	102.2	100.0	103.9	99.6	100.0
乌鲁木齐	100.1	101.3	99.9	101.3	99.6	101.5

2004年36个大中城市居民消费价格指数(十四)

(上年价格=100)

城　市	(3)文娱费	4.旅游及外　出	八、居住	1.建房及装修材料	2.租房	3.自有住房	4.水电燃料
平均指数	**105.2**	**102.0**	**103.3**	**102.5**	**101.5**	**101.2**	**105.2**
北　京	107.8	114.2	101.4	98.6	100.0	100.8	104.7
天　津	88.6	106.5	103.6	100.7	100.3	100.4	108.4
石家庄	115.4	92.7	104.0	102.2	100.0	100.6	108.0
太　原	108.2	98.8	105.2	98.6	100.0	100.8	111.0
呼和浩特	101.4	105.6	103.6	100.5	100.0	101.2	107.6
沈　阳	102.7	85.9	102.1	101.4	100.0	100.6	103.1
大　连	107.9	103.5	103.1	105.7	100.0	101.0	102.7
长　春	98.6	98.1	106.7	101.0	100.0	100.7	111.3
哈尔滨	100.0	100.3	105.1	99.8	100.0	100.6	108.3
上　海	110.0	99.7	101.6	102.6	100.0	100.8	101.7
南　京	103.0	101.3	103.1	105.3	100.0	101.4	102.6
杭　州	103.4	102.2	103.8	104.1	109.0	100.7	103.6
宁　波	100.2	99.1	104.9	102.2	104.9	100.2	107.5
合　肥	106.1	93.5	106.0	104.1	100.0	100.5	108.7
福　州	102.8	97.2	103.3	98.5	99.8	100.6	106.6
厦　门	102.0	102.7	102.7	101.4	100.0	100.4	105.3
南　昌	102.7	102.7	105.8	99.1	100.0	100.5	111.6
济　南	102.5	100.2	103.7	101.6	100.0	100.3	106.2
青　岛	115.5	106.2	101.9	99.3	100.0	100.7	103.8
郑　州	104.3	101.4	104.1	105.1	100.0	100.8	107.1
武　汉	102.0	98.3	105.7	112.1	100.0	104.8	105.1
长　沙	111.8	103.9	105.7	109.0	100.0	100.8	105.7
广　州	100.5	106.6	102.0	104.4	100.0	100.4	102.7
深　圳	101.8	95.5	102.3	106.9	99.6	101.4	101.8
南　宁	104.2	97.3	107.0	105.8	114.9	100.6	108.1
海　口	98.3	99.6	100.5	107.4	100.0	99.3	100.2
重　庆	97.6	105.5	100.9	97.6	100.5	103.1	102.1
成　都	104.2	119.2	102.8	100.3	113.2	100.7	101.9
贵　阳	106.5	100.6	103.1	100.9	100.0	100.8	105.6
昆　明	101.0	98.4	105.7	105.5	133.0	100.1	103.8
拉　萨	100.0	101.2	100.0	99.9	100.0	100.0	100.0
西　安	106.9	105.2	105.1	99.5	109.4	115.5	106.2
兰　州	99.8	95.4	102.8	102.4	100.0	100.5	104.3
西　宁	113.1	94.9	102.7	103.4	100.0	100.7	104.4
银　川	109.0	107.5	104.3	104.8	111.7	100.6	103.4
乌鲁木齐	103.1	87.1	107.9	106.6	127.1	100.7	108.0

2004年全国商品零售价格分类指数(一)

(上年价格=100)

项目	全国	城市	农村	其中:36个大中城市
商品零售价格总指数	**102.8**	**102.1**	**104.2**	**101.0**
一、食品	**109.9**	**108.8**	**111.9**	**107.3**
1.粮食	126.5	125.2	128.3	122.9
2.淀粉及薯类	106.9	105.6	109.0	104.1
3.干豆类及豆制品	120.7	120.8	120.6	118.8
4.油脂	116.8	115.0	119.1	114.4
5.肉禽及其制品	117.1	116.8	117.6	114.9
6.蛋	119.8	120.4	118.9	120.0
7.水产品	112.5	111.1	115.7	109.3
8.菜	95.2	94.4	96.8	94.6
9.调味品	101.8	102.2	101.4	102.9
10.糖	102.2	101.5	103.2	101.3
11.干鲜瓜果	104.1	103.7	104.9	103.4
12.糕点饼干面包	101.6	101.8	101.2	102.1
13.奶及奶制品	100.4	100.1	101.7	99.3
14.在外用膳食品	103.8	103.8	103.9	102.8
15.其他食品	100.8	100.7	101.0	100.7
二、饮料、烟酒	**101.0**	**101.0**	**101.0**	**100.5**
1.茶及饮料	99.8	99.9	99.7	99.8
2.烟草	100.7	100.4	101.2	99.5
3.酒	102.2	102.7	101.6	102.7
三、服装、鞋帽	**98.2**	**97.9**	**98.6**	**97.8**
1.服装	98.2	97.9	98.7	97.8
2.鞋袜帽	98.0	97.8	98.5	97.6
3.其它	98.7	98.8	98.6	98.6
四、纺织品	**100.0**	**99.5**	**100.7**	**99.9**
1.衣着材料	100.4	100.0	100.9	100.5
2.床上用品	99.7	99.2	100.5	99.5
五、家用电器及音像器材	**94.7**	**94.1**	**95.9**	**93.3**
1.家庭设备	96.0	95.6	96.9	95.2

2004年全国商品零售价格分类指数(二)

(上年价格=100)

项　目	全国	城市	农村	其中:36个大中城市
2.文娱用耐用消费品	92.3	90.9	94.7	89.4
3.音像器材	96.9	96.7	98.1	96.0
六、文化办公用品	**96.9**	**96.4**	**97.9**	**96.0**
七、日用品	**99.6**	**99.4**	**99.9**	**99.4**
1.日用百货	99.7	99.3	100.6	99.2
2.日用杂品	100.3	100.1	100.5	100.1
3.洗涤用品	99.3	99.1	99.5	98.7
4.其它日用品	99.4	99.5	99.1	99.9
八、体育娱乐用品	**98.2**	**97.8**	**99.1**	**97.2**
1、体育用品	99.4	99.5	99.4	99.3
2、娱乐用品	97.2	96.5	98.9	95.7
九、交通、通信用品	**91.8**	**91.1**	**93.3**	**90.8**
1、交通运输机械	95.2	94.7	96.6	94.5
2、通讯器材	86.1	84.2	89.6	81.0
十、家具	**98.8**	**98.7**	**99.0**	**98.7**
十一、化妆品	**98.9**	**98.9**	**99.0**	**98.9**
十二、金银珠宝	**111.6**	**111.4**	**112.3**	**111.2**
十三、中西药品及医疗保健用品	**96.7**	**96.7**	**96.7**	**96.9**
1.医疗器具及用品	101.9	102.0	101.7	100.9
2.中药材及中成药	98.4	98.7	97.9	99.6
3.西药	94.5	94.3	95.0	94.1
4.保健器具及用品	99.0	99.3	98.0	99.2
十四、书报杂志及电子出版物	**101.0**	**100.9**	**101.4**	**100.5**
1.教材及参考书	102.8	102.6	103.1	102.5
2.书报杂志	100.6	100.5	100.7	100.4
3.电子音像制品	98.4	98.3	98.6	97.9
十五、燃料	**112.4**	**111.5**	**114.1**	**109.6**
1、煤炭及制品	119.2	117.4	120.6	111.9
2、石油及制品	110.6	110.4	111.2	109.3
十六、建筑材料及五金电料	**103.7**	**103.0**	**104.6**	**102.7**
1、建筑装璜材料	104.2	103.5	105.2	103.2
2、五金电料	102.0	101.7	102.5	101.6

2004年各地区商品零售价格分类指数(一)

(上年价格=100)

地　区	总指数	一、食品	1.粮　食	2.淀粉及薯　类	3.干豆类及豆制品	4.油脂
全国平均	**102.8**	**109.9**	**126.5**	**106.9**	**120.7**	**116.8**
北　京	99.2	105.1	120.6	102.1	117.2	117.0
天　津	100.8	110.2	123.7	102.3	119.9	120.1
河　北	103.2	109.6	123.8	109.8	122.2	123.7
山　西	103.1	110.2	124.2	110.2	121.5	115.1
内蒙古	102.7	109.7	125.9	106.0	120.5	115.8
辽　宁	101.9	108.6	127.3	104.6	122.0	111.6
吉　林	103.5	110.1	129.4	104.9	124.4	110.5
黑龙江	102.8	108.7	124.4	103.9	122.0	112.0
上　海	100.9	108.6	128.8	107.2	124.8	114.4
江　苏	102.2	110.5	137.1	106.6	129.4	113.3
浙　江	102.7	111.3	133.6	106.2	122.6	118.1
安　徽	102.7	109.6	137.9	105.7	115.9	120.0
福　建	102.7	110.3	124.2	104.8	117.7	115.7
江　西	103.0	109.8	130.3	111.3	119.3	116.9
山　东	102.8	110.3	125.9	109.0	129.0	120.8
河　南	105.7	114.8	131.4	115.5	122.8	123.6
湖　北	104.1	111.6	128.0	103.2	113.8	115.6
湖　南	103.9	111.0	129.1	108.8	121.5	122.0
广　东	102.9	107.7	117.2	106.4	109.0	113.0
广　西	103.9	112.7	122.8	109.8	127.2	117.2
海　南	103.4	109.7	113.0	108.6	103.3	105.3
重　庆	101.4	111.2	127.1	129.4	116.0	121.4
四　川	103.7	111.1	124.9	105.0	114.4	117.0
贵　州	103.2	112.4	123.8	100.5	119.3	121.2
云　南	104.7	115.2	126.9	99.6	115.8	119.0
西　藏	100.7	103.0	108.3	98.0	104.1	107.5
陕　西	102.5	108.4	123.9	106.7	120.9	111.0
甘　肃	102.1	107.0	117.7	111.5	114.8	111.2
青　海	102.6	106.3	114.2	107.2	123.7	113.5
宁　夏	102.8	110.4	120.5	111.2	120.5	115.9
新　疆	100.7	103.3	115.2	112.6	115.6	108.6

2004年各地区商品零售价格分类指数(二)

(上年价格=100)

地区	5.肉禽及其制品	6.蛋	7.水产品	8.菜	9.调味品	10.糖
全国平均	**117.1**	**119.8**	**112.5**	**95.2**	**101.8**	**102.2**
北京	110.1	112.7	107.1	95.2	99.3	100.6
天津	113.9	123.8	131.6	94.5	104.3	99.8
河北	115.1	124.4	113.5	93.8	102.4	100.3
山西	120.3	124.0	120.0	83.5	104.8	102.6
内蒙古	114.5	121.7	118.0	95.3	100.5	101.6
辽宁	115.5	123.3	108.8	91.3	100.7	101.1
吉林	115.4	119.7	113.3	92.3	105.2	101.1
黑龙江	113.8	117.8	112.5	92.3	100.1	102.7
上海	117.6	118.6	107.7	95.5	103.0	103.1
江苏	117.2	120.4	114.8	90.8	102.3	102.3
浙江	120.1	122.7	112.6	95.7	102.9	102.1
安徽	117.5	115.7	117.0	82.6	101.2	103.0
福建	115.3	124.5	108.7	105.7	102.2	102.4
江西	117.7	119.9	118.1	87.1	99.8	102.5
山东	118.7	120.8	112.2	90.1	101.1	101.5
河南	120.2	119.5	119.3	102.1	101.8	103.5
湖北	120.6	119.9	125.2	93.2	101.8	102.3
湖南	120.5	119.2	121.6	87.4	100.6	101.2
广东	112.5	117.0	108.7	103.8	100.6	101.9
广西	119.0	119.9	114.6	103.1	100.3	103.9
海南	122.8	111.2	108.8	103.9	98.9	106.1
重庆	121.5	117.2	112.3	112.6	102.5	103.1
四川	121.0	116.7	118.4	94.9	102.7	105.3
贵州	120.4	116.0	115.1	99.4	106.4	103.6
云南	123.2	116.7	108.5	119.8	101.3	103.3
西藏	107.4	100.6	109.6	94.8	100.0	99.7
陕西	120.6	121.2	118.1	86.1	103.2	103.9
甘肃	114.6	121.0	115.9	94.0	99.7	99.4
青海	114.3	117.9	114.7	90.6	100.4	100.4
宁夏	117.3	125.0	122.2	96.1	99.8	103.5
新疆	108.5	110.3	122.5	87.6	100.9	98.2

2004年各地区商品零售价格分类指数(三)

(上年价格=100)

地　　区	11.干鲜瓜果	12.糕点饼干面包	13.奶　及奶制品	14.在外用膳食品	15.其他食品	二、饮料、烟酒
全国平均	**104.1**	**101.6**	**100.4**	**103.8**	**100.8**	**101.0**
北　　京	102.3	101.8	98.8	105.0	102.5	100.2
天　　津	109.2	105.9	100.0	103.9	101.9	102.3
河　　北	105.9	101.5	102.2	102.4	100.8	101.0
山　　西	107.0	103.1	102.1	105.1	100.9	103.2
内 蒙 古	100.9	102.7	101.9	103.9	99.9	101.4
辽　　宁	102.5	103.1	98.8	102.2	98.7	100.3
吉　　林	105.6	100.1	102.1	102.6	101.8	101.7
黑 龙 江	101.0	102.0	100.8	102.5	100.2	100.9
上　　海	118.3	100.9	99.6	103.1	96.9	98.8
江　　苏	104.8	102.2	100.9	104.4	102.1	100.4
浙　　江	107.4	101.5	100.4	106.5	101.4	101.2
安　　徽	102.0	101.1	95.6	103.1	99.0	100.6
福　　建	98.8	100.6	98.2	105.5	101.3	100.9
江　　西	99.5	101.4	99.1	103.7	101.2	100.5
山　　东	107.2	100.2	100.7	104.6	100.6	101.4
河　　南	106.0	100.8	103.8	104.6	101.5	102.5
湖　　北	104.1	101.8	100.9	102.7	100.8	100.7
湖　　南	102.4	105.5	104.9	101.8	101.0	101.5
广　　东	103.1	101.9	100.7	102.3	101.3	101.6
广　　西	105.1	106.0	101.2	104.2	101.6	100.0
海　　南	106.0	99.3	101.6	97.3	100.5	99.5
重　　庆	99.6	101.4	100.1	100.1	101.2	101.4
四　　川	102.4	101.3	96.4	105.1	100.7	102.6
贵　　州	100.0	102.9	102.4	103.7	101.9	100.6
云　　南	110.4	102.6	104.0	105.4	101.4	100.5
西　　藏	104.5	98.4	102.6	100.1	100.7	100.7
陕　　西	102.5	100.6	100.1	103.2	103.3	101.3
甘　　肃	102.2	99.7	101.8	102.1	101.8	100.1
青　　海	98.4	106.6	103.3	102.6	99.0	102.0
宁　　夏	107.7	101.9	102.4	106.7	100.0	103.6
新　　疆	96.4	99.6	97.5	100.7	93.7	98.7

2004年各地区商品零售价格分类指数(四)

(上年价格=100)

地　区	1.茶及饮料	2.烟草	3.酒	三、服装、鞋帽	1.服装	2.鞋袜帽
全国平均	**99.8**	**100.7**	**102.2**	**98.2**	**98.2**	**98.0**
北　京	99.0	99.3	103.5	98.9	98.0	101.1
天　津	99.7	101.5	106.0	91.7	92.6	88.9
河　北	100.1	99.3	103.4	97.7	97.7	97.7
山　西	100.8	102.6	106.5	99.4	98.9	100.8
内 蒙 古	99.5	102.3	101.5	99.9	100.0	100.1
辽　宁	99.6	99.4	101.7	98.1	97.8	98.4
吉　林	99.6	102.0	102.7	101.2	100.4	103.4
黑 龙 江	100.0	99.3	102.6	98.9	99.3	98.1
上　海	99.9	96.9	101.8	93.9	94.5	92.4
江　苏	99.2	100.2	101.5	99.5	99.3	99.9
浙　江	99.4	101.5	101.8	97.4	97.4	97.1
安　徽	100.5	99.5	102.2	96.6	98.0	92.6
福　建	99.9	101.9	100.3	97.5	97.6	97.1
江　西	99.2	100.2	101.4	98.1	98.6	97.0
山　东	100.4	100.9	102.1	97.4	97.2	97.7
河　南	99.7	105.6	101.7	98.1	98.1	97.8
湖　北	98.7	100.2	102.7	99.4	99.4	99.4
湖　南	101.5	101.4	101.7	101.2	102.0	98.8
广　东	100.9	101.7	102.2	99.0	99.4	98.1
广　西	99.8	99.4	100.7	97.3	96.6	98.5
海　南	97.3	99.8	100.6	98.5	98.5	99.4
重　庆	101.9	98.5	106.0	91.1	93.4	84.4
四　川	99.4	100.6	105.8	99.1	99.0	99.4
贵　州	102.0	99.9	101.9	91.3	89.9	93.4
云　南	99.0	101.6	99.7	97.7	98.4	96.7
西　藏	100.9	101.1	100.1	99.7	99.8	99.7
陕　西	100.7	100.7	102.6	102.2	101.4	104.2
甘　肃	99.2	100.5	100.2	99.9	99.6	100.6
青　海	101.3	101.5	103.1	101.4	101.0	102.6
宁　夏	99.8	104.7	104.3	98.6	99.6	96.9
新　疆	98.3	96.3	101.6	99.1	99.7	97.8

2004年各地区商品零售价格分类指数(五)

(上年价格=100)

地　区	3.其他	四、纺织品	1.衣着材料	2.床上用品	五、家用电器及音像器材	1.家庭设备
全国平均	**98.7**	**100.0**	**100.4**	**99.7**	**94.7**	**96.0**
北　京	103.7	99.0	98.8	99.1	94.3	94.5
天　津	95.7	94.5	100.6	88.4	93.5	96.1
河　北	95.0	100.7	99.7	101.8	93.5	94.5
山　西	100.0	99.1	98.6	99.7	95.1	97.0
内蒙古	95.1	99.6	100.2	98.9	95.8	97.3
辽　宁	99.5	97.4	98.9	96.2	92.2	94.4
吉　林	99.1	100.0	100.7	99.4	95.2	97.5
黑龙江	101.3	100.1	100.4	99.8	94.5	95.9
上　海	88.8	102.2	101.2	102.5	93.4	94.5
江　苏	99.3	100.1	100.6	99.8	93.3	96.1
浙　江	98.0	99.1	101.2	97.3	95.8	96.4
安　徽	99.2	102.1	105.1	98.9	94.0	95.4
福　建	97.8	100.4	100.4	100.3	95.0	95.7
江　西	98.3	101.4	102.4	100.5	94.6	96.2
山　东	99.8	99.5	99.7	99.3	95.5	95.4
河　南	99.8	100.6	100.6	100.6	94.9	95.4
湖　北	100.0	99.9	100.2	99.9	94.9	97.2
湖　南	103.3	100.9	100.7	101.1	96.3	96.9
广　东	97.6	99.5	101.0	98.8	95.7	97.3
广　西	99.7	98.4	97.7	98.8	93.8	96.8
海　南	95.6	102.8	100.5	104.3	96.6	98.7
重　庆	87.5	99.8	101.8	99.1	93.0	93.7
四　川	99.7	100.6	101.2	100.2	95.9	95.9
贵　州	101.0	99.3	98.2	99.7	95.3	97.3
云　南	93.1	98.7	96.5	100.1	95.2	96.6
西　藏	98.6	100.3	99.5	101.2	99.7	100.8
陕　西	97.1	102.5	99.6	104.1	94.0	96.8
甘　肃	99.0	101.0	99.3	103.0	95.7	95.5
青　海	99.3	101.0	99.8	102.3	94.8	96.9
宁　夏	94.9	98.6	99.8	97.7	92.5	96.5
新　疆	99.8	100.3	100.6	100.0	95.2	95.8

2004年各地区商品零售价格分类指数(六)

(上年价格=100)

地区	2.文娱用耐用消费品	3.音像器材	六、文化办公用品	七、日用品	1.日用百货	2.日用杂品
全国平均	**92.3**	**96.9**	**96.9**	**99.6**	**99.7**	**100.3**
北京	91.8	97.1	98.1	99.6	98.7	99.9
天津	87.3	98.4	96.2	100.3	101.6	98.1
河北	91.6	98.8	98.4	98.6	98.8	98.3
山西	92.5	99.2	96.3	98.8	99.0	98.5
内蒙古	93.7	99.6	97.5	99.1	99.6	99.4
辽宁	88.9	97.7	96.1	99.0	99.4	101.3
吉林	91.4	97.6	97.4	100.1	100.1	100.4
黑龙江	91.6	97.4	96.6	100.8	102.2	99.6
上海	89.5	97.7	91.9	98.4	97.7	99.1
江苏	90.4	92.2	95.0	99.2	98.8	98.8
浙江	93.9	98.4	96.6	100.8	101.0	104.4
安徽	91.4	99.6	96.7	100.1	101.8	100.8
福建	93.5	97.4	97.2	99.2	99.9	99.6
江西	93.5	87.7	97.0	100.1	100.7	100.2
山东	95.0	99.3	98.5	99.1	99.7	99.1
河南	93.5	98.0	97.6	99.7	100.2	100.2
湖北	90.5	99.4	98.6	99.5	100.2	101.4
湖南	95.6	99.2	98.3	100.3	100.4	100.3
广东	93.5	96.9	95.6	100.3	99.3	99.8
广西	89.0	99.4	96.0	99.9	100.0	99.9
海南	93.2	99.9	97.4	99.6	101.6	101.5
重庆	90.7	97.4	98.2	99.9	98.4	98.7
四川	94.5	99.7	97.0	99.9	99.9	101.6
贵州	91.4	99.3	99.4	101.3	102.5	101.3
云南	93.3	97.7	95.7	98.7	99.3	101.9
西藏	98.5	97.7	99.2	99.2	99.6	98.9
陕西	89.0	99.4	97.9	100.0	99.3	103.6
甘肃	96.2	93.7	97.2	100.0	100.3	100.6
青海	91.2	103.8	97.4	100.7	100.1	100.7
宁夏	86.6	98.5	94.0	98.9	99.0	98.5
新疆	94.3	97.5	96.1	98.9	98.9	100.0

2004年各地区商品零售价格分类指数(七)

(上年价格=100)

城　市	3.洗涤用品	4.其他日用品	八、体育娱乐用品	1.体育用品	2.娱乐用品	九、交通、通信用品
全国平均	**99.3**	**99.4**	**98.2**	**99.4**	**97.2**	**91.8**
北　京	98.8	101.7	98.2	99.0	97.1	90.8
天　津	100.1	99.5	95.3	98.7	93.1	87.8
河　北	99.1	98.1	97.9	98.9	97.0	92.3
山　西	98.7	98.9	97.6	96.4	98.6	90.6
内蒙古	98.4	99.3	99.2	100.0	98.5	90.2
辽　宁	98.8	97.5	97.8	104.7	93.5	89.1
吉　林	100.7	99.2	97.8	97.1	98.2	92.1
黑龙江	99.7	101.3	98.1	99.4	97.2	90.7
上　海	98.9	98.3	96.8	101.1	94.2	90.2
江　苏	99.3	100.0	97.2	98.4	96.4	89.5
浙　江	99.2	98.6	98.4	99.4	97.8	91.4
安　徽	98.7	98.2	98.6	98.4	98.7	94.3
福　建	98.9	98.1	99.3	100.5	98.5	89.4
江　西	100.4	98.8	98.6	99.0	98.4	91.3
山　东	99.1	98.2	99.3	98.9	99.6	92.6
河　南	98.9	99.3	99.5	99.8	99.1	95.1
湖　北	98.2	98.7	97.7	99.4	96.4	92.8
湖　南	99.3	101.2	98.4	98.6	98.3	92.3
广　东	101.2	101.3	99.6	100.3	99.0	92.3
广　西	99.2	100.7	97.5	97.8	97.1	90.3
海　南	96.2	98.6	99.6	100.0	99.3	94.7
重　庆	102.5	99.7	96.7	99.6	94.2	89.6
四　川	99.6	98.4	98.0	98.8	97.9	93.7
贵　州	101.9	98.4	99.1	99.7	98.4	94.7
云　南	96.1	100.7	99.3	103.2	97.2	90.9
西　藏	97.7	100.5	98.8	98.3	99.1	97.4
陕　西	98.6	100.5	94.4	98.0	91.9	94.0
甘　肃	99.1	99.8	98.2	98.1	98.4	92.5
青　海	99.9	103.1	100.9	100.6	101.1	94.9
宁　夏	99.6	98.3	94.2	97.6	91.4	87.8
新　疆	99.1	98.1	98.4	97.7	98.9	92.5

2004 年各地区商品零售价格分类指数(八)

(上年价格＝100)

地　　区	1. 交通运输机械	2. 通讯器材	十、家具	十一、化妆品	十二、金　银珠　宝	十三、中西药品及医疗保健用品
全国平均	**95.2**	**86.1**	**98.8**	**98.9**	**111.6**	**96.7**
北　　京	93.0	75.8	98.3	98.6	111.5	98.2
天　　津	93.0	72.2	99.9	100.9	119.1	86.9
河　　北	96.6	86.4	98.8	99.4	112.2	99.6
山　　西	95.3	83.9	100.0	97.9	109.6	95.8
内 蒙 古	94.3	86.2	99.0	99.9	111.8	99.1
辽　　宁	94.6	80.3	98.9	99.9	112.2	96.7
吉　　林	96.9	88.2	99.2	99.1	117.3	96.7
黑 龙 江	96.2	85.5	98.3	98.2	112.4	100.2
上　　海	95.2	71.3	98.2	99.0	107.9	95.6
江　　苏	95.5	80.7	100.0	99.7	113.6	96.4
浙　　江	92.5	87.2	98.7	97.6	111.9	89.3
安　　徽	97.7	87.1	98.5	97.4	110.1	94.9
福　　建	93.0	82.7	100.5	99.3	108.3	95.7
江　　西	95.8	85.7	98.1	99.1	112.3	92.0
山　　东	96.8	85.7	98.6	98.3	109.0	98.2
河　　南	96.8	92.0	98.4	98.4	110.6	98.0
湖　　北	96.8	90.1	96.9	99.4	114.2	96.6
湖　　南	96.4	88.9	99.0	99.8	109.7	98.5
广　　东	95.3	89.1	98.7	98.5	113.2	99.7
广　　西	94.2	83.1	99.4	100.5	109.3	100.3
海　　南	96.5	91.8	98.8	101.7	113.7	99.8
重　　庆	97.6	81.1	99.7	101.8	106.5	93.2
四　　川	96.3	89.5	100.0	98.8	109.1	99.2
贵　　州	97.1	91.1	95.6	100.4	115.7	99.7
云　　南	94.3	85.0	100.5	98.9	111.9	99.6
西　　藏	99.2	96.1	99.1	99.4	101.0	99.5
陕　　西	97.9	84.2	97.8	97.1	116.6	93.7
甘　　肃	97.9	86.5	98.0	97.5	115.4	95.4
青　　海	97.9	89.0	98.9	99.6	110.2	95.7
宁　　夏	94.2	80.5	93.5	97.4	116.4	96.3
新　　疆	96.4	89.1	97.5	100.9	107.5	99.9

2004年各地区商品零售价格分类指数(九)

(上年价格=100)

地　　区	1.医疗器具及用品	2.中药材及中成药	3.西药	4.保健器具及用品	十四、书报杂志及电子出版物	1.教材及参考书	2.书报杂志
全国平均	**101.9**	**98.4**	**94.5**	**99.0**	**101.0**	**102.8**	**100.6**
北　京	105.5	97.8	97.4	98.4	99.0	97.4	100.3
天　津	100.0	94.0	81.1	93.4	99.5	97.0	100.5
河　北	99.0	101.2	98.5	99.2	102.2	104.4	100.7
山　西	102.2	94.5	96.1	99.7	104.5	109.5	99.7
内蒙古	99.9	104.5	95.4	98.7	101.0	101.5	101.8
辽　宁	99.2	96.6	96.3	97.4	100.6	102.5	100.3
吉　林	102.7	96.0	95.3	100.0	102.0	105.8	100.7
黑龙江	99.4	106.3	96.5	98.9	100.9	102.4	100.7
上　海	102.8	101.2	89.9	100.9	99.6	100.5	100.0
江　苏	103.9	99.1	93.0	100.5	100.2	101.6	100.4
浙　江	99.6	92.7	84.8	95.7	99.8	99.3	100.8
安　徽	96.5	94.8	93.9	99.9	101.9	105.5	99.8
福　建	101.1	96.4	93.8	99.3	104.1	111.8	101.0
江　西	99.0	92.4	89.2	97.6	100.5	100.9	100.7
山　东	101.7	98.4	97.4	99.4	101.4	103.7	100.4
河　南	103.2	98.3	97.1	98.9	100.8	102.4	100.3
湖　北	96.2	97.1	96.0	99.3	100.8	101.5	100.2
湖　南	96.9	100.2	97.3	100.5	100.4	100.8	100.7
广　东	101.8	102.5	97.5	99.3	101.5	104.0	100.5
广　西	104.9	100.8	99.3	99.6	102.4	102.6	102.5
海　南	102.8	97.2	101.5	99.8	99.4	98.3	100.2
重　庆	101.8	94.3	91.9	95.9	101.1	101.9	100.6
四　川	103.9	101.2	97.0	96.2	102.3	104.3	100.4
贵　州	100.9	101.4	98.6	99.9	101.7	103.3	100.5
云　南	119.4	98.8	96.6	102.3	100.6	100.9	101.9
西　藏	101.1	100.3	98.6	99.2	100.4	100.0	100.2
陕　西	100.3	97.1	91.0	94.9	99.9	100.2	100.3
甘　肃	102.2	92.2	96.7	97.8	99.6	103.9	100.2
青　海	105.5	95.5	95.3	97.4	100.1	100.2	100.1
宁　夏	106.3	99.0	92.9	101.1	101.2	103.3	99.8
新　疆	103.8	103.1	97.0	97.3	99.9	103.6	102.1

2004年各地区商品零售价格分类指数(十)

(上年价格=100)

地区	3.电子音像制品	十五、燃料	1.煤炭及制品	2.石油及制品	十六、建筑材料及五金电料	1.建筑装璜材料	2.五金电料
全国平均	**98.4**	**112.4**	**119.2**	**110.6**	**103.7**	**104.2**	**102.0**
北京	97.6	107.9	119.7	107.2	99.4	98.6	101.1
天津	104.3	110.5	124.3	109.7	100.6	100.7	100.0
河北	99.3	116.7	134.0	110.0	102.2	102.4	101.5
山西	99.2	117.6	134.0	112.6	104.1	103.2	107.2
内蒙古	98.6	115.8	122.5	112.3	101.3	101.4	101.3
辽宁	97.3	109.8	114.3	108.7	101.1	101.8	99.4
吉林	97.6	108.5	106.7	109.2	101.6	101.8	101.1
黑龙江	98.2	109.3	108.2	110.0	102.0	102.2	101.3
上海	96.2	107.0	112.4	106.9	104.7	104.1	106.9
江苏	97.9	111.0	124.6	109.4	104.4	105.5	101.0
浙江	98.8	112.9	117.3	111.8	104.3	104.8	103.0
安徽	99.5	112.3	117.3	110.9	102.5	103.0	100.9
福建	98.4	111.8	111.5	111.9	103.4	103.6	102.5
江西	98.3	111.2	110.9	111.2	104.6	104.0	106.9
山东	99.6	114.6	125.7	109.2	104.4	105.0	103.0
河南	98.1	119.4	132.1	111.3	106.3	108.0	101.0
湖北	99.2	109.3	112.5	108.6	106.9	109.1	102.0
湖南	99.0	110.0	108.7	110.5	103.8	104.2	101.5
广东	98.0	112.9	108.8	112.9	104.4	105.5	100.7
广西	101.7	112.0	107.6	112.5	105.1	105.4	103.7
海南	99.1	106.9	108.5	106.8	106.3	105.4	109.1
重庆	100.8	106.2	125.1	105.3	99.0	97.6	100.9
四川	99.7	108.8	112.2	106.8	101.7	101.7	101.4
贵州	100.3	113.4	122.0	110.3	101.2	101.2	101.0
云南	97.6	111.5	120.4	110.0	104.2	105.1	101.0
西藏	100.9	111.6	98.1	118.0	98.2	101.0	92.8
陕西	98.2	113.3	123.6	111.1	101.8	101.3	103.5
甘肃	91.8	111.3	112.7	110.3	102.5	103.2	101.1
青海	99.9	110.5	109.6	111.0	101.3	102.7	98.4
宁夏	97.7	114.5	120.4	109.2	105.1	105.2	104.5
新疆	94.6	108.4	102.2	111.5	101.4	100.8	103.0

2004年各地区城市商品零售价格分类指数(一)

(上年价格=100)

地　　区	总指数	一、食品	1.粮　食	2.淀粉及薯　类	3.干豆类及豆制品	4.油脂
全国平均	**102.1**	**108.8**	**125.2**	**105.6**	**120.8**	**115.0**
北　　京	99.2	105.1	120.6	102.1	117.2	117.0
天　　津	100.8	110.2	123.7	102.3	119.9	120.1
河　　北	102.3	108.3	124.4	105.4	124.8	119.9
山　　西	102.4	108.5	123.7	105.2	119.3	115.5
内 蒙 古	102.4	109.7	127.6	102.4	123.0	117.2
辽　　宁	101.5	108.0	127.3	102.8	122.9	110.1
吉　　林	103.1	108.9	126.6	102.3	121.8	109.3
黑 龙 江	102.1	107.3	120.3	101.9	120.0	112.6
上　　海	100.9	108.6	128.8	107.2	124.8	114.4
江　　苏	101.7	110.2	136.2	107.3	131.9	112.9
浙　　江	102.0	109.4	132.6	104.8	120.1	114.1
安　　徽	102.2	108.6	134.2	104.4	116.7	115.4
福　　建	102.4	110.1	121.7	106.1	116.8	112.6
江　　西	101.9	108.9	126.0	113.2	116.6	113.4
山　　东	102.3	109.5	122.7	108.0	128.0	123.0
河　　南	105.3	114.4	131.9	110.2	125.1	121.3
湖　　北	103.1	110.1	125.5	104.1	113.4	112.7
湖　　南	103.0	109.2	125.7	101.3	122.8	118.5
广　　东	102.5	107.1	114.3	105.9	106.6	111.8
广　　西	103.4	111.2	126.9	116.2	128.5	112.5
海　　南	103.0	109.0	114.8	104.6	111.9	100.1
重　　庆	101.4	111.2	127.1	129.4	116.0	121.4
四　　川	102.8	109.7	124.1	99.5	115.7	117.0
贵　　州	102.4	111.3	126.0	104.0	117.8	112.6
云　　南	104.5	115.5	130.1	95.8	111.0	111.0
西　　藏	100.5	102.1	108.0	95.6	104.1	107.6
陕　　西	101.9	107.4	124.6	108.5	121.7	111.6
甘　　肃	102.0	106.8	116.9	114.7	114.6	111.3
青　　海	102.7	106.4	114.0	111.8	129.4	115.4
宁　　夏	102.1	109.3	118.5	112.3	118.2	114.4
新　　疆	99.4	100.1	112.9	125.5	117.8	108.4

2004年各地区城市商品零售价格分类指数(二)

(上年价格=100)

地区	5.肉禽及其制品	6.蛋	7.水产品	8.菜	9.调味品	10.糖
全国平均	**116.8**	**120.4**	**111.1**	**94.4**	**102.2**	**101.5**
北京	110.1	112.7	107.1	95.2	99.3	100.6
天津	113.9	123.8	131.6	94.5	104.3	99.8
河北	115.1	124.5	113.6	92.8	104.5	100.6
山西	120.7	122.9	119.3	81.1	105.1	102.5
内蒙古	113.9	120.8	117.4	97.5	100.2	100.4
辽宁	115.4	123.8	108.2	91.2	101.7	101.2
吉林	115.8	119.8	111.7	91.4	106.5	100.5
黑龙江	113.1	118.3	112.4	93.1	100.0	101.3
上海	117.6	118.6	107.7	95.5	103.0	103.1
江苏	118.7	120.7	114.1	91.5	103.0	102.0
浙江	119.7	121.8	108.9	96.1	103.7	101.3
安徽	117.7	117.5	116.4	78.4	103.1	101.4
福建	116.4	123.9	107.9	109.6	100.5	100.3
江西	117.6	124.4	116.7	85.8	99.3	100.6
山东	117.0	121.0	109.5	92.1	101.7	100.7
河南	119.6	121.8	121.3	103.8	100.1	101.5
湖北	120.9	118.6	124.6	90.4	102.5	101.6
湖南	119.3	120.3	118.3	84.5	100.8	102.4
广东	112.3	119.4	108.6	103.6	100.8	101.2
广西	118.1	118.2	113.1	104.6	101.8	101.3
海南	118.8	110.7	109.7	108.2	99.5	106.4
重庆	121.5	117.2	112.3	112.6	102.5	103.1
四川	121.1	118.2	117.7	92.9	104.9	103.6
贵州	125.5	115.8	116.6	97.4	105.6	98.7
云南	126.5	118.2	115.1	118.0	100.4	106.1
西藏	105.1	99.4	112.7	94.6	98.3	98.0
陕西	120.2	122.9	117.4	81.1	105.1	105.3
甘肃	116.6	127.0	117.4	90.6	101.3	102.5
青海	113.8	118.6	117.1	90.2	99.5	99.9
宁夏	116.6	123.4	122.4	97.4	100.8	102.2
新疆	108.8	107.4	123.8	77.3	101.4	97.1

2004年各地区城市商品零售价格分类指数(三)

(上年价格=100)

地　　区	11.干鲜瓜果	12.糕点饼干面包	13.奶　及奶制品	14.在外用膳食品	15.其他食品	二、饮料、烟酒
全国平均	**103.7**	**101.8**	**100.1**	**103.8**	**100.7**	**101.0**
北　　京	102.3	101.8	98.8	105.0	102.5	100.2
天　　津	109.2	105.9	100.0	103.9	101.9	102.3
河　　北	106.1	102.7	101.3	101.7	99.8	102.3
山　　西	108.4	103.1	102.2	103.4	98.7	102.8
内 蒙 古	100.0	102.4	100.9	104.3	99.6	101.2
辽　　宁	102.8	103.5	98.5	101.9	98.5	100.5
吉　　林	106.0	99.9	102.0	103.1	101.8	101.8
黑 龙 江	97.6	102.0	100.3	103.0	101.0	101.0
上　　海	118.3	100.9	99.6	103.1	96.9	98.8
江　　苏	106.6	102.5	100.1	103.8	102.5	100.2
浙　　江	106.9	101.7	99.5	106.9	101.4	101.3
安　　徽	104.0	100.0	99.5	104.3	101.0	101.2
福　　建	99.5	100.4	97.8	106.0	101.5	100.7
江　　西	99.5	102.9	100.1	103.5	101.8	100.2
山　　东	108.4	100.4	100.5	103.9	100.6	102.0
河　　南	103.2	101.1	102.0	103.2	100.7	102.7
湖　　北	106.4	102.3	100.0	101.5	103.1	101.0
湖　　南	99.4	108.4	106.4	102.8	103.5	101.3
广　　东	101.7	102.4	100.0	103.3	101.0	101.9
广　　西	101.8	101.6	101.2	102.1	98.7	99.4
海　　南	110.4	100.3	101.8	96.3	100.7	99.9
重　　庆	99.6	101.4	100.1	100.1	101.2	101.4
四　　川	100.3	100.9	95.5	104.1	100.8	102.5
贵　　州	100.8	102.3	101.7	104.3	99.0	100.1
云　　南	103.9	105.5	105.7	105.6	103.5	101.9
西　　藏	104.2	98.2	102.0	99.7	101.5	100.0
陕　　西	101.0	100.3	99.4	102.2	98.8	101.7
甘　　肃	101.1	99.4	100.1	101.9	103.0	99.6
青　　海	97.6	108.9	103.5	102.6	98.6	102.3
宁　　夏	105.4	102.3	100.7	105.0	100.2	103.7
新　　疆	91.6	98.4	96.3	99.6	90.7	97.9

2004年各地区城市商品零售价格分类指数(四)

(上年价格=100)

地 区	1.茶及饮料	2.烟草	3.酒	三、服装、鞋帽	1.服装	2.鞋袜帽
全国平均	**99.9**	**100.4**	**102.7**	**97.9**	**97.9**	**97.8**
北 京	99.0	99.3	103.5	98.9	98.0	101.1
天 津	99.7	101.5	106.0	91.7	92.6	88.9
河 北	100.6	100.3	106.1	97.0	97.3	96.2
山 西	100.6	101.9	107.0	99.5	98.9	101.1
内 蒙 古	98.2	101.6	102.4	99.9	100.3	99.7
辽 宁	99.8	99.4	102.3	98.3	98.0	98.8
吉 林	99.7	101.8	102.8	101.8	100.5	105.0
黑 龙 江	99.6	99.1	103.2	98.4	98.9	97.1
上 海	99.9	96.9	101.8	93.9	94.5	92.4
江 苏	98.9	100.1	101.5	99.3	99.2	99.6
浙 江	98.7	102.3	101.5	97.0	97.1	96.7
安 徽	101.4	100.3	102.5	97.4	97.8	95.7
福 建	100.1	101.9	99.6	97.3	97.6	96.4
江 西	99.6	100.6	100.1	97.5	97.7	96.6
山 东	100.8	101.2	103.1	97.5	97.5	96.7
河 南	99.7	104.8	103.1	98.0	98.3	97.0
湖 北	98.7	101.3	102.5	100.3	100.8	99.1
湖 南	102.2	100.2	102.3	100.4	101.4	97.4
广 东	101.3	101.5	103.7	98.6	99.2	97.3
广 西	99.2	98.9	100.8	99.7	98.3	103.6
海 南	97.4	99.6	101.9	98.9	98.4	100.2
重 庆	101.9	98.5	106.0	91.1	93.4	84.4
四 川	99.4	99.7	106.9	98.1	97.8	98.7
贵 州	99.5	100.2	100.1	88.5	86.0	94.5
云 南	100.9	102.4	101.9	99.6	100.0	99.6
西 藏	101.4	100.1	99.0	99.4	99.5	99.3
陕 西	100.9	100.8	103.7	103.1	102.2	105.5
甘 肃	98.7	99.6	100.3	98.6	98.1	100.2
青 海	101.7	101.9	103.4	102.6	102.0	104.7
宁 夏	100.8	103.6	106.0	99.7	101.3	96.0
新 疆	98.0	94.9	101.2	98.2	99.0	96.1

2004年各地区城市商品零售价格分类指数(五)

(上年价格=100)

地　区	3.其他	四、纺织品	1.衣着材料	2.床上用品	五、家用电器及音像器材	1.家庭设备
全国平均	**98.8**	**99.5**	**100.0**	**99.2**	**94.1**	**95.6**
北　京	103.7	99.0	98.8	99.1	94.3	94.5
天　津	95.7	94.5	100.6	88.4	93.5	96.1
河　北	97.8	99.4	98.0	100.7	92.8	93.8
山　西	100.1	99.3	98.6	100.1	95.7	97.6
内蒙古	91.6	98.8	100.5	97.4	95.3	96.9
辽　宁	99.4	96.7	98.4	95.3	91.8	94.3
吉　林	99.4	99.6	100.4	99.0	95.2	97.6
黑龙江	101.5	98.7	99.2	98.1	93.9	96.0
上　海	88.8	102.2	101.2	102.5	93.4	94.5
江　苏	100.3	100.3	101.1	99.9	92.5	95.8
浙　江	98.7	98.3	101.7	96.2	95.6	95.8
安　徽	101.6	99.8	100.0	99.6	92.5	94.4
福　建	97.2	100.2	100.0	100.2	95.1	95.8
江　西	100.3	101.2	102.4	100.1	94.6	96.2
山　东	99.8	99.5	99.9	99.2	95.1	95.1
河　南	99.9	99.5	99.6	99.5	94.1	94.2
湖　北	100.4	99.2	101.1	98.5	92.5	95.5
湖　南	104.8	101.3	101.4	101.3	96.9	96.6
广　东	95.9	99.1	100.0	98.7	94.8	96.8
广　西	98.0	100.2	102.1	99.4	93.5	97.2
海　南	101.2	106.4	101.1	109.5	94.6	97.9
重　庆	87.5	99.8	101.8	99.1	93.0	93.7
四　川	100.1	99.8	101.4	99.3	94.7	94.5
贵　州	102.9	93.3	97.6	91.4	96.3	98.5
云　南	85.8	98.7	99.7	98.3	94.6	96.6
西　藏	98.6	100.4	100.0	100.9	99.6	100.7
陕　西	94.8	102.8	98.0	104.5	93.6	96.9
甘　肃	98.4	99.7	99.2	100.1	96.2	97.7
青　海	93.4	101.8	100.3	103.4	94.1	97.1
宁　夏	98.7	98.7	100.3	97.6	92.7	97.4
新　疆	100.1	100.8	100.2	101.2	95.1	96.2

2004年各地区城市商品零售价格分类指数(六)

(上年价格=100)

地区	2.文娱用耐用消费品	3.音像器材	六、文化办公用品	七、日用品	1.日用百货	2.日用杂品
全国平均	**90.9**	**96.7**	**96.4**	**99.4**	**99.3**	**100.1**
北京	91.8	97.1	98.1	99.6	98.7	99.9
天津	87.3	98.4	96.2	100.3	101.6	98.1
河北	89.4	99.2	97.2	99.2	99.2	101.1
山西	92.9	99.6	97.1	99.4	99.1	98.5
内蒙古	92.6	99.6	97.0	98.5	98.6	99.4
辽宁	88.0	97.2	95.8	98.9	98.9	101.8
吉林	91.0	98.2	97.1	100.2	100.3	100.9
黑龙江	89.7	97.1	97.1	101.3	102.5	99.8
上海	89.5	97.7	91.9	98.4	97.7	99.1
江苏	88.7	91.9	94.3	99.3	98.6	98.5
浙江	93.4	98.5	96.8	100.0	100.4	100.2
安徽	89.0	99.3	96.2	99.1	99.2	100.7
福建	93.4	97.2	97.0	98.8	99.7	100.1
江西	93.9	86.6	95.2	99.4	99.5	99.9
山东	94.1	99.2	98.5	98.8	99.8	99.3
河南	93.1	96.6	97.1	99.8	99.4	100.6
湖北	87.1	99.0	98.2	98.8	99.7	100.9
湖南	96.6	100.1	98.0	100.7	101.0	100.2
广东	91.7	97.1	94.7	100.6	98.9	100.4
广西	87.9	99.3	95.7	99.1	97.8	99.7
海南	88.8	100.0	98.2	100.2	101.9	102.8
重庆	90.7	97.4	98.2	99.9	98.4	98.7
四川	92.4	99.8	95.6	99.2	100.3	100.1
贵州	91.8	99.6	99.4	100.1	100.3	100.8
云南	92.4	97.4	94.9	97.6	98.7	99.8
西藏	98.4	97.2	98.7	99.0	99.1	98.4
陕西	86.1	99.4	97.4	100.2	98.8	105.6
甘肃	95.8	90.6	96.4	99.9	100.4	100.5
青海	87.6	105.0	97.3	101.8	100.0	101.5
宁夏	85.1	99.8	92.5	98.5	97.3	98.8
新疆	93.4	96.9	95.5	98.8	99.0	99.3

2004年各地区城市商品零售价格分类指数(七)

(上年价格=100)

城　市	3.洗涤用品	4.其他日用品	八、体育娱乐用品	1. 体育用品	2. 娱乐用品	九、交通、通信用品
全国平均	**99.1**	**99.5**	**97.8**	**99.5**	**96.5**	**91.1**
北　京	98.8	101.7	98.2	99.0	97.1	90.8
天　津	100.1	99.5	95.3	98.7	93.1	87.8
河　北	99.1	98.3	97.3	97.7	96.9	92.1
山　西	100.0	99.2	98.2	98.3	98.0	89.4
内蒙古	97.6	98.9	98.8	99.9	97.7	88.5
辽　宁	98.9	97.3	97.7	106.0	92.8	88.5
吉　林	100.4	99.1	97.4	96.7	97.8	90.9
黑龙江	100.1	102.1	98.0	100.3	96.9	90.2
上　海	98.9	98.3	96.8	101.1	94.2	90.2
江　苏	99.8	100.4	96.4	97.9	95.5	89.2
浙　江	99.1	99.7	97.7	99.2	96.8	91.2
安　徽	98.6	98.2	97.8	98.4	97.4	93.1
福　建	97.9	97.5	99.3	100.6	98.6	89.1
江　西	99.7	98.5	99.5	99.4	99.6	90.4
山　东	98.9	97.6	99.2	99.3	99.1	92.3
河　南	99.7	99.6	98.9	99.3	98.5	95.0
湖　北	97.5	97.8	96.7	99.1	94.9	90.6
湖　南	98.9	103.1	97.8	97.9	97.7	91.3
广　东	101.1	102.1	99.5	100.4	98.6	91.6
广　西	97.7	102.0	96.9	96.6	97.1	93.4
海　南	93.8	101.8	99.5	100.0	99.2	94.2
重　庆	102.5	99.7	96.7	99.6	94.2	89.6
四　川	98.8	97.4	96.9	98.8	96.4	93.2
贵　州	101.3	97.6	99.2	100.2	98.4	92.1
云　南	95.0	101.6	95.3	96.3	95.1	92.1
西　藏	99.0	99.1	98.7	98.2	99.2	97.3
陕　西	98.7	100.7	93.7	97.3	91.4	94.4
甘　肃	98.4	99.8	98.3	97.2	99.2	92.2
青　海	101.3	106.2	101.3	99.9	102.2	93.8
宁　夏	98.8	99.3	93.1	98.0	89.3	85.6
新　疆	100.3	97.1	98.3	97.2	99.0	90.7

2004年各地区城市商品零售价格分类指数(八)

(上年价格=100)

地区	1. 交通运输机械	2. 通讯器材	十、家具	十一、化妆品	十二、金银珠宝	十三、中西药品及医疗保健用品
全国平均	**94.7**	**84.2**	**98.7**	**98.9**	**111.4**	**96.7**
北京	93.0	75.8	98.3	98.6	111.5	98.2
天津	93.0	72.2	99.9	100.9	119.1	86.9
河北	96.3	85.8	99.1	100.0	111.3	99.4
山西	94.1	84.4	102.0	98.0	109.1	96.5
内蒙古	93.0	83.4	99.5	100.1	114.4	99.4
辽宁	94.4	79.1	98.8	100.0	112.4	96.4
吉林	96.9	86.5	99.5	99.2	117.6	96.0
黑龙江	96.2	83.8	98.3	98.1	111.2	101.0
上海	95.2	71.3	98.2	99.0	107.9	95.6
江苏	95.5	78.6	100.3	99.5	114.6	96.0
浙江	91.9	86.4	97.9	96.6	110.9	91.8
安徽	96.7	84.5	97.9	99.1	112.9	94.8
福建	92.0	81.0	101.0	98.4	105.8	95.5
江西	94.2	84.9	98.8	99.1	110.0	93.3
山东	96.5	84.1	99.0	98.1	107.1	98.1
河南	96.1	91.3	99.0	98.3	110.2	97.8
湖北	95.0	87.8	96.2	99.4	114.2	98.3
湖南	97.5	86.3	98.5	99.8	111.2	98.2
广东	95.5	87.3	97.2	98.2	112.7	99.4
广西	95.7	88.6	99.4	101.2	107.0	99.6
海南	97.5	86.8	98.2	102.5	119.5	98.1
重庆	97.6	81.1	99.7	101.8	106.5	93.2
四川	95.0	89.2	100.2	99.1	109.8	98.6
贵州	94.1	89.9	99.3	101.1	116.9	101.1
云南	92.8	90.9	99.5	97.9	109.4	100.2
西藏	99.3	95.9	98.8	100.0	100.1	99.7
陕西	97.6	79.6	97.1	96.0	115.3	92.7
甘肃	97.0	84.7	97.8	98.0	116.8	95.5
青海	96.7	83.1	100.6	100.9	109.0	95.3
宁夏	90.9	78.8	93.1	97.2	117.0	96.6
新疆	94.5	88.0	97.4	101.7	105.8	102.3

2004年各地区城市商品零售价格分类指数(九)

(上年价格=100)

地　区	1.医疗器具及用品	2.中药材及中成药	3.西药	4.保健器具及用品	十四、书报杂志及电子出版物	1.教材及参考书	2.书报杂志
全国平均	**102.0**	**98.7**	**94.3**	**99.3**	**100.9**	**102.6**	**100.5**
北　京	105.5	97.8	97.4	98.4	99.0	97.4	100.3
天　津	100.0	94.0	81.1	93.4	99.5	97.0	100.5
河　北	103.5	100.1	98.7	99.2	102.1	103.8	100.2
山　西	106.5	94.7	96.9	100.5	103.4	106.1	100.3
内蒙古	99.0	106.6	94.6	98.1	101.8	102.5	103.0
辽　宁	97.9	96.5	96.0	97.3	100.5	102.8	100.3
吉　林	101.0	96.3	94.4	100.4	102.3	105.0	100.3
黑龙江	98.3	108.2	97.0	99.7	100.7	102.5	100.8
上　海	102.8	101.2	89.9	100.9	99.6	100.5	100.0
江　苏	104.3	98.0	93.0	100.6	100.2	101.6	100.1
浙　江	100.5	95.7	87.4	96.7	99.9	99.0	100.6
安　徽	100.4	97.2	91.8	97.9	102.4	106.9	99.8
福　建	100.6	96.9	92.8	100.6	103.7	111.9	101.0
江　西	98.6	92.7	91.0	98.5	100.3	100.6	100.7
山　东	102.2	97.9	97.6	99.5	101.3	103.7	100.6
河　南	104.6	98.0	96.7	99.0	100.5	102.5	100.4
湖　北	95.6	101.3	96.0	100.6	100.0	100.3	100.1
湖　南	98.7	98.9	97.0	100.4	100.2	101.0	100.6
广　东	99.6	101.3	97.6	100.2	102.1	105.8	100.6
广　西	105.2	100.6	98.3	99.4	102.5	100.6	103.0
海　南	103.6	98.1	97.3	99.5	98.8	96.9	100.0
重　庆	101.8	94.3	91.9	95.9	101.1	101.9	100.6
四　川	103.3	99.1	97.6	94.7	101.4	103.5	100.2
贵　州	103.5	101.6	100.4	101.9	100.4	100.2	100.6
云　南	114.0	101.0	97.0	103.5	100.8	100.3	102.8
西　藏	99.4	99.7	99.5	100.3	100.2	99.9	100.3
陕　西	102.1	98.4	88.4	92.9	99.7	100.0	100.3
甘　肃	103.7	93.7	95.3	100.3	100.2	105.5	100.2
青　海	113.7	90.0	97.6	101.9	100.5	101.2	100.0
宁　夏	107.5	99.2	93.3	102.7	101.3	104.8	100.0
新　疆	107.7	105.9	99.5	97.3	99.7	106.9	100.5

2004年各地区城市商品零售价格分类指数(十)

(上年价格=100)

地区	3.电子音像制品	十五、燃料	1.煤炭及制品	2.石油及制品	十六、建筑材料及五金电料	1.建筑装璜材料	2.五金电料
全国平均	**98.3**	**111.5**	**117.4**	**110.4**	**103.0**	**103.5**	**101.7**
北京	97.6	107.9	119.7	107.2	99.4	98.6	101.1
天津	104.3	110.5	124.3	109.7	100.6	100.7	100.0
河北	100.0	110.6	122.7	108.9	101.7	102.0	100.8
山西	98.7	112.4	109.2	112.8	102.5	100.9	107.5
内蒙古	98.4	115.3	120.4	112.9	100.5	100.4	100.9
辽宁	96.9	108.7	111.6	108.1	100.6	101.4	98.6
吉林	99.0	108.7	105.0	109.9	100.8	102.2	96.1
黑龙江	97.6	110.9	115.9	108.8	100.5	100.6	100.4
上海	96.2	107.0	112.4	106.9	104.7	104.1	106.9
江苏	98.6	110.4	122.2	109.3	104.4	105.4	101.5
浙江	99.9	113.4	121.0	111.7	104.9	105.5	103.3
安徽	98.8	111.4	113.1	111.0	103.7	104.3	102.2
福建	98.0	111.2	111.8	111.1	102.4	102.2	102.9
江西	98.7	110.1	106.3	110.8	101.9	101.5	103.9
山东	99.5	112.9	124.5	108.3	102.4	102.4	102.2
河南	97.3	118.0	130.9	110.9	104.2	105.9	99.7
湖北	98.6	108.0	108.2	108.0	106.6	108.6	101.2
湖南	98.2	110.1	109.4	110.1	104.6	105.2	101.7
广东	97.6	113.2	106.1	113.3	104.1	105.3	100.9
广西	104.3	111.8	106.3	112.5	106.0	108.1	100.1
海南	98.7	105.6	114.3	104.9	110.2	107.2	117.8
重庆	100.8	106.2	125.1	105.3	99.0	97.6	100.9
四川	100.0	107.2	108.5	106.8	101.0	101.0	101.0
贵州	100.5	112.5	121.5	110.4	100.7	101.1	99.2
云南	98.1	110.6	117.6	110.4	104.9	106.2	99.1
西藏	100.2	115.4	98.2	123.2	97.6	101.4	90.2
陕西	97.5	110.2	118.8	109.0	100.7	99.7	104.7
甘肃	90.7	112.7	115.4	111.0	102.9	103.8	100.9
青海	100.3	109.5	102.5	111.9	102.2	104.8	98.1
宁夏	97.5	111.6	114.1	107.9	103.2	104.5	100.6
新疆	94.2	108.2	95.5	111.9	101.2	100.4	103.0

2004年各地区农村商品零售价格分类指数(一)

(上年价格=100)

地　　区	总指数	一、食品	1.粮　食	2.淀粉及薯　类	3.干豆类及豆制品	4.油脂
全国平均	**104.2**	**111.9**	**128.3**	**109.0**	**120.6**	**119.1**
北　　京						
天　　津						
河　　北	104.0	111.0	123.3	114.6	119.6	125.4
山　　西	104.2	113.2	124.6	112.9	125.4	114.9
内 蒙 古	103.1	109.6	123.6	111.6	117.1	113.3
辽　　宁	103.9	111.4	127.3	113.5	118.5	116.3
吉　　林	104.9	114.2	136.1	111.6	130.1	113.2
黑 龙 江	105.0	112.1	120.6	107.8	127.7	110.7
上　　海						
江　　苏	103.5	110.9	138.6	105.0	126.1	113.6
浙　　江	103.6	113.7	134.8	108.7	124.5	119.9
安　　徽	103.3	110.5	141.3	106.9	115.2	123.6
福　　建	103.2	110.6	127.7	103.6	118.9	119.3
江　　西	104.0	110.7	134.5	109.4	122.3	119.6
山　　东	103.7	111.7	130.1	111.0	131.0	118.3
河　　南	106.0	115.2	130.9	122.2	120.1	125.9
湖　　北	105.4	113.6	130.3	101.7	114.3	119.0
湖　　南	105.0	112.9	132.1	117.3	119.9	125.7
广　　东	103.7	108.7	121.5	107.2	113.0	115.0
广　　西	104.4	114.0	120.1	105.4	126.3	120.2
海　　南	103.8	110.4	111.2	113.3	97.3	107.6
重　　庆						
四　　川	104.6	112.4	125.6	110.1	113.3	117.0
贵　　州	104.4	113.6	122.1	99.9	121.1	125.8
云　　南	105.0	115.0	124.9	100.9	120.3	123.2
西　　藏	101.2	105.0	108.6	102.3	104.2	107.6
陕　　西	103.7	110.5	122.9	105.2	119.9	110.0
甘　　肃	102.1	107.5	118.7	108.2	114.8	110.8
青　　海	102.2	106.2	114.6	99.6	111.2	110.4
宁　　夏	104.2	112.9	123.4	109.5	124.1	118.3
新　　疆	103.2	109.0	118.1	98.7	113.0	109.2

2004年各地区农村商品零售价格分类指数(二)

(上年价格=100)

地　区	5.肉禽及其制品	6.蛋	7.水产品	8.菜	9.调味品	10.糖
全国平均	**117.6**	**118.9**	**115.7**	**96.8**	**101.4**	**103.2**
北　京						
天　津						
河　北	115.0	123.9	113.5	95.4	101.2	100.1
山　西	119.6	125.6	123.2	89.6	104.5	102.8
内 蒙 古	115.5	123.2	119.0	91.9	101.1	103.1
辽　宁	116.3	120.9	112.6	92.0	97.5	100.5
吉　林	114.1	119.1	117.7	96.1	101.3	102.5
黑 龙 江	116.1	116.8	113.5	90.4	100.4	105.1
上　海						
江　苏	114.7	119.8	116.1	89.2	101.5	102.6
浙　江	120.3	123.7	118.2	94.9	102.2	103.1
安　徽	117.3	114.1	117.3	86.6	99.6	104.2
福　建	114.1	125.2	110.1	100.1	103.7	103.8
江　西	117.9	114.1	119.4	88.6	100.2	104.1
山　东	121.1	120.7	119.5	87.2	100.2	103.0
河　南	120.6	116.4	116.7	100.0	103.1	104.4
湖　北	120.4	122.4	126.1	98.0	100.8	103.0
湖　南	121.6	117.9	125.9	91.7	100.4	100.3
广　东	112.8	111.7	108.9	104.2	100.2	103.0
广　西	119.7	120.9	116.3	101.3	99.6	105.3
海　南	127.6	111.3	108.1	98.4	98.4	106.0
重　庆						
四　川	120.8	114.8	119.2	98.4	101.8	106.2
贵　州	114.1	116.7	108.5	108.3	106.7	109.4
云　南	119.9	114.5	99.9	122.4	102.3	100.6
西　藏	111.2	103.1	102.7	96.9	103.3	101.8
陕　西	121.8	117.4	120.6	96.6	99.8	102.1
甘　肃	109.8	106.9	113.0	101.1	98.4	95.1
青　海	115.2	116.1	106.8	91.2	101.2	101.0
宁　夏	119.4	129.1	126.2	92.1	98.8	104.3
新　疆	108.1	115.2	119.8	107.6	99.9	100.6

2004年各地区农村商品零售价格分类指数(三)

(上年价格=100)

地　区	11.干鲜瓜果	12.糕点饼干面包	13.奶及奶制品	14.在外用膳食品	15.其他食品	二、饮料、烟酒
全国平均	**104.9**	**101.2**	**101.7**	**103.9**	**101.0**	**101.0**
北　京						
天　津						
河　北	105.7	99.7	104.5	103.3	101.3	99.8
山　西	102.1	103.1	101.1	109.1	104.1	103.8
内蒙古	102.5	103.1	104.0	103.4	100.3	101.7
辽　宁	100.4	100.9	102.5	105.5	99.2	99.2
吉　林	104.9	101.1	102.6	99.6	101.9	102.1
黑龙江	113.8	102.1	104.2	101.0	97.6	100.5
上　海						
江　苏	100.7	101.5	103.5	106.5	100.9	100.6
浙　江	108.1	101.0	103.5	105.5	101.5	101.1
安　徽	99.8	102.1	90.9	101.6	96.7	100.0
福　建	97.6	100.8	98.7	104.1	101.0	101.1
江　西	99.3	99.8	97.8	103.8	100.5	100.7
山　东	104.4	99.9	101.0	106.0	100.6	100.6
河　南	108.8	100.4	107.7	106.5	102.1	102.3
湖　北	100.3	101.4	103.0	104.9	99.2	100.3
湖　南	107.4	101.2	100.0	101.1	97.6	101.7
广　东	105.9	101.0	102.7	100.0	102.0	101.0
广　西	108.2	111.0	101.0	106.5	103.5	100.3
海　南	100.5	98.6	101.5	99.0	100.1	99.2
重　庆						
四　川	106.1	102.0	98.8	106.1	100.6	102.6
贵　州	94.7	105.5	112.5	101.9	106.9	101.3
云　南	116.9	100.8	98.1	105.0	100.8	99.5
西　藏	105.3	99.0	103.9	101.1	99.0	102.6
陕　西	106.6	100.9	101.8	106.0	107.0	100.5
甘　肃	105.4	100.4	105.9	102.6	98.8	101.0
青　海	100.1	101.0	102.8	102.5	100.0	101.5
宁　夏	113.0	100.7	107.7	111.6	99.5	103.0
新　疆	105.0	102.5	99.3	103.5	101.3	100.1

2004年各地区农村商品零售价格分类指数(四)

(上年价格=100)

地区	1.茶及饮料	2.烟草	3.酒	三、服装、鞋帽	1.服装	2.鞋袜帽
全国平均	**99.7**	**101.2**	**101.6**	**98.6**	**98.7**	**98.5**
北京						
天津						
河北	99.4	98.6	101.4	98.3	98.3	98.9
山西	101.6	103.5	105.6	99.1	98.8	99.8
内蒙古	101.2	103.0	100.3	99.9	99.4	100.9
辽宁	98.5	99.7	98.9	97.0	96.8	96.9
吉林	99.2	103.4	102.7	98.8	99.8	97.3
黑龙江	101.6	99.9	100.5	100.6	100.5	100.7
上海						
江苏	100.0	100.2	101.5	99.9	99.7	100.5
浙江	100.3	100.7	102.1	97.8	97.9	97.6
安徽	99.7	98.7	102.0	95.7	98.0	89.7
福建	99.7	101.9	101.2	97.6	97.5	97.8
江西	98.7	100.0	102.3	98.7	99.7	97.4
山东	99.6	100.5	100.9	97.6	96.6	99.1
河南	99.6	106.1	100.7	98.2	98.0	98.5
湖北	98.7	98.8	102.8	98.0	97.1	100.0
湖南	100.0	102.1	101.1	102.0	102.8	100.3
广东	100.1	101.9	101.0	99.6	99.6	99.7
广西	100.4	99.7	100.7	95.0	95.1	93.6
海南	97.3	100.1	99.5	97.9	98.7	98.0
重庆						
四川	99.3	101.2	105.1	100.0	100.1	99.9
贵州	115.1	99.7	104.2	93.7	94.4	92.8
云南	97.1	100.8	99.0	95.5	96.2	94.4
西藏	99.9	103.6	103.1	100.9	101.2	100.8
陕西	100.3	100.5	100.5	100.5	100.2	101.3
甘肃	100.6	102.2	100.1	102.3	103.2	101.2
青海	98.5	100.9	102.7	99.4	99.3	99.5
宁夏	98.2	105.7	100.9	96.1	95.6	98.1
新疆	98.8	98.7	102.3	101.1	101.4	100.7

2004年各地区农村商品零售价格分类指数(五)

(上年价格=100)

地 区	3.其他	四、纺织品	1.衣着材料	2.床上用品	五、家用电器及音像器材	1.家庭设备
全国平均	**98.6**	**100.7**	**100.9**	**100.5**	**95.9**	**96.9**
北 京						
天 津						
河 北	93.0	101.5	100.7	102.5	94.1	95.5
山 西	99.5	98.9	99.0	98.7	94.2	95.9
内蒙古	99.5	100.7	100.0	101.7	96.8	97.8
辽 宁	100.0	100.7	100.8	100.6	94.5	95.1
吉 林	98.2	100.3	101.0	99.4	95.3	97.0
黑龙江	100.0	102.7	102.4	103.1	96.5	95.7
上 海						
江 苏	98.0	99.9	100.0	99.7	95.8	96.7
浙 江	97.6	99.9	100.8	98.9	96.2	97.4
安 徽	95.1	104.2	109.6	98.1	95.6	96.4
福 建	98.2	100.5	100.6	100.4	94.9	95.6
江 西	96.5	101.6	102.4	100.9	94.7	96.3
山 东	99.8	99.5	99.5	99.4	96.3	96.0
河 南	99.6	101.3	101.3	101.3	95.6	96.4
湖 北	98.8	100.9	99.4	101.5	97.8	98.8
湖 南	100.1	100.6	100.2	100.9	95.7	97.8
广 东	99.4	100.1	102.0	99.1	97.4	98.5
广 西	100.8	96.2	94.7	97.8	94.2	96.3
海 南	92.2	98.6	99.8	97.6	98.6	99.4
重 庆						
四 川	99.5	100.9	101.2	100.6	97.1	97.9
贵 州	99.2	108.4	99.2	112.3	93.1	94.7
云 南	97.1	98.7	95.2	101.3	96.3	96.7
西 藏	98.9	100.2	98.4	102.0	99.8	100.8
陕 西	99.6	102.0	101.1	102.9	95.1	96.5
甘 肃	99.6	103.7	99.6	108.9	94.7	91.4
青 海	100.0	99.8	99.1	100.5	96.1	96.5
宁 夏	89.8	98.7	99.4	98.2	91.9	94.2
新 疆	98.9	99.6	101.1	97.8	95.3	95.0

2004年各地区农村商品零售价格分类指数(六)

(上年价格=100)

地　区	2.文娱用耐用消费品	3.音像器材	六、文化办公用品	七、日用品	1.日用百货	2.日用杂品
全国平均	**94.7**	**98.1**	**97.9**	**99.9**	**100.6**	**100.5**
北　京						
天　津						
河　北	93.0	96.3	99.4	98.1	98.5	96.2
山　西	92.0	96.9	95.0	98.0	98.8	98.4
内蒙古	95.4	100.0	98.3	99.9	100.7	99.4
辽　宁	93.5	100.0	97.7	99.9	101.9	99.3
吉　林	93.3	95.5	98.6	100.1	99.5	98.6
黑龙江	97.0	100.0	95.2	99.1	100.1	98.4
上　海						
江　苏	94.6	95.1	97.2	99.0	99.4	99.6
浙　江	94.3	97.8	96.4	101.8	102.2	109.1
安　徽	94.0	100.0	97.2	101.1	104.3	100.8
福　建	93.7	98.2	97.9	99.6	100.2	99.1
江　西	93.1	100.0	99.2	100.7	101.5	100.3
山　东	96.5	99.4	98.4	99.5	99.6	98.7
河　南	93.8	101.0	98.4	99.5	100.9	99.5
湖　北	95.4	100.0	99.6	100.3	100.9	102.3
湖　南	95.1	95.8	99.4	100.0	100.0	100.4
广　东	96.5	96.5	97.5	99.7	100.0	98.6
广　西	90.8	99.7	96.4	100.5	101.3	100.2
海　南	97.4	99.6	96.0	98.7	101.3	98.7
重　庆						
四　川	95.7	99.6	98.5	100.4	99.6	102.2
贵　州	90.9	97.9	99.3	103.6	105.8	102.4
云　南	95.3	98.5	97.0	100.2	99.9	103.6
西　藏	98.8	98.7	100.7	99.7	100.9	99.9
陕　西	93.6	98.2	98.8	99.7	99.8	100.9
甘　肃	97.0	100.8	98.9	100.2	100.2	101.1
青　海	95.7	99.3	97.5	98.4	100.2	98.8
宁　夏	89.8	90.8	97.4	99.8	101.9	97.7
新　疆	95.4	98.6	98.0	99.1	98.7	101.2

2004年各地区农村商品零售价格分类指数(七)

(上年价格=100)

城　市	3.洗涤用品	4.其他日用品	八、体育娱乐用品	1.体育用品	2.娱乐用品	九、交通、通信用品
全国平均	**99.5**	**99.1**	**99.1**	**99.4**	**98.9**	**93.3**
北　京						
天　津						
河　北	99.2	97.8	98.4	99.5	97.1	92.6
山　西	96.4	98.7	96.6	92.1	99.6	92.9
内蒙古	99.6	99.7	99.8	100.0	99.7	93.1
辽　宁	98.6	99.0	98.6	100.0	97.3	92.4
吉　林	101.9	99.6	99.0	98.3	99.6	94.7
黑龙江	98.3	99.5	98.2	98.6	97.8	92.9
上　海						
江　苏	98.4	98.8	99.2	99.3	99.1	90.6
浙　江	99.2	97.5	99.2	99.6	98.9	91.9
安　徽	98.9	98.1	99.5	98.4	100.6	95.8
福　建	99.7	98.9	99.3	100.3	98.4	90.1
江　西	101.0	99.1	97.7	98.6	97.1	92.9
山　东	99.5	99.7	99.4	98.2	100.5	93.3
河　南	98.2	99.1	100.3	100.4	100.0	95.3
湖　北	99.1	100.1	99.4	99.8	99.1	96.2
湖　南	99.9	99.8	99.9	100.0	99.8	94.2
广　东	101.2	99.2	100.2	99.9	100.5	93.9
广　西	100.3	99.1	98.3	99.6	96.9	85.8
海　南	100.0	95.7	100.0	100.2	99.7	95.3
重　庆						
四　川	100.2	99.1	99.2	98.9	99.3	94.5
贵　州	103.0	100.8	98.7	99.0	98.1	100.3
云　南	98.6	99.8	102.4	105.3	99.6	88.6
西　藏	95.1	104.6	98.7	98.6	98.8	97.2
陕　西	98.5	100.0	96.7	99.4	94.0	93.2
甘　肃	100.0	99.9	98.2	99.2	97.2	92.8
青　海	95.3	98.4	100.0	101.6	98.6	96.4
宁　夏	101.5	95.3	96.8	97.8	96.1	93.0
新　疆	95.6	100.1	98.5	98.2	98.8	95.3

2004年各地区农村商品零售价格分类指数(八)

(上年价格＝100)

地区	1. 交通运输机械	2. 通讯器材	十、家具	十一、化妆品	十二、金银珠宝	十三、中西药品及医疗保健用品
全国平均	**96.6**	**89.6**	**99.0**	**99.0**	**112.3**	**96.7**
北京						
天津						
河北	96.9	86.9	98.6	98.7	113.2	99.7
山西	96.9	82.5	96.6	97.5	110.9	95.1
内蒙古	96.8	90.2	97.5	99.5	108.0	98.6
辽宁	95.8	86.6	99.4	99.3	111.4	98.0
吉林	96.8	92.6	98.5	98.6	116.6	99.1
黑龙江	95.7	91.4	98.1	98.4	116.0	97.9
上海						
江苏	95.8	86.4	99.5	100.0	110.9	97.6
浙江	94.1	87.8	99.6	99.3	113.7	85.2
安徽	99.0	89.9	99.1	95.7	107.3	95.1
福建	95.6	84.3	99.5	101.0	111.9	96.0
江西	99.2	86.9	97.4	99.0	115.1	90.7
山东	97.5	88.0	98.1	98.9	114.8	98.4
河南	98.3	92.5	98.0	98.5	111.1	98.2
湖北	99.6	93.8	97.9	99.4	114.2	94.0
湖南	94.7	93.6	99.7	99.6	105.2	99.1
广东	94.8	93.0	101.1	99.3	114.4	100.1
广西	91.7	76.8	99.5	99.6	113.0	101.0
海南	95.1	95.4	100.4	100.0	107.6	101.3
重庆						
四川	98.4	89.7	99.7	98.4	108.2	99.8
贵州	101.0	97.0	92.2	99.1	112.7	97.8
云南	97.2	74.4	101.4	100.2	115.3	98.6
西藏	98.7	95.8	99.6	98.2	102.9	98.9
陕西	99.3	87.5	98.7	99.7	119.9	95.8
甘肃	99.2	88.3	98.3	96.3	111.2	95.3
青海	101.0	92.4	97.1	95.3	112.9	96.4
宁夏	103.6	83.7	94.3	97.6	114.8	95.5
新疆	98.8	91.2	97.8	99.2	111.5	95.0

2004年各地区农村商品零售价格分类指数(九)

(上年价格=100)

地区	1.医疗器具及用品	2.中药材及中成药	3.西药	4.保健器具及用品	十四、书报杂志及电子出版物	1.教材及参考书	2.书报杂志
全国平均	**101.7**	**97.9**	**95.0**	**98.0**	**101.4**	**103.1**	**100.7**
北京							
天津							
河北	95.7	102.3	98.3	99.3	102.4	105.1	101.2
山西	98.9	94.7	94.9	98.0	105.9	115.2	98.9
内蒙古	100.6	101.3	96.5	99.5	99.7	99.6	100.0
辽宁	105.4	97.1	97.8	97.6	100.7	101.4	100.5
吉林	105.5	98.6	98.7	98.9	100.7	105.0	101.9
黑龙江	101.9	100.4	95.0	97.6	101.3	102.3	100.4
上海							
江苏	102.7	102.0	93.3	100.1	100.2	101.6	101.3
浙江	98.1	87.6	80.3	93.8	99.8	99.5	101.2
安徽	92.6	92.5	96.0	102.1	101.5	104.0	99.7
福建	102.0	95.6	95.2	97.2	104.6	111.5	100.8
江西	99.7	92.4	87.6	96.2	100.7	101.3	100.8
山东	101.2	99.4	97.2	99.1	101.7	103.7	100.2
河南	101.1	98.7	97.5	98.9	101.1	102.3	100.1
湖北	98.2	89.7	96.0	97.2	102.1	103.3	100.4
湖南	95.8	102.7	97.7	100.5	100.9	100.4	101.0
广东	104.0	104.7	97.1	97.2	100.3	100.8	100.4
广西	104.6	101.0	100.5	100.0	102.3	104.2	102.1
海南	101.8	96.0	104.9	100.4	99.8	99.1	100.5
重庆							
四川	104.4	102.6	96.3	99.0	103.2	104.9	100.9
贵州	94.3	101.0	96.2	99.1	104.1	108.0	100.4
云南	123.2	95.9	96.0	98.9	100.3	101.7	100.3
西藏	104.2	101.6	96.3	96.3	101.0	100.0	99.9
陕西	98.4	94.4	96.3	98.6	100.3	100.8	100.2
甘肃	100.8	90.3	98.7	94.5	98.5	100.7	100.4
青海	97.7	103.9	91.4	91.2	99.4	99.0	100.2
宁夏	105.7	97.9	92.1	93.9	101.6	103.2	99.4
新疆	98.9	97.2	91.8	97.5	100.3	98.8	106.1

2004年各地区农村商品零售价格分类指数(十)

(上年价格=100)

地　　区	3. 电子音像制品	十五、燃料	1. 煤炭及制品	2. 石油及制品	十六、建筑材料及五金电料	1. 建筑装璜材料	2. 五金电料
全国平均	**98.6**	**114.1**	**120.6**	**111.2**	**104.6**	**105.2**	**102.5**
北　京							
天　津							
河　北	98.7	121.4	136.5	111.6	102.4	102.5	102.0
山　西	99.7	125.4	144.2	112.1	106.4	106.3	106.8
内蒙古	99.1	116.9	125.3	111.2	102.2	102.4	101.6
辽　宁	99.5	115.7	121.5	112.8	103.3	103.5	102.8
吉　林	91.5	108.3	110.5	106.9	103.9	100.4	111.3
黑龙江	100.0	107.3	103.0	112.7	105.9	107.0	103.4
上　海							
江　苏	96.5	112.9	128.3	109.6	104.6	105.8	100.1
浙　江	97.8	112.0	112.0	112.0	103.8	104.1	102.8
安　徽	100.0	113.3	119.2	110.8	101.8	102.3	100.0
福　建	99.1	113.1	111.4	113.5	104.4	104.9	102.1
江　西	97.8	112.1	112.7	111.6	105.8	105.3	107.9
山　东	100.1	117.7	126.3	111.6	106.9	107.7	104.3
河　南	99.6	121.4	133.2	111.8	107.9	109.5	102.1
湖　北	100.6	110.8	116.4	109.3	107.2	109.2	102.5
湖　南	102.0	110.0	108.2	111.2	102.8	103.1	101.0
广　东	99.0	112.3	111.2	112.3	104.8	106.0	100.3
广　西	98.4	112.2	109.1	112.6	104.7	104.5	105.6
海　南	100.0	107.6	99.8	108.1	103.3	104.2	99.3
重　庆							
四　川	99.3	110.5	114.2	106.7	102.3	102.4	101.6
贵　州	99.9	115.3	122.6	110.1	101.4	101.2	102.9
云　南	96.6	113.0	120.6	108.8	103.6	104.1	101.9
西　藏	103.1	101.6	98.3	103.3	99.3	100.3	97.7
陕　西	99.5	118.1	127.2	115.1	103.8	104.7	101.7
甘　肃	93.5	108.7	108.8	108.8	101.7	101.8	101.6
青　海	99.4	112.1	115.1	109.5	100.0	100.1	99.5
宁　夏	98.7	118.8	125.6	111.7	107.0	105.8	109.1
新　疆	95.8	108.7	106.7	110.9	101.8	101.4	102.7

2004年36个大中城市商品零售价格分类指数(一)

(上年价格=100)

城市	总指数	一、食品	1.粮食	2.淀粉及薯类	3.干豆类及豆制品	4.油脂
平均指数	**101.0**	**107.3**	**122.9**	**104.1**	**118.8**	**114.4**
北京	99.2	105.1	120.6	102.1	117.2	117.0
天津	100.8	110.2	123.7	102.3	119.9	120.1
石家庄	101.3	104.9	124.8	105.5	131.6	117.3
太原	102.0	108.0	126.9	114.0	124.7	120.9
呼和浩特	101.7	106.2	116.5	97.0	128.9	114.7
沈阳	100.7	106.8	126.1	104.0	128.3	108.6
大连	101.5	107.0	118.1	99.8	119.7	111.6
长春	102.7	108.0	125.9	100.0	113.1	109.2
哈尔滨	100.9	104.6	112.5	106.7	113.5	115.3
上海	100.9	108.6	128.8	107.2	124.8	114.4
南京	98.1	106.7	135.4	105.6	118.1	112.2
杭州	101.6	110.5	123.3	102.4	117.0	114.9
宁波	102.0	107.8	132.1	109.1	116.7	114.6
合肥	100.8	106.5	136.9	92.6	120.1	112.2
福州	102.4	110.3	116.8	100.1	109.1	111.2
厦门	100.8	108.2	115.9	106.7	121.2	112.3
南昌	101.3	107.1	119.4	116.9	117.0	110.1
济南	100.6	107.4	124.0	107.3	132.9	130.7
青岛	99.0	103.9	114.0	105.8	133.1	114.8
郑州	105.6	115.8	131.7	110.3	129.6	121.2
武汉	101.0	107.4	124.9	102.1	112.4	115.2
长沙	101.3	105.6	121.3	100.0	122.8	113.4
广州	102.1	106.0	113.9	107.3	101.8	108.3
深圳	100.7	106.1	112.7	100.8	108.7	111.6
南宁	102.7	110.1	128.2	118.6	121.7	111.3
海口	102.6	108.5	115.6	104.6	111.9	100.7
重庆	101.4	111.2	127.1	129.4	116.0	121.4
成都	101.4	107.6	120.8	95.4	116.4	115.1
贵阳	100.4	109.3	127.9	98.8	120.8	113.7
昆明	104.6	115.5	130.4	94.3	110.3	110.9
拉萨	100.0	102.9	111.5	101.2	106.6	107.1
西安	101.9	107.0	123.9	112.7	121.6	111.5
兰州	101.0	105.2	114.8	117.2	111.3	110.9
西宁	103.2	106.3	113.4	114.8	130.2	116.8
银川	102.0	109.8	119.0	105.0	116.2	115.5
乌鲁木齐	101.1	102.0	115.2	101.6	123.1	105.0

2004年36个大中城市商品零售价格分类指数(二)

(上年价格=100)

城市	5.肉禽及其制品	6.蛋	7.水产品	8.菜	9.调味品	10.糖
平均指数	**114.9**	**120.0**	**109.3**	**94.6**	**102.9**	**101.3**
北京	110.1	112.7	107.1	95.2	99.3	100.6
天津	113.9	123.8	131.6	94.5	104.3	99.8
石家庄	114.3	124.6	111.4	85.9	102.3	97.7
太原	118.9	122.3	124.1	74.7	109.4	101.1
呼和浩特	112.2	113.6	117.1	80.3	100.0	104.4
沈阳	113.4	122.3	107.1	89.9	102.4	99.0
大连	114.3	123.4	107.5	95.8	102.9	101.6
长春	117.0	120.5	108.9	91.8	111.6	100.5
哈尔滨	111.7	110.1	106.7	93.5	103.3	95.6
上海	117.6	118.6	107.7	95.5	103.0	103.1
南京	116.6	119.2	105.3	88.7	104.9	103.7
杭州	124.0	121.0	113.9	97.5	105.9	102.8
宁波	114.9	122.4	100.9	94.0	104.2	102.7
合肥	112.8	117.6	116.0	78.7	98.3	100.2
福州	113.4	124.9	107.3	119.7	100.6	101.3
厦门	116.3	122.6	106.4	106.5	100.1	98.2
南昌	118.5	131.3	118.4	81.8	99.5	103.9
济南	116.1	120.2	109.2	87.4	103.2	99.7
青岛	113.5	127.5	98.4	98.4	99.4	102.2
郑州	121.4	130.4	123.1	108.3	99.6	97.4
武汉	113.7	117.2	127.6	90.5	102.8	100.8
长沙	118.8	119.6	115.6	81.5	100.5	104.3
广州	110.4	121.7	107.9	104.9	101.9	100.8
深圳	107.5	112.8	110.6	103.1	100.6	99.1
南宁	116.7	118.7	111.0	102.2	103.1	98.6
海口	119.8	110.7	108.5	108.2	99.5	106.5
重庆	121.5	117.2	112.3	112.6	102.5	103.1
成都	118.5	119.3	118.7	88.1	107.0	105.4
贵阳	122.4	116.8	113.9	94.5	104.6	95.3
昆明	126.9	118.2	116.2	116.4	100.4	106.5
拉萨	107.4	93.8	111.1	94.0	93.4	94.2
西安	119.3	123.1	116.4	81.2	106.0	107.0
兰州	113.6	127.7	113.3	87.8	104.7	102.8
西宁	113.4	119.5	117.6	89.7	100.2	98.9
银川	116.5	123.5	122.2	101.7	100.7	100.3
乌鲁木齐	107.5	116.2	118.3	83.0	100.3	100.2

2004年36个大中城市商品零售价格分类指数(三)

(上年价格=100)

城　市	11.干鲜瓜果	12.糕点饼干面包	13.奶　及奶制品	14.在外用膳食品	15.其他食品	二、饮料、烟酒
平均指数	**103.4**	**102.1**	**99.3**	**102.8**	**100.7**	**100.5**
北　京	102.3	101.8	98.8	105.0	102.5	100.2
天　津	109.2	105.9	100.0	103.9	101.9	102.3
石家庄	91.1	100.7	98.8	100.4	96.3	101.0
太　原	114.1	104.1	103.2	102.0	99.2	102.6
呼和浩特	97.3	106.0	98.4	110.1	100.0	101.6
沈　阳	100.3	103.1	94.0	100.4	99.3	99.3
大　连	107.0	107.7	97.7	100.3	99.4	101.0
长　春	102.4	100.0	100.6	100.8	99.6	102.2
哈尔滨	94.3	102.9	100.0	104.6	105.1	101.7
上　海	118.3	100.9	99.6	103.1	96.9	98.8
南　京	112.8	105.1	101.1	98.2	104.6	98.0
杭　州	106.8	102.6	98.3	102.5	105.1	100.1
宁　波	112.2	102.0	100.0	109.6	98.8	101.5
合　肥	103.2	99.7	95.5	103.4	101.1	100.0
福　州	102.2	99.1	96.3	107.9	99.4	98.9
厦　门	98.1	101.3	98.2	103.7	101.5	101.9
南　昌	102.9	102.1	100.4	100.0	103.4	100.2
济　南	107.0	101.2	100.1	103.9	100.7	103.4
青　岛	106.3	98.4	97.0	96.2	98.6	102.2
郑　州	104.5	102.3	101.1	100.3	100.7	101.5
武　汉	106.5	101.9	99.9	100.8	103.6	101.2
长　沙	95.0	117.2	107.4	99.8	107.7	101.0
广　州	102.8	102.7	99.2	101.8	100.9	102.3
深　圳	101.6	104.8	99.6	105.2	101.9	100.0
南　宁	102.1	101.0	102.6	101.1	99.1	100.6
海　口	109.8	100.3	101.8	96.6	100.7	98.4
重　庆	99.6	101.4	100.1	100.1	101.2	101.4
成　都	100.7	100.6	94.6	102.9	100.2	101.0
贵　阳	102.3	101.9	100.6	103.4	97.4	100.0
昆　明	103.6	106.3	106.6	105.1	106.2	102.2
拉　萨	103.6	86.4	106.4	98.3	100.0	100.8
西　安	101.6	98.3	100.0	101.2	95.9	102.3
兰　州	103.0	98.6	99.7	101.7	105.0	99.5
西　宁	97.4	108.4	103.5	102.2	102.3	102.6
银　川	106.8	102.7	100.1	104.6	102.2	104.0
乌鲁木齐	103.9	99.4	100.5	99.8	97.5	99.1

2004年36个大中城市商品零售价格分类指数(四)

(上年价格=100)

城市	1.茶及饮料	2.烟草	3.酒	三、服装、鞋帽	1.服装	2.鞋袜帽
平均指数	**99.8**	**99.5**	**102.7**	**97.8**	**97.8**	**97.6**
北京	99.0	99.3	103.5	98.9	98.0	101.1
天津	99.7	101.5	106.0	91.7	92.6	88.9
石家庄	100.6	97.9	104.1	98.1	99.7	93.9
太原	102.3	101.6	107.6	99.2	98.3	101.2
呼和浩特	98.6	101.0	105.1	102.0	101.9	102.6
沈阳	98.8	97.2	102.9	98.6	98.1	100.0
大连	99.9	102.4	101.4	100.5	100.3	100.7
长春	100.7	102.6	102.6	100.9	99.5	104.1
哈尔滨	100.0	100.0	103.9	98.0	98.8	94.3
上海	99.9	96.9	101.8	93.9	94.5	92.4
南京	97.4	98.4	97.8	101.1	100.0	105.0
杭州	98.4	100.3	100.3	96.3	98.5	90.9
宁波	100.4	102.4	100.0	98.2	97.8	99.6
合肥	102.7	98.0	102.7	93.1	93.5	91.2
福州	99.7	101.9	94.2	98.9	98.9	98.2
厦门	101.4	102.4	101.6	94.2	94.2	94.7
南昌	99.3	100.6	100.2	99.2	99.2	98.5
济南	98.8	100.4	109.3	100.4	99.6	101.3
青岛	105.0	101.1	101.0	98.5	99.4	94.7
郑州	99.9	102.1	102.1	100.3	100.4	100.0
武汉	98.7	101.0	104.5	99.8	100.3	97.9
长沙	104.1	98.7	102.8	103.6	105.6	97.0
广州	101.0	102.1	104.8	99.2	100.9	93.9
深圳	100.8	98.7	102.1	98.2	99.4	98.8
南宁	98.7	99.2	103.2	98.2	95.7	103.7
海口	96.7	99.0	101.8	99.1	98.6	99.4
重庆	101.9	98.5	106.0	91.1	93.4	84.4
成都	98.3	99.2	105.1	97.3	97.6	96.0
贵阳	100.0	100.0	100.0	85.5	82.5	91.0
昆明	101.0	102.7	103.0	99.6	100.3	99.1
拉萨	101.3	99.6	101.9	100.1	100.4	100.0
西安	101.2	101.7	104.2	103.6	102.4	106.4
兰州	99.0	98.9	100.5	97.9	96.7	100.5
西宁	102.2	101.0	105.0	103.5	103.1	104.9
银川	100.3	103.8	107.4	99.5	102.0	94.8
乌鲁木齐	100.2	96.6	102.4	99.1	101.7	93.7

2004年36个大中城市商品零售价格分类指数(五)

(上年价格=100)

城　市	3.其他	四、纺织品	1.衣着材料	2.床上用品	五、家用电器及音像器材	1.家庭设备
平均指数	**98.6**	**99.9**	**100.5**	**99.5**	**93.3**	**95.2**
北　京	103.7	99.0	98.8	99.1	94.3	94.5
天　津	95.7	94.5	100.6	88.4	93.5	96.1
石家庄	88.9	101.6	102.8	101.1	92.2	95.6
太　原	100.6	100.4	97.6	102.2	97.5	99.8
呼和浩特	100.7	102.2	105.0	101.1	90.2	93.6
沈　阳	98.3	95.0	98.9	93.2	91.5	94.0
大　连	109.3	94.5	100.5	92.4	91.8	95.5
长　春	100.0	99.4	100.0	99.1	95.1	98.7
哈尔滨	103.9	98.1	97.8	98.4	91.3	94.1
上　海	88.8	102.2	101.2	102.5	93.4	94.5
南　京	98.6	101.5	105.0	99.3	87.1	92.7
杭　州	97.4	89.8	100.7	81.5	95.2	97.5
宁　波	90.3	103.9	102.3	104.7	97.9	97.5
合　肥	100.2	99.9	100.3	99.6	91.8	94.1
福　州	102.2	99.9	100.0	99.5	96.5	97.0
厦　门	76.6	98.9	100.0	98.8	94.3	95.0
南　昌	104.5	103.7	107.3	100.7	95.2	98.0
济　南	122.0	102.6	100.6	103.6	93.9	94.2
青　岛	103.7	95.0	97.0	94.6	91.4	93.6
郑　州	100.0	100.1	100.0	100.5	94.4	93.8
武　汉	100.2	99.5	100.7	98.8	88.9	93.6
长　沙	106.7	103.0	103.7	102.5	96.4	95.9
广　州	103.2	100.4	101.8	99.2	94.6	96.1
深　圳	90.9	96.4	97.2	95.7	93.4	94.3
南　宁	97.9	99.9	100.0	99.9	95.0	100.2
海　口	101.2	106.6	101.3	109.4	94.6	98.1
重　庆	87.5	99.8	101.8	99.1	93.0	93.7
成　都	103.2	98.9	101.8	97.9	94.4	94.5
贵　阳	105.6	95.6	99.1	94.4	94.0	97.1
昆　明	83.5	98.7	99.8	98.3	94.4	96.7
拉　萨	98.5	101.4	99.7	103.3	97.5	97.1
西　安	92.3	103.5	97.0	105.1	94.0	97.4
兰　州	100.0	99.2	98.4	99.8	96.1	98.7
西　宁	100.9	100.0	99.2	100.7	94.1	97.0
银　川	99.9	98.9	101.0	97.8	92.0	96.3
乌鲁木齐	100.0	101.3	101.9	101.0	96.2	98.5

2004年36个大中城市商品零售价格分类指数(六)

(上年价格=100)

城　市	2.文娱用耐用消费品	3.音像器材	六、文化办公用品	七、日用品	1.日用百货	2.日用杂品
平均指数	**89.4**	**96.0**	**96.0**	**99.4**	**99.2**	**100.1**
北　京	91.8	97.1	98.1	99.6	98.7	99.9
天　津	87.3	98.4	96.2	100.3	101.6	98.1
石家庄	86.9	99.2	97.8	98.2	97.4	100.2
太　原	93.3	99.7	98.3	98.9	99.2	100.5
呼和浩特	86.2	100.0	90.1	99.4	98.3	100.0
沈　阳	87.2	99.9	95.8	98.6	98.4	100.1
大　连	87.3	94.8	96.3	100.2	99.0	106.9
长　春	87.8	100.0	98.5	100.6	101.2	100.0
哈尔滨	86.1	97.9	96.2	101.9	104.1	100.0
上　海	89.5	97.7	91.9	98.4	97.7	99.1
南　京	81.1	86.6	92.1	98.5	99.3	99.8
杭　州	88.4	100.2	96.6	99.9	101.8	101.3
宁　波	99.1	96.8	98.7	100.8	100.3	99.5
合　肥	87.2	100.0	97.4	98.9	99.4	100.7
福　州	94.8	99.3	98.5	98.0	99.6	100.8
厦　门	92.0	98.7	96.0	99.0	100.2	100.5
南　昌	95.0	81.4	92.4	99.9	100.1	100.3
济　南	91.2	100.1	94.4	98.3	100.0	99.1
青　岛	88.5	91.6	108.8	95.3	97.5	98.0
郑　州	95.8	90.8	96.7	100.2	100.4	101.0
武　汉	83.7	98.8	95.5	98.0	99.5	100.1
长　沙	96.4	100.4	98.2	100.7	100.7	99.8
广　州	92.1	95.5	93.1	102.2	101.2	100.5
深　圳	89.0	97.9	97.2	100.3	98.4	103.0
南　宁	87.0	98.9	96.2	99.9	97.8	99.3
海　口	88.2	100.0	98.2	100.4	102.1	102.6
重　庆	90.7	97.4	98.2	99.9	98.4	98.7
成　都	90.8	100.0	93.4	98.9	100.4	100.2
贵　阳	88.3	100.0	100.0	100.3	100.4	100.0
昆　明	92.0	97.6	94.7	97.5	98.7	100.5
拉　萨	97.9	96.9	98.3	97.8	98.8	99.6
西　安	86.1	100.0	97.5	100.9	98.6	109.4
兰　州	95.7	87.9	92.8	100.0	100.1	99.5
西　宁	87.9	105.0	98.1	101.7	99.6	101.9
银　川	83.2	100.0	91.6	98.3	95.0	98.4
乌鲁木齐	93.0	98.8	97.0	97.8	98.1	97.4

2004年36个大中城市商品零售价格分类指数(七)

(上年价格=100)

城　市	3. 洗涤用品	4. 其他日用品	八、体育娱乐用品	1. 体育用品	2. 娱乐用品	九、交通、通信用品
平均指数	**98.7**	**99.9**	**97.2**	**99.3**	**95.7**	**90.8**
北　京	98.8	101.7	98.2	99.0	97.1	90.8
天　津	100.1	99.5	95.3	98.7	93.1	87.8
石家庄	97.0	98.5	90.4	79.7	97.1	90.3
太　原	96.9	99.3	98.0	97.8	98.1	86.0
呼和浩特	99.5	100.0	94.6	100.0	89.0	89.1
沈　阳	97.5	99.3	98.5	99.8	97.8	89.3
大　连	100.9	98.4	104.6	115.3	91.4	92.2
长　春	100.9	99.9	96.0	93.8	97.7	91.1
哈尔滨	99.2	102.9	96.8	100.1	94.8	89.9
上　海	98.9	98.3	96.8	101.1	94.2	90.2
南　京	97.8	97.5	85.8	91.4	84.5	88.5
杭　州	96.1	99.2	97.9	100.2	97.1	90.6
宁　波	103.7	100.7	97.3	100.9	96.3	91.7
合　肥	97.5	98.2	99.6	99.6	99.5	92.7
福　州	95.0	96.7	100.0	100.0	100.0	94.1
厦　门	99.5	97.3	100.4	100.8	100.2	82.6
南　昌	101.0	97.5	99.6	100.0	99.2	89.6
济　南	98.7	96.1	98.3	96.7	99.4	91.7
青　岛	98.2	93.5	99.1	104.1	96.6	89.8
郑　州	100.1	99.7	100.2	100.1	100.3	98.2
武　汉	96.9	97.2	98.1	100.0	93.9	86.6
长　沙	98.5	104.3	95.8	95.7	95.9	91.7
广　州	102.2	104.3	99.6	100.5	99.1	93.9
深　圳	95.5	105.0	101.3	101.3	101.3	87.4
南　宁	97.2	106.3	99.4	100.0	98.8	93.4
海　口	94.0	101.9	99.3	100.0	99.1	93.5
重　庆	102.5	99.7	96.7	99.6	94.2	89.6
成　都	98.5	95.9	95.2	98.8	94.5	92.5
贵　阳	101.6	98.2	99.0	100.0	98.3	91.6
昆　明	94.8	101.9	95.5	95.2	95.6	92.3
拉　萨	97.3	95.5	98.1	99.2	97.1	96.3
西　安	99.2	101.4	92.5	96.8	90.1	93.7
兰　州	100.0	99.6	96.8	94.3	98.8	85.4
西　宁	101.2	106.8	101.4	99.7	102.6	94.5
银　川	99.2	100.6	91.2	97.2	87.3	83.5
乌鲁木齐	98.7	95.2	94.6	93.1	95.9	92.9

2004年36个大中城市商品零售价格分类指数(八)

(上年价格=100)

城市	1. 交通运输机械	2. 通讯器材	十、家具	十一、化妆品	十二、金银珠宝	十三、中西药品及医疗保健用品
平均指数	**94.5**	**81.0**	**98.7**	**98.9**	**111.2**	**96.9**
北京	93.0	75.8	98.3	98.6	111.5	98.2
天津	93.0	72.2	99.9	100.9	119.1	86.9
石家庄	96.2	84.8	103.3	98.6	112.4	99.8
太原	92.1	79.4	105.9	96.0	105.1	98.6
呼和浩特	93.4	85.4	100.0	100.6	108.7	102.0
沈阳	96.1	76.7	99.3	98.9	110.2	100.4
大连	93.7	73.7	103.1	102.8	115.4	89.6
长春	96.2	88.1	100.0	99.0	118.9	94.8
哈尔滨	96.1	83.5	97.0	97.7	109.1	105.5
上海	95.2	71.3	98.2	99.0	107.9	95.6
南京	96.7	70.0	98.5	100.1	115.2	100.3
杭州	92.4	80.2	94.2	95.1	103.8	96.0
宁波	91.7	91.7	99.7	100.6	115.8	92.3
合肥	95.3	82.9	99.9	100.8	114.8	93.1
福州	96.9	79.6	98.0	97.2	109.1	94.2
厦门	85.3	72.6	99.9	99.6	103.1	97.5
南昌	93.8	83.3	98.6	99.4	111.9	91.3
济南	96.2	75.1	98.4	99.6	106.0	98.8
青岛	96.9	71.1	101.9	94.1	103.0	93.7
郑州	97.3	100.4	100.1	97.5	105.2	98.3
武汉	95.3	78.4	96.1	99.3	113.4	97.6
长沙	97.0	84.6	99.4	99.9	113.1	98.0
广州	97.2	88.7	98.6	96.6	110.4	99.5
深圳	89.8	83.8	94.8	99.6	116.1	101.9
南宁	95.8	89.2	96.2	103.3	101.8	98.3
海口	97.8	88.8	98.5	103.0	112.7	98.0
重庆	97.6	81.1	99.7	101.8	106.5	93.2
成都	93.5	89.1	99.7	99.8	109.7	99.7
贵阳	92.2	91.7	100.0	101.1	120.6	99.7
昆明	92.7	91.6	100.0	98.0	109.3	100.2
拉萨	97.2	95.3	98.4	100.0	100.1	100.0
西安	97.7	73.6	95.9	94.4	114.3	92.9
兰州	95.6	77.4	97.1	98.4	120.1	97.3
西宁	97.2	83.6	100.8	101.2	109.4	94.2
银川	89.8	74.7	89.6	96.2	119.3	97.0
乌鲁木齐	92.7	93.1	98.3	98.9	109.7	101.7

2004年36个大中城市商品零售价格分类指数(九)

(上年价格=100)

城市	1.医疗器具及用品	2.中药材及中成药	3.西药	4.保健器具及用品	十四、书报杂志及电子出版物	1.教材及参考书	2.书报杂志
平均指数	**100.9**	**99.6**	**94.1**	**99.2**	**100.5**	**102.5**	**100.4**
北京	105.5	97.8	97.4	98.4	99.0	97.4	100.3
天津	100.0	94.0	81.1	93.4	99.5	97.0	100.5
石家庄	107.9	99.0	99.0	96.7	101.7	103.7	100.0
太原	107.5	96.1	98.6	101.1	104.8	110.0	100.0
呼和浩特	96.9	118.9	86.8	98.6	104.3	108.5	100.0
沈阳	93.6	104.0	99.5	100.0	100.6	104.6	100.0
大连	105.2	88.6	87.7	92.3	100.2	101.4	100.0
长春	102.6	96.6	92.5	100.9	103.0	106.2	100.0
哈尔滨	95.6	121.0	97.3	103.2	101.3	103.9	100.0
上海	102.8	101.2	89.9	100.9	99.6	100.5	100.0
南京	100.6	99.8	99.8	101.3	100.4	96.8	100.9
杭州	104.4	104.2	87.2	97.6	99.5	98.3	100.0
宁波	99.6	100.8	86.6	90.1	100.2	99.3	100.8
合肥	100.0	103.1	84.5	97.4	104.6	112.3	98.6
福州	95.6	95.9	90.5	104.1	103.6	109.7	101.5
厦门	101.8	99.9	95.7	100.2	103.7	115.1	100.0
南昌	95.6	89.9	88.1	98.9	100.6	100.7	100.6
济南	101.2	97.8	98.6	101.4	102.2	112.7	100.0
青岛	104.6	93.0	92.5	96.7	98.7	103.0	100.0
郑州	105.3	96.6	98.0	99.3	100.1	100.2	100.0
武汉	94.3	98.7	96.5	101.4	100.1	99.7	100.4
长沙	97.2	99.6	96.6	98.6	100.4	102.4	101.0
广州	97.7	101.0	98.6	100.5	100.2	109.9	100.0
深圳	100.2	106.1	99.7	101.0	100.5	101.3	100.5
南宁	105.2	99.1	96.5	99.8	101.0	99.9	102.5
海口	103.6	98.0	97.2	99.5	98.9	96.9	100.0
重庆	101.8	94.3	91.9	95.9	101.1	101.9	100.6
成都	98.9	100.3	100.4	94.3	100.5	101.4	100.0
贵阳	108.0	100.8	98.4	100.8	100.8	100.8	101.1
昆明	114.3	101.3	96.9	103.5	101.0	100.4	103.0
拉萨	98.0	99.5	100.4	101.1	99.7	99.8	100.0
西安	99.9	100.1	88.1	92.5	99.4	99.6	100.0
兰州	103.3	96.7	95.6	100.7	99.1	106.4	100.0
西宁	115.1	88.6	96.5	103.3	101.3	103.3	100.0
银川	108.0	97.6	93.9	103.0	100.6	102.2	100.0
乌鲁木齐	100.0	98.8	103.4	103.7	99.9	101.3	101.5

2004年36个大中城市商品零售价格分类指数(十)

(上年价格=100)

城　市	3.电子音像制品	十五、燃料	1.煤炭及制品	2.石油及制品	十六、建筑材料及五金电料	1.建筑装璜材料	2.五金电料
平均指数	**97.9**	**109.6**	**111.9**	**109.3**	**102.7**	**103.2**	**101.6**
北　京	97.6	107.9	119.7	107.2	99.4	98.6	101.1
天　津	104.3	110.5	124.3	109.7	100.6	100.7	100.0
石家庄	100.5	110.8	116.6	108.2	101.6	102.4	98.4
太　原	99.2	108.1	97.7	113.2	100.9	98.6	104.5
呼和浩特	99.8	113.9	116.1	113.1	100.3	100.4	100.0
沈　阳	96.6	107.5	100.9	107.8	100.3	101.4	97.2
大　连	95.5	109.8	120.4	109.4	102.0	105.7	99.8
长　春	100.0	107.1	105.5	108.3	100.0	101.2	95.9
哈尔滨	99.8	108.6	108.3	108.7	100.3	99.9	102.8
上　海	96.2	107.0	112.4	106.9	104.7	104.1	106.9
南　京	101.2	109.8	109.7	109.9	101.8	105.3	96.2
杭　州	100.0	113.6	130.0	109.8	106.4	109.7	100.8
宁　波	100.0	114.9	137.9	110.9	103.7	103.6	103.8
合　肥	100.0	109.4	109.2	109.4	104.4	104.5	104.1
福　州	99.7	107.9	102.8	108.2	99.1	98.7	101.4
厦　门	95.7	110.7	100.0	111.0	101.0	101.3	100.5
南　昌	100.6	109.2	101.3	109.9	100.2	99.2	103.1
济　南	98.3	109.8	117.7	106.7	103.5	103.6	103.1
青　岛	92.9	110.0	116.9	109.6	102.0	101.0	103.7
郑　州	100.0	112.6	133.6	108.8	104.1	105.1	100.0
武　汉	99.7	108.3	105.0	108.6	108.8	112.1	102.6
长　沙	98.1	109.8	111.6	109.6	106.3	108.0	101.9
广　州	95.0	111.0	110.1	111.1	103.7	105.1	100.0
深　圳	100.3	109.3	105.9	109.4	104.3	106.9	101.0
南　宁	100.0	111.2	103.2	112.0	104.6	105.8	100.0
海　口	98.9	104.5	114.3	103.6	110.7	108.1	117.4
重　庆	100.8	106.2	125.1	105.3	99.0	97.6	100.9
成　都	100.0	106.3	100.0	106.7	100.2	100.3	100.0
贵　阳	100.0	108.9	117.0	108.0	100.6	100.7	100.0
昆　明	98.6	110.5	113.0	110.4	104.8	105.6	100.0
拉　萨	99.2	102.1	100.0	102.8	99.2	98.8	100.0
西　安	97.4	110.0	122.2	108.6	100.6	99.8	104.4
兰　州	85.8	108.3	112.5	106.4	104.6	106.6	101.1
西　宁	103.1	110.4	102.6	112.9	102.9	106.5	97.8
银　川	98.4	107.0	109.1	106.8	103.0	103.6	101.5
乌鲁木齐	92.8	109.9	91.7	113.1	103.3	103.0	104.0

2004年各地区农业生产资料价格分类指数(一)

(上年价格=100)

地　区	农业生产资料价格指数	一、小农具	二、饲　料	三、产品畜	四、役畜
全国平均	**110.6**	**104.3**	**116.5**	**127.6**	**109.2**
北　京					
天　津					
河　北	106.7	99.6	110.7	124.4	100.4
山　西	107.3	110.3	90.6	140.6	107.2
内蒙古	109.5	96.3	115.3	138.8	106.1
辽　宁	113.3	107.6	127.0	125.3	107.3
吉　林	106.3	102.8	102.1	115.2	142.8
黑龙江	112.0	103.9	117.0	113.1	100.4
上　海					
江　苏	112.3	101.3	117.5	130.5	102.0
浙　江	113.2	103.4	120.1	134.7	108.3
安　徽	112.0	103.7	123.4	114.9	127.7
福　建	112.5	108.8	120.3	121.3	115.1
江　西	110.7	106.8	116.5	123.1	117.6
山　东	110.2	103.0	114.3	118.4	102.7
河　南	111.4	103.9	114.2	123.2	104.8
湖　北	111.3	107.8	125.4	125.4	102.6
湖　南	112.1	107.4	109.7	133.0	112.2
广　东	109.4	101.2	116.0	127.3	106.4
广　西	115.3	120.9	113.8	130.3	186.8
海　南	111.3	98.8	106.1	129.1	109.3
重　庆					
四　川	110.9	106.8	111.9	133.7	106.5
贵　州	109.0	106.3	116.3	128.5	119.1
云　南	106.3	107.9	113.7	107.4	114.2
西　藏	101.3	103.4	101.6	99.5	100.3
陕　西	111.6	104.5	124.7	132.9	97.2
甘　肃	107.4	106.2	113.3	118.3	107.0
青　海	109.2	105.6	113.4	110.0	100.0
宁　夏	113.5	107.8	118.0	153.4	101.6
新　疆	107.3	108.3	116.4	111.1	103.9

2004年各地区农业生产资料价格分类指数(二)

(上年价格=100)

地区	五、半机械化农具	六、机械化农具	七、化学肥料	八、农药及农药械	(一)化学农药
全国平均	**102.1**	**102.2**	**112.8**	**103.0**	**103.3**
北京					
天津					
河北	99.7	99.1	106.4	102.9	103.3
山西	102.2	101.4	110.4	96.5	95.7
内蒙古	98.7	103.9	109.0	101.9	102.4
辽宁	101.6	105.3	111.1	98.9	98.7
吉林	97.1	98.7	107.0	100.6	100.7
黑龙江	101.1	100.6	110.2	123.4	126.7
上海					
江苏	98.5	104.4	113.8	103.8	104.3
浙江	100.3	103.3	115.4	104.1	104.2
安徽	101.6	104.2	115.9	99.6	99.9
福建	104.4	104.9	116.2	102.5	102.3
江西	105.2	104.0	116.4	105.2	106.0
山东	101.6	100.3	117.1	103.1	103.8
河南	104.4	103.3	116.8	102.7	102.6
湖北	106.3	104.5	114.0	101.3	101.1
湖南	104.5	101.7	116.7	99.4	98.9
广东	102.2	102.0	111.7	102.3	102.8
广西	106.7	106.7	114.2	109.5	107.7
海南	104.7	103.0	118.9	104.2	104.0
重庆					
四川	102.9	102.2	111.3	101.7	102.0
贵州	98.9	108.9	105.7	106.6	108.4
云南	105.6	102.3	104.3	98.7	98.7
西藏	100.0	100.0	104.0	99.1	100.0
陕西	102.1	103.2	115.6	104.0	104.4
甘肃	102.5	83.2	115.1	92.3	93.5
青海	118.4	105.8	111.4	98.5	99.1
宁夏	99.9	108.2	113.6	102.6	104.2
新疆	102.0	99.9	109.7	100.7	98.6

2004年各地区农业生产资料价格分类指数(三)

(上年价格=100)

地　区	(二)农药器械	九、农用机油	十、其他农业生产资料	(一)农用种子	(二)其他
全国平均	**100.8**	**108.4**	**106.3**	**107.6**	**104.2**
北　京					
天　津					
河　北	100.6	110.8	106.6	109.4	100.9
山　西	99.6	108.8	99.6	96.9	104.2
内蒙古	99.1	107.7	104.5	104.1	104.8
辽　宁	101.5	115.1	105.8	108.9	98.6
吉　林	100.1	102.1	109.8	107.3	111.9
黑龙江	98.4	108.0	126.3	146.7	101.0
上　海					
江　苏	98.3	106.7	117.7	127.1	106.7
浙　江	103.4	105.5	101.9	99.9	105.7
安　徽	96.0	114.3	110.0	109.4	110.6
福　建	103.6	106.4	101.8	99.2	106.5
江　西	101.7	108.1	89.5	78.3	103.5
山　东	98.9	108.0	109.5	106.8	113.4
河　南	104.9	110.1	107.8	110.6	102.8
湖　北	102.7	101.0	101.7	97.6	106.0
湖　南	102.0	108.8	94.6	89.3	102.5
广　东	98.7	104.5	100.6	95.1	108.5
广　西	115.4	108.4	103.9	106.7	100.3
海　南	109.1	109.9	105.0	102.5	108.4
重　庆					
四　川	100.3	107.8	103.5	102.3	105.0
贵　州	103.5	107.2	92.0	90.1	104.7
云　南	98.3	101.5	101.3	99.3	103.4
西　藏	96.2	102.2	100.1	100.0	100.3
陕　西	101.0	105.5	102.4	101.7	102.8
甘　肃	86.2	118.2	101.7	97.0	104.3
青　海	96.2	109.5	110.2	113.4	105.5
宁　夏	97.6	103.3	105.4	105.3	104.8
新　疆	107.9	112.8	102.8	106.8	99.9

城镇居民家庭
收支调查资料

(一)综合资料

2004年城镇居民家庭基本情况(一)

(平均每户)

项　目	计量单位	总 计	最 低 收入户	其中：困难户	低 收 入 户	中 等 偏下户
调查户数	户	**50430**	**5060**	**2524**	**5055**	**10124**
一、家庭人口数	人	**2.98**	**3.36**	**3.42**	**3.24**	**3.10**
(一)有收入者人数	人	2.10	1.79	1.70	1.99	2.08
1.就业人口数	人	1.56	1.36	1.27	1.52	1.57
(1)国有经济单位职工人数	人	0.98	0.53	0.46	0.79	0.94
(2)城镇集体经济单位职工人数	人	0.10	0.13	0.11	0.14	0.13
(3)其他各种经济类型单位职工	人	0.16	0.12	0.10	0.14	0.15
(4)城镇个体经营者人员数	人	0.11	0.23	0.23	0.17	0.12
(5)城镇个体被雇人员数	人	0.11	0.21	0.19	0.19	0.14
(6)离退休再就业人员数	人	0.04	0.01		0.01	0.02
(7)其他就业人员数	人	0.06	0.14	0.16	0.09	0.07
2.离退休人数	人	0.48	0.27	0.23	0.38	0.44
3.其他有收入者人数	人	0.06	0.16	0.20	0.10	0.07
(二)无收入者人数	人	0.88	1.57	1.72	1.25	1.02
二、期末家庭人口数	人	**2.97**	**3.35**	**3.41**	**3.24**	**3.09**
三、非家庭人口在家用餐人次数	人次	**6.75**	**3.75**	**3.94**	**4.21**	**5.78**

2004年城镇居民家庭基本情况(二)

(平均每户)

项目	计量单位	中等收入户	中等偏上户	高收入户	最高收入户
调查户数	**户**	**10108**	**10094**	**5012**	**4977**
一、家庭人口数	**人**	**2.99**	**2.84**	**2.74**	**2.65**
(一)有收入者人数	人	2.16	2.18	2.21	2.17
1.就业人口数	人	1.63	1.58	1.60	1.60
(1)国有经济单位职工人数	人	1.10	1.11	1.11	1.05
(2)城镇集体经济单位职工人数	人	0.10	0.08	0.07	0.06
(3)其他各种经济类型单位职工	人	0.15	0.15	0.17	0.22
(4)城镇个体经营者人员数	人	0.09	0.08	0.07	0.08
(5)城镇个体被雇人员数	人	0.10	0.08	0.07	0.05
(6)离退休再就业人员数	人	0.03	0.05	0.08	0.10
(7)其他就业人员数	人	0.06	0.04	0.03	0.02
2.离退休人数	人	0.49	0.56	0.58	0.54
3.其他有收入者人数	人	0.05	0.03	0.03	0.03
(二)无收入者人数	人	0.83	0.66	0.53	0.48
二、期末家庭人口数	**人**	**2.98**	**2.83**	**2.73**	**2.64**
三、非家庭人口在家用餐人次数	**人次**	**5.94**	**8.06**	**8.81**	**11.11**

2004年城镇居民家庭现金收入和支出(一)

(平均每人全年)　　单位:元

项　目	总 计	最 低 收入户	其中: 困难户	低 收 入 户	中 等 偏下户
一、期初手存现金	**794.79**	**304.47**	**257.21**	**421.44**	**536.51**
二、家庭总收入	**10128.51**	**3084.83**	**2531.46**	**4697.62**	**6423.89**
其中:可支配收入	9421.61	2862.39	2312.50	4429.05	6024.10
(一)工薪收入	7152.76	1946.41	1521.63	3239.22	4560.07
1.工资及补贴收入	6956.44	1756.30	1329.03	3085.91	4423.56
2.其他劳动收入	196.32	190.11	192.61	153.31	136.52
(二)经营净收入	493.87	350.96	309.83	366.79	373.79
(三)财产性收入	161.15	33.33	23.07	39.34	72.03
1.利息收入	18.39	2.58	1.32	2.95	7.42
2.股息与红利收入	34.17	2.50	1.28	5.04	9.62
3.保险收益	2.66	0.13	0.01	0.22	0.76
4.其他投资收入	15.72	0.55	0.57	1.31	3.26
5.出租房屋收入	86.47	26.71	19.54	29.11	49.11
6.知识产权收入	0.19			0.04	0.03
7.其他财产性收入	3.55	0.85	0.34	0.67	1.83
(四)转移性收入	2320.73	754.13	676.93	1052.26	1417.99
1.养老金或离退休金	1783.81	465.67	359.72	789.89	1119.61
2.社会救济收入	19.63	89.39	125.10	28.11	16.12
3.辞退金	32.98	3.24	1.32	8.07	6.22
4.赔偿收入	7.63	0.99	0.12	1.52	1.47
5.保险收入	23.60	29.69	30.38	27.83	23.90
其中:失业保险金	20.59	29.19	29.72	27.06	22.60

2004年城镇居民家庭现金收入和支出(二)

(平均每人全年)　　单位:元

项　目	中等收入户	中等偏上户	高收入户	最高收入户
一、期初手存现金	**690.28**	**901.17**	**1258.05**	**2006.19**
二、家庭总收入	**8746.65**	**11870.79**	**16156.02**	**27506.23**
其中:可支配收入	8166.54	11050.89	14970.91	25377.17
(一)工薪收入	6375.79	8450.05	11441.10	19114.53
1.工资及补贴收入	6233.58	8278.39	11186.02	18597.20
2.其他劳动收入	142.21	171.66	255.08	517.33
(二)经营净收入	364.12	464.35	544.81	1422.67
(三)财产性收入	101.26	140.00	247.76	775.23
1.利息收入	13.30	21.73	38.23	67.02
2.股息与红利收入	18.11	27.75	72.48	178.97
3.保险收益	2.25	3.09	3.82	12.11
4.其他投资收入	5.78	5.41	11.56	131.34
5.出租房屋收入	59.06	79.39	117.14	366.37
6.知识产权收入	0.01	0.15	0.07	1.62
7.其他财产性收入	2.75	2.48	4.44	17.80
(四)转移性收入	1905.48	2816.40	3922.36	6193.80
1.养老金或离退休金	1542.40	2277.81	3165.78	4273.94
2.社会救济收入	7.70	5.95	2.11	7.05
3.辞退金	11.11	31.08	52.57	198.36
4.赔偿收入	3.48	3.68	8.77	54.98
5.保险收入	20.34	22.38	15.48	28.72
其中:失业保险金	18.69	17.82	11.83	16.70

2004年城镇居民家庭现金收入和支出(三)

(平均每人全年)

单位:元

项目	总计	最低收入户	其中:困难户	低收入户	中等偏下户
6.赡养收入	97.39	37.46	34.31	41.85	62.68
7.捐赠收入	214.74	68.91	61.88	81.61	109.26
8.亲友搭伙费	32.03	10.73	13.77	15.10	19.23
9.提取住房公积金	25.18	0.49	0.37	2.22	1.83
10.记帐补贴	48.06	34.21	33.71	36.38	39.68
11.其他转移性收入	35.67	13.36	16.26	19.69	17.99
三、出售财物收入	**176.82**	**36.54**	**14.42**	**34.57**	**58.52**
1.出售住房收入	168.06	33.03	12.04	32.31	53.97
2.出售其他物品收入	8.77	3.51	2.37	2.26	4.55
四、借贷收入	**2831.44**	**680.83**	**604.00**	**948.87**	**1395.62**
1.提取储蓄存款	2365.91	542.70	448.14	741.56	1197.09
2.借入款	196.64	116.32	137.97	127.36	121.67
3.收回借出款	32.00	7.00	5.81	13.27	16.29
4.收回储蓄性保险本	4.20	1.59	0.25	1.01	2.63
5.兑售有价证券	8.81	0.03		0.67	0.63
6.收回投资本金	8.61	1.23	0.60	1.34	4.64
7.住房贷款	157.78	0.39	0.13	43.17	29.95
8.汽车贷款	11.79				0.01
9.教育贷款	1.21	2.15	1.66	0.85	2.83
10.其他贷款	7.59	3.01	2.66	6.51	1.21
11.其他借贷收入	36.90	6.40	6.79	13.13	18.66

2004年城镇居民家庭现金收入和支出(四)

(平均每人全年)

单位:元

项　目	中　等 收入户	中　等 偏上户	高　收 入　户	最　高 收入户
6.赡养收入	73.13	101.52	139.01	326.11
7.捐赠收入	150.58	235.22	338.33	785.64
8.亲友搭伙费	24.36	42.62	49.70	86.18
9.提取住房公积金	5.88	15.10	40.86	189.66
10.记帐补贴	44.06	51.26	63.89	85.41
11.其他转移性收入	22.44	29.77	45.86	157.75
三、出售财物收入	**86.03**	**177.50**	**318.18**	**868.60**
1.出售住房收入	80.87	173.45	309.87	816.31
2.出售其他物品收入	5.16	4.05	8.31	52.29
四、借贷收入	**1952.78**	**3021.27**	**4778.54**	**10823.72**
1.提取储蓄存款	1719.41	2605.52	4001.80	8678.32
2.借入款	133.67	173.16	260.26	690.04
3.收回借出款	22.97	30.85	57.14	120.63
4.收回储蓄性保险本	4.59	4.81	3.52	13.52
5.兑售有价证券	1.53	8.83	13.39	61.20
6.收回投资本金	2.94	9.04	10.99	45.73
7.住房贷款	39.70	136.83	309.59	958.59
8.汽车贷款	1.24	5.68	19.71	98.25
9.教育贷款	0.62	0.73	0.03	0.20
10.其他贷款	3.82	9.16	9.71	32.92
11.其他借贷收入	22.27	36.65	92.40	124.31

2004年城镇居民家庭现金收入和支出(五)

(平均每人全年)

单位:元

项目	总计	最低收入户	其中:困难户	低收入户	中等偏下户
五、家庭总支出	**9714.02**	**3392.11**	**2871.85**	**4832.50**	**6342.52**
(一)消费支出	7182.10	2855.15	2441.12	3942.23	5096.15
其中:服务性消费支出	2012.56	642.68	530.52	947.75	1307.82
1.食品	2709.60	1417.76	1248.87	1827.42	2201.88
2.衣着	686.79	213.50	169.55	352.04	489.78
3.家庭设备用品及服务	407.37	97.78	76.02	154.45	235.95
4.医疗保健	528.15	185.05	158.63	271.56	355.53
5.交通和通信	843.62	197.80	157.13	329.77	479.48
6.教育文化娱乐服务	1032.80	353.76	297.91	488.77	675.28
7.居住	733.53	323.05	280.44	413.37	514.62
8.杂项商品和服务	240.24	66.46	52.56	104.84	143.61
(二)购房与建房支出	801.48	85.14	48.37	201.51	213.23
1.购房	770.19	45.30	42.38	158.90	196.03
2.建房	31.29	39.84	5.99	42.61	17.20
(三)转移性支出	1116.84	263.96	196.93	459.45	679.63
1.交纳的个人收入税	60.31	0.94	0.34	3.62	8.64
2.捐赠支出	615.77	161.50	124.97	289.59	390.15
3.购买彩票	10.69	2.23	2.14	3.93	8.18
4.赡养支出	363.70	87.64	60.35	141.66	234.32
其中:在外就学子女费用	221.31	61.34	42.98	93.93	159.67
5.各种非储蓄性保险支出	27.30	4.01	3.04	8.13	15.48
其中:车辆保险支出	4.11	0.05		0.14	0.53

2004年城镇居民家庭现金收入和支出(六)

(平均每人全年)

单位:元

项　目	中等收入户	中等偏上户	高收入户	最高收入户
五、家庭总支出	**8278.28**	**11101.31**	**15175.69**	**26209.93**
(一)消费支出	6498.36	8345.70	10749.35	16841.82
其中:服务性消费支出	1730.00	2345.22	3200.27	5394.18
1.食品	2581.24	3130.75	3740.68	4914.64
2.衣着	661.21	849.19	1071.52	1461.11
3.家庭设备用品及服务	349.63	480.60	685.43	1195.98
4.医疗保健	466.86	665.82	821.16	1218.42
5.交通和通信	696.36	938.65	1274.18	2828.09
6.教育文化娱乐服务	901.80	1182.09	1673.76	2707.79
7.居住	642.85	813.24	1100.61	1812.28
8.杂项商品和服务	198.42	285.36	382.00	703.50
(二)购房与建房支出	290.13	701.35	1526.93	4472.28
1.购房	270.48	682.70	1498.10	4374.75
2.建房	19.65	18.66	28.83	97.53
(三)转移性支出	971.55	1325.23	1855.44	3139.36
1.交纳的个人收入税	21.57	49.91	108.66	388.36
2.捐赠支出	558.31	758.16	1021.16	1520.29
3.购买彩票	10.14	13.60	15.38	25.48
4.赡养支出	325.21	424.56	609.08	988.72
其中:在外就学子女费用	205.59	255.36	378.24	522.23
5.各种非储蓄性保险支出	24.33	32.32	39.64	90.93
其中:车辆保险支出	0.66	2.28	5.54	32.99

2004年城镇居民家庭现金收入和支出(七)

(平均每人全年)　　单位:元

项　目	总 计	最 低 收入户	其中: 困难户	低 收 入 户	中 等 偏下户
6. 其他转移性支出	39.06	7.63	6.08	12.52	22.87
(四)财产性支出	15.07	0.57	0.52	0.75	2.04
1. 非生产性利息支出	10.85	0.27	0.34	0.09	0.82
2. 其他	4.22	0.29	0.17	0.66	1.22
(五)社会保障支出	598.53	187.29	184.92	228.56	351.47
1. 个人交纳的养老基金	256.98	131.58	139.85	134.58	184.07
2. 个人交纳的住房公积金	237.96	21.67	13.78	50.11	103.58
3. 个人交纳的医疗基金	74.86	27.92	25.46	32.10	47.34
4. 个人交纳的失业基金	22.09	4.43	3.90	9.14	12.44
5. 其他社会保障支出	6.64	1.69	1.93	2.64	4.04
六、借贷支出	**3091.96**	**350.81**	**235.07**	**708.11**	**1331.24**
1. 存入储蓄款	2598.34	295.83	188.35	609.89	1135.17
2. 借出款	40.55	2.78	1.55	12.56	18.97
3. 归还借款	96.20	23.75	24.17	31.82	54.79
4. 储蓄性保险支出	111.16	13.08	11.06	28.07	46.30
5. 购买有价证券	34.24	0.61	0.14	3.48	15.15
6. 其他投资支出	22.68	4.53	2.90	2.38	15.81
7. 归还住房贷款	143.75	2.57	2.34	11.82	27.67
8. 归还汽车贷款	8.77		0.01	0.21	0.15
9. 归还教育贷款	0.43	0.17		0.10	0.05
10. 归还其他贷款	4.68	0.81	0.26	0.24	2.02
11. 其他借贷支出	31.15	6.67	4.28	7.55	15.15
七、期末手存现金	**822.35**	**309.41**	**260.79**	**433.15**	**553.53**

2004年城镇居民家庭现金收入和支出(八)

(平均每人全年)　　　　单位:元

项　目	中　等 收入户	中　等 偏上户	高　收 入　户	最　高 收入户
6.其他转移性支出	31.98	46.68	61.53	125.58
(四)财产性支出	3.76	10.30	31.41	101.18
1.非生产性利息支出	2.23	7.02	22.13	77.53
2.其他	1.53	3.28	9.28	23.65
(五)社会保障支出	514.48	718.72	1012.56	1655.29
1.个人交纳的养老基金	234.66	287.32	383.14	591.23
2.个人交纳的住房公积金	184.52	300.34	458.59	816.26
3.个人交纳的医疗基金	69.37	94.11	122.26	172.95
4.个人交纳的失业基金	19.19	28.32	37.71	59.90
5.其他社会保障支出	6.74	8.64	10.86	14.95
六、借贷支出	**2247.11**	**3572.89**	**5504.01**	**12014.73**
1.存入储蓄款	1950.69	3032.60	4687.05	9765.78
2.借出款	23.50	49.88	80.68	150.61
3.归还借款	74.36	107.53	157.67	325.64
4.储蓄性保险支出	82.29	127.48	196.18	432.37
5.购买有价证券	14.51	24.03	51.31	208.84
6.其它投资支出	7.73	28.92	26.00	103.65
7.归还住房贷款	69.98	146.86	239.34	821.40
8.归还汽车贷款	0.22	5.51	7.50	78.67
9.归还教育贷款	0.29	0.55	0.18	2.45
10.归还其他贷款	3.07	4.07	10.04	20.73
11.其他借贷支出	20.47	45.45	48.07	104.60
七、期末手存现金	**711.96**	**934.12**	**1305.81**	**2087.35**

2004年城镇居民家庭消费支出(一)

(平均每人全年)　　单位:元

项　目	总 计	最 低 收入户	其中: 困难户	低 收 入 户	中 等 偏下户
消费支出	**7182.10**	**2855.15**	**2441.12**	**3942.23**	**5096.15**
其中:服务性消费支出	2012.56	642.68	530.52	947.75	1307.82
一、食品	**2709.60**	**1417.76**	**1248.87**	**1827.42**	**2201.88**
(一)粮油类	382.29	343.73	330.41	365.66	373.89
1. 粮食	238.76	219.10	213.83	229.99	232.81
2. 淀粉及薯类	18.44	16.75	16.08	17.33	17.70
3. 干豆类及豆制品	35.85	27.20	25.08	31.97	33.42
4. 油脂类	89.24	80.69	75.41	86.37	89.96
(二)肉禽蛋水产品类	773.06	443.66	387.10	562.13	670.06
1. 肉类	402.90	261.19	231.33	321.54	370.52
2. 禽类	123.90	64.30	53.37	86.61	107.18
3. 蛋类	68.19	50.92	46.24	60.61	67.63
4. 水产品类	178.06	67.25	56.16	93.37	124.74
(三)蔬菜类	256.51	181.51	168.20	209.60	232.63
1. 鲜菜	234.52	171.06	159.33	194.52	214.41
2. 干菜	13.48	5.84	4.84	9.20	11.20
3. 菜制品	8.51	4.61	4.03	5.87	7.01
(四)调味品	36.07	25.86	24.00	29.14	32.45
(五)糖烟酒饮料类	285.57	121.92	100.68	184.21	226.81
1. 糖类	28.10	13.36	11.24	17.83	23.07
2. 烟草类	133.73	58.72	49.69	88.05	107.09
3. 酒类	69.37	32.15	26.20	49.90	58.31
4. 饮料	54.37	17.70	13.57	28.43	38.33

2004年城镇居民家庭消费支出(二)

(平均每人全年)　　单位:元

项　目	中　等 收入户	中　等 偏上户	高　收 入　户	最　高 收入户
消费支出	**6498.36**	**8345.70**	**10749.35**	**16841.82**
其中:服务性消费支出	1730.00	2345.22	3200.27	5394.18
一、食品	**2581.24**	**3130.75**	**3740.68**	**4914.64**
(一)粮油类	376.72	400.39	411.11	414.18
1. 粮食	234.29	248.35	255.10	260.68
2. 淀粉及薯类	17.79	19.63	20.44	20.47
3. 干豆类及豆制品	34.57	39.34	42.65	45.46
4. 油脂类	90.08	93.07	92.91	87.57
(二)肉禽蛋水产品类	764.17	896.94	1018.39	1182.18
1. 肉类	410.65	459.54	494.30	519.64
2. 禽类	123.37	146.41	163.76	194.21
3. 蛋类	69.18	74.29	77.74	74.75
4. 水产品类	160.97	216.70	282.60	393.58
(三)蔬菜类	255.71	287.40	311.62	341.53
1. 鲜菜	233.22	261.30	281.65	306.09
2. 干菜	14.00	16.03	18.51	21.68
3. 菜制品	8.48	10.06	11.45	13.76
(四)调味品	35.66	40.20	44.08	49.52
(五)糖烟酒饮料类	285.69	339.95	408.64	506.76
1. 糖类	27.08	31.84	39.43	53.37
2. 烟草类	138.18	160.50	186.48	223.16
3. 酒类	69.48	81.48	95.92	111.62
4. 饮料	50.96	66.14	86.81	118.61

2004年城镇居民家庭消费支出(三)

(平均每人全年) 单位:元

项 目	总 计	最 低 收入户	其中: 困难户	低 收 入 户	中 等 偏下户
(六)干鲜瓜果类	189.59	83.02	68.12	119.50	152.73
1.鲜果	120.02	53.46	43.96	77.11	97.71
2.鲜瓜	25.03	10.61	8.74	15.97	20.28
3.干果	8.74	3.50	2.63	5.36	6.99
4.瓜果制品	5.23	1.49	1.11	2.51	3.42
5.坚果及果仁	30.57	13.96	11.67	18.56	24.33
(七)糕点、奶及奶制品	189.83	69.26	53.64	111.97	151.65
1.糕点	57.46	22.94	18.53	33.92	44.88
2.奶及奶制品	132.37	46.32	35.11	78.05	106.77
(八)其他食品	62.35	19.57	16.35	30.71	44.19
(九)饮食服务	534.33	129.24	100.39	214.50	317.47
1.食品加工服务费	0.94	0.66	0.79	0.85	0.88
2.在外饮食	533.39	128.58	99.60	213.66	316.59
二、衣着	**686.79**	**213.50**	**169.55**	**352.04**	**489.78**
(一)服装	493.81	141.13	109.67	237.80	338.56
1.男士服装	202.63	58.92	45.68	100.02	141.44
2.女士服装	255.95	65.50	50.52	115.14	168.22
3.童装	35.24	16.71	13.47	22.63	28.91
(二)衣着材料	9.99	4.15	3.39	6.75	9.35
(三)鞋类	150.74	55.92	46.31	88.16	117.40
(四)其他衣着用品	25.79	10.38	8.66	16.13	20.05
(五)衣着加工服务费	6.46	1.92	1.53	3.21	4.41

2004年城镇居民家庭消费支出(四)

(平均每人全年)　　单位:元

项　目	中等收入户	中等偏上户	高收入户	最高收入户
(六)干鲜瓜果类	183.71	226.64	273.43	341.61
1.鲜果	116.30	142.84	171.91	213.45
2.鲜瓜	24.82	29.82	35.40	44.69
3.干果	8.63	10.42	13.11	15.58
4.瓜果制品	4.66	6.51	8.83	12.36
5.坚果及果仁	29.30	37.05	44.18	55.53
(七)糕点、奶及奶制品	187.54	230.95	279.14	349.02
1.糕点	55.89	68.05	84.49	111.68
2.奶及奶制品	131.64	162.90	194.65	237.34
(八)其他食品	58.67	77.47	99.37	134.74
(九)饮食服务	433.39	630.81	894.89	1595.10
1.食品加工服务费	1.02	1.13	0.96	0.94
2.在外饮食	432.37	629.68	893.93	1594.16
二、衣着	**661.21**	**849.19**	**1071.52**	**1461.11**
(一)服装	471.28	617.30	786.41	1095.60
1.男士服装	196.03	253.87	318.27	436.56
2.女士服装	239.94	321.64	419.64	598.48
3.童装	35.31	41.79	48.50	60.56
(二)衣着材料	10.05	11.68	14.04	14.74
(三)鞋类	149.04	183.04	223.90	282.31
(四)其他衣着用品	25.06	29.71	37.00	51.90
(五)衣着加工服务费	5.77	7.47	10.16	16.55

2004年城镇居民家庭消费支出(五)

(平均每人全年)　　单位:元

项　目	总 计	最 低 收入户	其中: 困难户	低 收 入 户	中 等 偏下户
三、家庭设备用品及服务	**407.37**	**97.78**	**76.02**	**154.45**	**235.95**
(一)耐用消费品	198.84	29.40	16.94	52.95	104.23
1.家具	63.94	4.80	3.24	12.43	27.27
2.家庭设备	134.90	24.59	13.70	40.52	76.95
(二)室内装饰品	16.02	1.54	1.03	3.19	7.26
1.纺织装饰品	6.03	0.56	0.32	1.27	3.25
2.装饰灯具	4.13	0.36	0.27	0.69	1.80
3.其他装饰品	5.86	0.62	0.44	1.23	2.21
(三)床上用品	32.43	6.73	6.21	11.22	17.60
(四)家庭日用杂品	126.81	54.94	47.80	77.87	94.57
1.厨、餐、茶具	18.82	5.85	4.56	10.71	12.84
2.家用工具	0.99	0.25	0.19	0.55	0.60
3.家居清洁用品	24.98	15.44	14.22	18.81	20.88
4.其他日用杂品	82.02	33.42	28.82	47.79	60.25
(五)家具材料	2.83	0.33	0.16	0.69	1.24
(六)家庭服务	30.44	4.84	3.89	8.53	11.06
1.家政服务	19.08	1.63	1.28	2.62	3.10
2.加工维修服务费	11.36	3.21	2.62	5.91	7.96
四、医疗保健	**528.15**	**185.05**	**158.63**	**271.56**	**355.53**
(一)医疗器具	3.79	0.56	0.52	1.90	1.60
(二)保健器具	10.16	0.63	0.21	1.96	3.41
(三)药品费	295.36	126.21	105.57	177.31	218.09
(四)滋补保健品	59.30	4.14	2.72	10.29	19.80

2004年城镇居民家庭消费支出(六)

(平均每人全年)

单位:元

项目	中等收入户	中等偏上户	高收入户	最高收入户
三、家庭设备用品及服务	**349.63**	**480.60**	**685.43**	**1195.98**
(一)耐用消费品	167.92	242.49	361.01	621.86
1.家具	43.06	68.47	133.06	254.55
2.家庭设备	124.85	174.02	227.95	367.31
(二)室内装饰品	11.94	18.01	26.19	65.11
1.纺织装饰品	4.65	7.00	8.85	23.43
2.装饰灯具	3.24	4.89	7.01	15.99
3.其他装饰品	4.05	6.12	10.33	25.70
(三)床上用品	28.22	39.18	55.95	96.35
(四)家庭日用杂品	119.76	147.57	185.20	263.44
1.厨、餐、茶具	17.97	22.65	29.20	41.99
2.家用工具	1.08	1.20	1.46	2.26
3.家居清洁用品	24.60	27.32	31.81	42.83
4.其他日用杂品	76.11	96.41	122.74	176.36
(五)家具材料	2.27	3.57	5.27	9.49
(六)家庭服务	19.52	29.78	51.80	139.73
1.家政服务	9.93	16.44	34.89	109.45
2.加工维修服务费	9.59	13.34	16.92	30.28
四、医疗保健	**466.86**	**665.82**	**821.16**	**1218.42**
(一)医疗器具	2.96	4.51	7.43	11.97
(二)保健器具	4.91	15.54	22.36	35.97
(三)药品费	278.57	371.92	429.79	567.19
(四)滋补保健品	35.65	67.97	129.45	245.09

2004年城镇居民家庭消费支出(七)

(平均每人全年)

单位:元

项目	总计	最低收入户	其中:困难户	低收入户	中等偏下户
(五)医疗费	154.04	52.55	48.86	77.89	108.87
(六)其他	5.50	0.96	0.74	2.22	3.76
五、交通和通讯	**843.62**	**197.80**	**157.13**	**329.77**	**479.48**
(一)交通	389.05	60.39	48.61	104.61	161.20
1.家庭交通工具	146.37	9.33	10.10	19.16	30.04
2.车辆用燃料及零配件	35.52	6.24	4.81	9.79	15.42
3.交通工具服务支出	36.47	4.06	2.97	7.99	12.15
4.交通费	170.70	40.76	30.72	67.68	103.59
(二)通信	454.56	137.41	108.52	225.16	318.28
1.通信工具	75.72	9.21	5.62	23.46	44.52
2.通信服务	378.84	128.21	102.90	201.70	273.76
六、教育文化娱乐服务	**1032.80**	**353.76**	**297.91**	**488.77**	**675.28**
(一)文化娱乐用品	256.65	43.91	31.71	77.25	132.82
(二)文化娱乐服务	217.20	34.19	26.76	56.59	87.39
(三)教育	558.95	275.65	239.44	354.92	455.07
1.教材	38.90	28.14	27.35	32.96	36.01
2.教育费用	520.05	247.51	212.10	321.96	419.06
七、居住	**733.53**	**323.05**	**280.44**	**413.37**	**514.62**
(一)住房	247.89	43.71	28.60	68.88	112.40
(二)水电燃料及其他	451.49	270.06	243.65	329.63	384.75
(三)居住服务费	34.14	9.28	8.19	14.86	17.47
八、杂项商品和服务	**240.24**	**66.46**	**52.56**	**104.84**	**143.61**
(一)杂项商品	150.30	38.06	30.16	61.28	88.29
(二)服务	89.94	28.39	22.40	43.56	55.32

2004年城镇居民家庭消费支出(八)

(平均每人全年)　　单位:元

项　　目	中等收入户	中等偏上户	高收入户	最高收入户
(五)医疗费	139.98	198.71	223.06	344.60
(六)其他	4.79	7.17	9.08	13.60
五、交通和通讯	**696.36**	**938.65**	**1274.18**	**2828.09**
(一)交通	265.70	374.84	564.72	1820.63
1.家庭交通工具	80.98	102.09	168.69	972.54
2.车辆用燃料及零配件	21.66	34.66	58.23	161.44
3.交通工具服务支出	21.02	30.12	56.16	198.41
4.交通费	142.04	207.97	281.65	488.24
(二)通信	430.67	563.81	709.46	1007.46
1.通信工具	69.89	98.63	135.43	198.48
2.通信服务	360.78	465.18	574.02	808.98
六、教育文化娱乐服务	**901.80**	**1182.09**	**1673.76**	**2707.79**
(一)文化娱乐用品	212.99	301.66	463.03	824.83
(二)文化娱乐服务	148.72	243.72	408.50	852.82
(三)教育	540.09	636.70	802.23	1030.14
1.教材	39.72	41.72	44.51	52.55
2.教育费用	500.37	594.98	757.72	977.59
七、居住	**642.85**	**813.24**	**1100.61**	**1812.28**
(一)住房	175.01	262.69	455.99	963.89
(二)水电燃料及其他	443.87	515.13	588.38	722.22
(三)居住服务费	23.97	35.42	56.24	126.16
八、杂项商品和服务	**198.42**	**285.36**	**382.00**	**703.50**
(一)杂项商品	125.56	181.06	240.91	442.67
(二)服务	72.86	104.30	141.10	260.83

2004年城镇居民家庭消费支出构成(一)

单位:%

项目	总计	最低收入户	其中:困难户	低收入户	中等偏下户
消费支出	**100.00**	**100.00**	**100.00**	**100.00**	**100.00**
其中:服务性消费支出	28.02	22.51	21.73	24.04	25.66
一、食品	**37.73**	**49.66**	**51.16**	**46.35**	**43.21**
(一)粮油类	5.32	12.04	13.54	9.28	7.34
1. 粮食	3.32	7.67	8.76	5.83	4.57
2. 淀粉及薯类	0.26	0.59	0.66	0.44	0.35
3. 干豆类及豆制品	0.50	0.95	1.03	0.81	0.66
4. 油脂类	1.24	2.83	3.09	2.19	1.77
(二)肉禽蛋水产品类	10.76	15.54	15.86	14.26	13.15
1. 肉类	5.61	9.15	9.48	8.16	7.27
2. 禽类	1.73	2.25	2.19	2.20	2.10
3. 蛋类	0.95	1.78	1.89	1.54	1.33
4. 水产品类	2.48	2.36	2.30	2.37	2.45
(三)蔬菜类	3.57	6.36	6.89	5.32	4.56
1. 鲜菜	3.27	5.99	6.53	4.93	4.21
2. 干菜	0.19	0.20	0.20	0.23	0.22
3. 菜制品	0.12	0.16	0.17	0.15	0.14
(四)调味品	0.50	0.91	0.98	0.74	0.64
(五)糖烟酒饮料类	3.98	4.27	4.12	4.67	4.45
1. 糖类	0.39	0.47	0.46	0.45	0.45
2. 烟草类	1.86	2.06	2.04	2.23	2.10
3. 酒类	0.97	1.13	1.07	1.27	1.14
4. 饮料	0.76	0.62	0.56	0.72	0.75

2004年城镇居民家庭消费支出构成(二)

单位:%

项　目	中　等 收入户	中　等 偏上户	高　收 入　户	最　高 收入户
消费支出	**100.00**	**100.00**	**100.00**	**100.00**
其中:服务性消费支出	26.62	28.10	29.77	32.03
一、食品	**39.72**	**37.51**	**34.80**	**29.18**
(一)粮油类	5.80	4.80	3.82	2.46
1. 粮食	3.61	2.98	2.37	1.55
2. 淀粉及薯类	0.27	0.24	0.19	0.12
3. 干豆类及豆制品	0.53	0.47	0.40	0.27
4. 油脂类	1.39	1.12	0.86	0.52
(二)肉禽蛋水产品类	11.76	10.75	9.47	7.02
1. 肉类	6.32	5.51	4.60	3.09
2. 禽类	1.90	1.75	1.52	1.15
3、蛋类	1.06	0.89	0.72	0.44
4. 水产品类	2.48	2.60	2.63	2.34
(三)蔬菜类	3.93	3.44	2.90	2.03
1. 鲜菜	3.59	3.13	2.62	1.82
2. 干菜	0.22	0.19	0.17	0.13
3. 菜制品	0.13	0.12	0.11	0.08
(四)调味品	0.55	0.48	0.41	0.29
(五)糖烟酒饮料类	4.40	4.07	3.80	3.01
1. 糖类	0.42	0.38	0.37	0.32
2. 烟草类	2.13	1.92	1.73	1.33
3. 酒类	1.07	0.98	0.89	0.66
4. 饮料	0.78	0.79	0.81	0.70

2004年城镇居民家庭消费支出构成(三)

单位：%

项目	总计	最低收入户	其中：困难户	低收入户	中等偏下户
(六)干鲜瓜果类	2.64	2.91	2.79	3.03	3.00
1.鲜果	1.67	1.87	1.80	1.96	1.92
2.鲜瓜	0.35	0.37	0.36	0.41	0.40
3.干果	0.12	0.12	0.11	0.14	0.14
4.瓜果制品	0.07	0.05	0.05	0.06	0.07
5.坚果及果仁	0.43	0.49	0.48	0.47	0.48
(七)糕点、奶及奶制品	2.64	2.43	2.20	2.84	2.98
1.糕点	0.80	0.80	0.76	0.86	0.88
2.奶及奶制品	1.84	1.62	1.44	1.98	2.10
(八)其他食品	0.87	0.69	0.67	0.78	0.87
(九)饮食服务	7.44	4.53	4.11	5.44	6.23
1.食品加工服务费	0.01	0.02	0.03	0.02	0.02
2.在外饮食	7.43	4.50	4.08	5.42	6.21
二、衣着	**9.56**	**7.48**	**6.95**	**8.93**	**9.61**
(一)服装	6.88	4.94	4.49	6.03	6.64
1.男士服装	2.82	2.06	1.87	2.54	2.78
2.女士服装	3.56	2.29	2.07	2.92	3.30
3.童装	0.49	0.59	0.55	0.57	0.57
(二)衣着材料	0.14	0.15	0.14	0.17	0.18
(三)鞋类	2.10	1.96	1.90	2.24	2.30
(四)其他衣着用品	0.36	0.36	0.35	0.41	0.39
(五)衣着加工服务费	0.09	0.07	0.06	0.08	0.09

2004年城镇居民家庭消费支出构成(四)

单位:%

项　目	中　等 收入户	中　等 偏上户	高　收 入　户	最　高 收入户
(六)干鲜瓜果类	2.83	2.72	2.54	2.03
1.鲜果	1.79	1.71	1.60	1.27
2.鲜瓜	0.38	0.36	0.33	0.27
3.干果	0.13	0.12	0.12	0.09
4.瓜果制品	0.07	0.08	0.08	0.07
5.坚果及果仁	0.45	0.44	0.41	0.33
(七)糕点、奶及奶制品	2.89	2.77	2.60	2.07
1.糕点	0.86	0.82	0.79	0.66
2.奶及奶制品	2.03	1.95	1.81	1.41
(八)其他食品	0.90	0.93	0.92	0.80
(九)饮食服务	6.67	7.56	8.33	9.47
1.食品加工服务费	0.02	0.01	0.01	0.01
2.在外饮食	6.65	7.54	8.32	9.47
二、衣着	**10.18**	**10.18**	**9.97**	**8.68**
(一)服装	7.25	7.40	7.32	6.51
1.男士服装	3.02	3.04	2.96	2.59
2.女士服装	3.69	3.85	3.90	3.55
3.童装	0.54	0.50	0.45	0.36
(二)衣着材料	0.15	0.14	0.13	0.09
(三)鞋类	2.29	2.19	2.08	1.68
(四)其他衣着用品	0.39	0.36	0.34	0.31
(五)衣着加工服务费	0.09	0.09	0.09	0.10

2004 年城镇居民家庭消费支出构成(五)

单位:%

项　　目	总　计	最　低 收入户	其中: 困难户	低　收 入　户	中　等 偏下户
三、家庭设备用品及服务	**5.67**	**3.42**	**3.11**	**3.92**	**4.63**
(一)耐用消费品	2.77	1.03	0.69	1.34	2.05
1. 家具	0.89	0.17	0.13	0.32	0.54
2. 家庭设备	1.88	0.86	0.56	1.03	1.51
(二)室内装饰品	0.22	0.05	0.04	0.08	0.14
1. 纺织装饰品	0.08	0.02	0.01	0.03	0.06
2. 装饰灯具	0.06	0.01	0.01	0.02	0.04
3. 其他装饰品	0.08	0.02	0.02	0.03	0.04
(三)床上用品	0.45	0.24	0.25	0.28	0.35
(四)家庭日用杂品	1.77	1.92	1.96	1.98	1.86
1. 厨、餐、茶具	0.26	0.20	0.19	0.27	0.25
2. 家用工具	0.01	0.01	0.01	0.01	0.01
3. 家居清洁用品	0.35	0.54	0.58	0.48	0.41
4. 其他日用杂品	1.14	1.17	1.18	1.21	1.18
(五)家具材料	0.04	0.01	0.01	0.02	0.02
(六)家庭服务	0.42	0.17	0.16	0.22	0.22
1. 家政服务	0.27	0.06	0.05	0.07	0.06
2. 加工维修服务费	0.16	0.11	0.11	0.15	0.16
四、医疗保健	**7.35**	**6.48**	**6.50**	**6.89**	**6.98**
(一)医疗器具	0.05	0.02	0.02	0.05	0.03
(二)保健器具	0.14	0.02	0.01	0.05	0.07
(三)药品费	4.11	4.42	4.32	4.50	4.28
(四)滋补保健品	0.83	0.15	0.11	0.26	0.39

2004年城镇居民家庭消费支出构成(六)

单位:%

项　目	中等收入户	中等偏上户	高收入户	最高收入户
三、家庭设备用品及服务	**5.38**	**5.76**	**6.38**	**7.10**
(一)耐用消费品	2.58	2.91	3.36	3.69
1.家具	0.66	0.82	1.24	1.51
2.家庭设备	1.92	2.09	2.12	2.18
(二)室内装饰品	0.18	0.22	0.24	0.39
1.纺织装饰品	0.07	0.08	0.08	0.14
2.装饰灯具	0.05	0.06	0.07	0.09
3.其他装饰品	0.06	0.07	0.10	0.15
(三)床上用品	0.43	0.47	0.52	0.57
(四)家庭日用杂品	1.84	1.77	1.72	1.56
1.厨、餐、茶具	0.28	0.27	0.27	0.25
2.家用工具	0.02	0.01	0.01	0.01
3.家居清洁用品	0.38	0.33	0.30	0.25
4.其他日用杂品	1.17	1.16	1.14	1.05
(五)家具材料	0.03	0.04	0.05	0.06
(六)家庭服务	0.30	0.36	0.48	0.83
1.家政服务	0.15	0.20	0.32	0.65
2.加工维修服务费	0.15	0.16	0.16	0.18
四、医疗保健	**7.18**	**7.98**	**7.64**	**7.23**
(一)医疗器具	0.05	0.05	0.07	0.07
(二)保健器具	0.08	0.19	0.21	0.21
(三)药品费	4.29	4.46	4.00	3.37
(四)滋补保健品	0.55	0.81	1.20	1.46

2004 年城镇居民家庭消费支出构成(七)

单位:%

项目	总计	最低收入户	其中:困难户	低收入户	中等偏下户
(五)医疗费	2.14	1.84	2.00	1.98	2.14
(六)其他	0.08	0.03	0.03	0.06	0.07
五、交通和通讯	**11.75**	**6.93**	**6.44**	**8.37**	**9.41**
(一)交通	5.42	2.12	1.99	2.65	3.16
1.家庭交通工具	2.04	0.33	0.41	0.49	0.59
2.车辆用燃料及零配件	0.49	0.22	0.20	0.25	0.30
3.交通工具服务支出	0.51	0.14	0.12	0.20	0.24
4.交通费	2.38	1.43	1.26	1.72	2.03
(二)通信	6.33	4.81	4.45	5.71	6.25
1.通信工具	1.05	0.32	0.23	0.60	0.87
2.通信服务	5.27	4.49	4.22	5.12	5.37
六、教育文化娱乐服务	**14.38**	**12.39**	**12.20**	**12.40**	**13.25**
(一)文化娱乐用品	3.57	1.54	1.30	1.96	2.61
(二)文化娱乐服务	3.02	1.20	1.10	1.44	1.71
(三)教育	7.78	9.65	9.81	9.00	8.93
1.教材	0.54	0.99	1.12	0.84	0.71
2.教育费用	7.24	8.67	8.69	8.17	8.22
七、居住	**10.21**	**11.31**	**11.49**	**10.49**	**10.10**
(一)住房	3.45	1.53	1.17	1.75	2.21
(二)水电燃料及其他	6.29	9.46	9.98	8.36	7.55
(三)居住服务费	0.48	0.33	0.34	0.38	0.34
八、杂项商品和服务	**3.34**	**2.33**	**2.15**	**2.66**	**2.82**
(一)杂项商品	2.09	1.33	1.24	1.55	1.73
(二)服务	1.25	0.99	0.92	1.10	1.09

2004年城镇居民家庭消费支出构成(八)

单位:%

项　目	中等收入户	中等偏上户	高收入户	最高收入户
(五)医疗费	2.15	2.38	2.08	2.05
(六)其他	0.07	0.09	0.08	0.08
五、交通和通讯	**10.72**	**11.25**	**11.85**	**16.79**
(一)交通	4.09	4.49	5.25	10.81
1.家庭交通工具	1.25	1.22	1.57	5.77
2.车辆用燃料及零配件	0.33	0.42	0.54	0.96
3.交通工具服务支出	0.32	0.36	0.52	1.18
4.交通费	2.19	2.49	2.62	2.90
(二)通信	6.63	6.76	6.60	5.98
1.通信工具	1.08	1.18	1.26	1.18
2.通信服务	5.55	5.57	5.34	4.80
六、教育文化娱乐服务	**13.88**	**14.16**	**15.57**	**16.08**
(一)文化娱乐用品	3.28	3.61	4.31	4.90
(二)文化娱乐服务	2.29	2.92	3.80	5.06
(三)教育	8.31	7.63	7.46	6.12
1.教材	0.61	0.50	0.41	0.31
2.教育费用	7.70	7.13	7.05	5.80
七、居住	**9.89**	**9.74**	**10.24**	**10.76**
(一)住房	2.69	3.15	4.24	5.72
(二)水电燃料及其他	6.83	6.17	5.47	4.29
(三)居住服务费	0.37	0.42	0.52	0.75
八、杂项商品和服务	**3.05**	**3.42**	**3.55**	**4.18**
(一)杂项商品	1.93	2.17	2.24	2.63
(二)服务	1.12	1.25	1.31	1.55

2004年城镇居民家庭购买主要商品数量(一)

(平均每人全年)

项　　目	计量单位	总 计	最 低 收入户	其中: 困难户	低 收 入 户	中 等 偏下户
粮食	千克	78.18	82.53	82.09	82.68	80.45
大米	千克	42.74	45.30	45.07	45.24	43.67
面粉	千克	12.50	17.69	18.37	15.85	14.26
其他粮食	千克	2.99	2.39	2.16	2.70	2.79
粮食制品	千克	19.95	17.16	16.49	18.89	19.73
淀粉及薯类	千克	10.03	11.37	11.45	10.74	10.31
油脂类	千克	9.62	9.39	8.95	9.85	9.93
食用植物油	千克	9.29	8.87	8.41	9.43	9.59
食用动物油	千克	0.32	0.52	0.53	0.41	0.34
肉类	千克	26.59	19.34	17.55	22.66	25.26
猪肉	千克	19.19	15.06	13.71	16.97	18.41
牛肉	千克	2.27	1.51	1.43	1.90	2.22
羊肉	千克	1.39	0.93	0.87	1.17	1.41
其他肉	千克	0.26	0.19	0.18	0.23	0.25
肉制品	千克	3.48	1.66	1.37	2.39	2.97
禽类	千克	8.41	5.09	4.39	6.49	7.71
鸡	千克	4.88	3.16	2.75	4.00	4.58
鸭	千克	1.49	1.04	0.97	1.16	1.39
其他禽类	千克	0.20	0.08	0.07	0.12	0.15
禽制品	千克	1.85	0.81	0.60	1.21	1.58
蛋类	千克	10.97	8.52	7.79	10.10	11.12
鲜蛋	千克	10.35	8.22	7.54	9.66	10.55
蛋制品	千克	0.63	0.30	0.25	0.44	0.57
鱼	千克	9.11	5.92	5.17	7.13	8.13
虾	千克	1.34	0.41	0.32	0.66	0.98
其他水产品	千克	2.03	0.74	0.63	1.06	1.49
鲜菜	千克	122.32	111.94	109.90	116.30	120.15

2004年城镇居民家庭购买主要商品数量(二)

(平均每人全年)

项　　目	计量单位	中　等 收入户	中　等 偏上户	高　收 入　户	最　高 收入户
粮食	千克	77.10	77.56	75.47	68.56
大米	千克	41.66	42.50	40.98	39.19
面粉	千克	12.08	10.63	9.23	6.17
其他粮食	千克	3.04	3.15	3.59	3.48
粮食制品	千克	20.32	21.29	21.67	19.73
淀粉及薯类	千克	9.60	9.93	9.69	8.40
油脂类	千克	9.70	9.78	9.41	8.52
食用植物油	千克	9.40	9.47	9.20	8.39
食用动物油	千克	0.30	0.31	0.21	0.13
肉类	千克	27.30	29.73	30.87	30.60
猪肉	千克	19.52	20.95	21.71	21.68
牛肉	千克	2.42	2.63	2.58	2.34
羊肉	千克	1.50	1.62	1.52	1.30
其他肉	千克	0.29	0.30	0.29	0.21
肉制品	千克	3.57	4.23	4.77	5.07
禽类	千克	8.42	9.72	10.58	11.43
鸡	千克	4.84	5.51	5.93	6.42
鸭	千克	1.50	1.74	1.79	1.77
其他禽类	千克	0.17	0.23	0.27	0.43
禽制品	千克	1.91	2.23	2.58	2.80
蛋类	千克	11.24	11.74	12.17	11.20
鲜蛋	千克	10.61	10.98	11.35	10.30
蛋制品	千克	0.62	0.76	0.81	0.90
鱼	千克	8.88	10.36	11.62	13.09
虾	千克	1.26	1.68	2.18	2.79
其他水产品	千克	1.90	2.60	3.17	4.02
鲜菜	千克	121.77	129.49	130.92	124.51

2004年城镇居民家庭购买主要商品数量(三)

(平均每人全年)

项　　目	计量单位	总　计	最　低 收入户	其中: 困难户	低　收 入　户	中　等 偏下户
干菜	千克	0.47	0.26	0.23	0.38	0.43
酒类	千克	8.94	5.77	4.86	8.02	8.84
白酒	千克	2.25	2.05	1.94	2.48	2.35
果酒	千克	0.26	0.09	0.07	0.14	0.22
啤酒	千克	5.91	3.45	2.70	5.11	5.91
其他酒	千克	0.52	0.18	0.14	0.28	0.36
碳酸饮料	千克	2.17	0.88	0.71	1.34	1.70
果蔬饮料	千克	1.24	0.40	0.32	0.66	0.92
瓶装饮用水	千克	10.03	2.22	1.67	4.26	6.10
茶叶	千克	0.22	0.16	0.14	0.17	0.20
咖啡可可粉	千克	0.03	0.01		0.01	0.02
鲜果	千克	38.81	22.91	19.64	30.55	36.11
鲜瓜	千克	17.64	10.27	8.75	14.02	16.49
干果	千克	0.72	0.39	0.31	0.55	0.66
瓜果制品	千克	0.42	0.17	0.13	0.25	0.33
坚果及果仁	千克	2.94	1.83	1.60	2.22	2.74
糕点	千克	4.33	2.28	1.91	3.19	3.92
鲜乳品	千克	18.83	7.79	6.34	12.70	16.49
奶粉	千克	0.51	0.26	0.20	0.41	0.50
酸奶	千克	2.85	1.05	0.75	1.60	2.36
服装	件	6.98	3.32	2.78	4.76	5.84
男士服装	件	2.54	1.26	1.07	1.77	2.15
女士服装	件	3.45	1.47	1.19	2.24	2.79
童装	件	0.99	0.60	0.52	0.75	0.90
鞋类	双	2.48	1.66	1.50	2.05	2.30
水	吨	34.90	21.70	19.65	25.25	29.88
电	度	402.24	215.35	195.33	264.86	320.80
煤炭	千克	91.97	182.92	198.66	145.15	115.42
液化石油气	千克	19.05	13.06	11.43	17.22	18.63
管道煤气	立方米	40.32	20.18	18.13	27.01	32.66

2004年城镇居民家庭购买主要商品数量(四)

(平均每人全年)

项目	计量单位	中等收入户	中等偏上户	高收入户	最高收入户
干菜	千克	0.48	0.53	0.57	0.64
酒类	千克	9.40	9.77	10.26	9.99
白酒	千克	2.31	2.29	2.14	1.83
果酒	千克	0.24	0.33	0.39	0.49
啤酒	千克	6.43	6.50	6.81	6.54
其他酒	千克	0.42	0.65	0.93	1.13
碳酸饮料	千克	2.20	2.68	3.04	3.82
果蔬饮料	千克	1.24	1.46	1.99	2.46
瓶装饮用水	千克	9.51	12.90	16.88	24.00
茶叶	千克	0.22	0.26	0.30	0.30
咖啡可可粉	千克	0.03	0.04	0.06	0.08
鲜果	千克	39.44	44.72	48.75	50.43
鲜瓜	千克	18.11	20.00	21.73	23.48
干果	千克	0.74	0.84	0.93	1.03
瓜果制品	千克	0.41	0.52	0.63	0.79
坚果及果仁	千克	2.90	3.40	3.71	3.99
糕点	千克	4.43	5.04	5.61	6.16
鲜乳品	千克	18.93	23.18	26.18	28.30
奶粉	千克	0.58	0.57	0.60	0.62
酸奶	千克	2.96	3.56	3.96	4.82
服装	件	6.96	8.15	9.60	11.75
男士服装	件	2.52	2.97	3.48	4.12
女士服装	件	3.42	4.08	4.89	6.17
童装	件	1.02	1.10	1.23	1.46
鞋类	双	2.51	2.73	2.99	3.25
水	吨	34.80	39.31	44.56	55.64
电	度	388.83	473.25	552.66	717.31
煤炭	千克	76.62	56.22	39.22	26.03
液化石油气	千克	20.19	21.44	21.11	19.80
管道煤气	立方米	41.52	48.11	54.61	65.38

2004年城镇居民家庭购买主要商品数量(五)

(平均每百户全年)

项目	计量单位	总计	最低收入户	其中：困难户	低收入户	中等偏下户
洗衣机	台	3.96	1.08	0.60	2.16	2.52
电风扇	台	6.48	2.28	2.28	3.48	5.40
电冰箱	台	3.24	0.84	0.48	1.56	2.16
冰柜	台	0.24	0.12		0.12	0.12
微波炉	台	3.00	0.60	0.24	1.56	2.28
空调器	台	6.36	1.32	0.72	1.44	3.84
电炊具	台	8.88	3.36	2.28	5.64	6.96
淋浴热水器	台	4.32	1.08	0.84	1.80	3.36
排油烟机	台	2.40	0.36	0.12	0.84	1.56
吸尘器	台	0.60				0.12
消毒碗柜	台	0.48			0.24	0.24
饮水机	台	2.52	0.96	0.60	1.32	1.92
取暖器	台	2.52	0.72	0.36	1.32	2.04
摩托车	辆	0.96	0.36	0.36	0.48	0.84
自行车	辆	10.56	6.36	5.28	7.68	10.56
助力车	辆	2.16	0.24	0.12	1.32	1.32
家用汽车	辆	0.36				
电话机	部	5.16	2.52	1.44	3.12	3.60
移动电话	部	18.48	3.60	2.04	8.16	13.56
寻呼机	部					
传真机	部					
彩色电视机	台	5.04	1.44	1.32	2.28	3.36
影碟机	台	3.24	0.96	0.72	1.68	2.52
录放像机	台	0.12			0.12	0.12
组合音响	套	0.60	0.12		0.24	0.36
录音机	台	3.48	1.32	0.96	2.64	2.76
摄像机	架	0.24				0.12
照相机	架	1.68			0.24	0.72
钢琴	架	0.12				
其他中高档乐器	件	0.72	0.12		0.12	0.48

2004年城镇居民家庭购买主要商品数量(六)

(平均每百户全年)

项　　目	计量单位	中　等 收入户	中　等 偏上户	高　收 入　户	最　高 收入户
洗衣机	台	4.20	4.92	5.52	7.68
电风扇	台	6.48	7.56	8.88	10.68
电冰箱	台	3.36	4.08	4.44	6.00
冰柜	台	0.12	0.36	0.36	0.24
微波炉	台	3.60	3.36	4.32	4.56
空调器	台	6.24	7.92	9.36	14.88
电炊具	台	8.40	10.20	13.20	15.60
淋浴热水器	台	3.96	5.04	6.60	8.40
排油烟机	台	2.40	2.76	3.60	5.16
吸尘器	台	0.48	0.72	1.20	1.92
消毒碗柜	台	0.60	0.60	0.84	1.20
饮水机	台	2.40	2.88	3.24	4.56
取暖器	台	2.64	2.88	3.84	4.32
摩托车	辆	1.32	1.20	1.56	1.32
自行车	辆	11.04	11.04	12.84	13.20
助力车	辆	2.28	2.88	3.60	3.96
家用汽车	辆	0.12	0.24	0.36	2.04
电话机	部	5.28	5.52	7.56	9.72
移动电话	部	20.40	21.96	26.88	33.84
寻呼机	部				
传真机	部				0.24
彩色电视机	台	4.80	5.52	8.04	11.04
影碟机	台	2.64	3.84	5.52	6.36
录放像机	台	0.12	0.12	0.48	0.36
组合音响	套	0.36	0.60	1.08	2.04
录音机	台	2.88	3.60	4.56	7.56
摄像机	架	0.12	0.24	0.48	1.32
照相机	架	1.08	1.68	2.76	6.60
钢琴	架	0.12	0.12	0.24	0.36
其他中高档乐器	件	0.72	1.08	1.20	1.32

2004年末城镇居民家庭主要耐用消费品拥有量(一)

(平均每百户)

项目	计量单位	总计	最低收入户	其中:困难户	低收入户	中等偏下户
成套家具	套	76.41	54.23	50.83	66.87	70.73
摩托车	辆	24.84	15.62	13.44	19.66	23.57
自行车	辆	140.21	130.24	123.26	144.94	146.38
助力车	辆	6.50	2.10	1.77	3.86	4.64
家用汽车	辆	2.18	0.13	0.07	0.69	0.64
洗衣机	台	95.90	82.48	79.61	89.73	93.16
电风扇	台	179.56	145.29	137.78	167.25	176.24
电冰箱	台	90.15	63.31	57.61	77.47	87.00
冰柜	台	6.73	6.53	6.23	5.94	6.07
彩色电视机	台	133.44	107.12	104.43	115.74	123.39
影碟机	台	63.26	39.42	34.53	50.14	57.87
录音机	台	47.33	34.10	31.86	40.40	43.72
录放像机	台	17.55	5.65	4.81	10.10	13.90
家用电脑	台	33.11	5.63	4.54	10.04	19.89
组合音响	套	28.29	11.78	10.10	17.73	23.39
摄像机	架	3.17	0.41	0.29	0.86	1.21
照相机	架	47.04	15.56	13.26	24.34	34.87
钢琴	架	2.22	0.24	0.08	1.02	0.97
其他中高档乐器	件	7.23	1.68	1.54	3.88	5.25
微波炉	台	41.70	9.30	5.95	17.49	27.50
空调器	台	69.81	14.25	10.94	26.19	43.76
取暖器	台	33.73	13.71	10.70	20.66	28.19
电炊具	台	106.38	77.45	74.78	87.99	93.51
淋浴热水器	台	69.40	33.62	29.53	47.33	60.25
排油烟机	台	65.58	33.80	28.53	49.71	59.42
消毒碗柜	台	14.03	4.02	3.17	6.09	7.90
洗碗机	台	0.57	0.18		0.21	0.23
饮水机	台	36.83	13.46	11.09	21.80	30.24
吸尘器	台	13.24	2.65	1.76	4.71	6.83
健身器材	套	4.22	0.52	0.28	0.89	1.63
普通电话	部	96.44	82.57	78.06	90.78	95.60
移动电话	部	111.35	37.43	29.20	62.90	88.03
传真机	部	0.92	0.21	0.10	0.14	0.30

2004年末城镇居民家庭主要耐用消费品拥有量(二)

(平均每百户)

项目	计量单位	中等收入户	中等偏上户	高收入户	最高收入户
成套家具	套	76.26	81.72	86.33	98.80
摩托车	辆	25.78	27.14	29.48	30.35
自行车	辆	143.30	138.05	139.96	130.86
助力车	辆	6.15	8.60	9.47	10.71
家用汽车	辆	0.81	1.93	3.45	10.79
洗衣机	台	97.34	99.94	101.51	104.01
电风扇	台	177.57	186.61	191.10	210.15
电冰箱	台	93.43	97.36	99.96	104.23
冰柜	台	6.28	7.20	7.13	8.67
彩色电视机	台	131.69	140.09	151.24	169.64
影碟机	台	65.12	68.75	73.62	85.27
录音机	台	47.13	50.90	54.75	60.23
录放像机	台	17.17	20.38	24.66	31.99
家用电脑	台	30.04	42.95	55.06	74.33
组合音响	套	28.33	32.07	37.44	47.98
摄像机	架	1.88	3.33	5.14	12.47
照相机	架	44.09	56.25	68.72	90.87
钢琴	架	1.75	2.71	3.71	6.34
其他中高档乐器	件	7.17	9.24	10.71	12.56
微波炉	台	40.99	53.92	64.79	80.03
空调器	台	64.21	83.29	111.68	163.06
取暖器	台	34.67	40.81	45.06	49.96
电炊具	台	103.40	115.15	129.06	144.89
淋浴热水器	台	71.01	80.76	88.89	99.15
排油烟机	台	68.94	72.99	80.93	87.65
消毒碗柜	台	12.03	16.86	23.73	32.92
洗碗机	台	0.50	0.56	1.11	1.66
饮水机	台	37.92	44.19	51.43	56.33
吸尘器	台	11.41	16.09	23.10	33.31
健身器材	套	3.32	5.14	7.30	13.37
普通电话	部	97.08	99.25	101.78	104.94
移动电话	部	116.16	134.88	153.16	180.02
传真机	部	0.48	0.70	1.59	4.32

城镇居民家庭现金收入和支出变化表(一)

(平均每人全年)

单位:元

项　目	2004年	2003年	2004年比上年增减	2004年比上年增幅(%)
一、期初手存现金	**794.79**	**705.46**	**89.33**	**12.66**
二、家庭总收入	**10128.51**	**9061.22**	**1067.29**	**11.78**
其中:可支配收入	9421.61	8472.20	949.41	11.21
(一)工薪收入	7152.76	6410.22	742.54	11.58
1.工资及补贴收入	6956.44	6228.72	727.72	11.68
2.其他劳动收入	196.32	181.50	14.82	8.17
(二)经营净收入	493.87	403.82	90.05	22.30
(三)财产性收入	161.15	134.98	26.17	19.39
1.利息收入	18.39	20.27	−1.88	−9.27
2.股息与红利收入	34.17	30.57	3.60	11.78
3.保险收益	2.66	3.22	−0.56	−17.39
4.其他投资收入	15.72	19.41	−3.69	−19.01
5.出租房屋收入	86.47	57.48	28.99	50.43
6.知识产权收入	0.19	0.22	−0.03	−13.64
7.其他财产性收入	3.55	3.82	−0.27	−7.07
(四)转移性收入	2320.73	2112.20	208.53	9.87
1.养老金或离退休金	1783.81	1598.22	185.59	11.61
2.社会救济收入	19.63	16.43	3.20	19.48
3.辞退金	32.98	36.45	−3.47	−9.52
4.赔偿收入	7.63	4.22	3.41	80.81
5.保险收入	23.60	24.47	−0.87	−3.56

城镇居民家庭现金收入和支出变化表(二)

(平均每人全年)　　单位:元

项　目	2004 年	2003 年	2004 年比上年增减	2004 年比上年增幅(%)
6. 赡养收入	97.39	89.97	7.42	8.25
7. 捐赠收入	214.74	211.05	3.69	1.75
8. 亲友搭伙费	32.03	31.56	0.47	1.49
9. 提取住房公积金	25.18	22.50	2.68	11.91
10. 记帐补贴	48.06	42.12	5.94	14.10
11. 其他转移性收入	35.67	35.20	0.47	1.34
三、出售财物收入	**176.82**	**86.57**	**90.25**	**104.25**
1. 出售住房收入	168.06	77.78	90.28	116.07
2. 出售其他物品收入	8.77	8.79	—0.02	—0.23
四、借贷收入	**2831.44**	**2462.43**	**369.01**	**14.99**
1. 提取储蓄存款	2365.91	1999.38	366.53	18.33
2. 借入款	196.64	209.54	—12.90	—6.16
3. 收回借出款	32.00	41.83	—9.83	—23.50
4. 收回储蓄性保险本	4.20	6.35	—2.15	—33.86
5. 兑售有价证券	8.81	6.74	2.07	30.71
6. 收回投资本金	8.61	8.12	0.49	6.03
7. 住房贷款	157.78	139.31	18.47	13.26
8. 汽车贷款	11.79	5.42	6.37	117.53
9. 教育贷款	1.21	1.16	0.05	4.31
10. 其他贷款	7.59	4.89	2.70	55.21
11. 其他借贷收入	36.90	39.67	—2.77	—6.98

城镇居民家庭现金收入和支出变化表(三)

(平均每人全年)

单位:元

项　　目	2004 年	2003 年	2004 年比上年增减	2004 年比上年增幅(%)
五、家庭总支出	**9714.02**	**8731.55**	**982.47**	**11.25**
(一)消费支出	7182.10	6510.94	671.16	10.31
其中:服务性消费支出	2012.56	1759.78	252.78	14.36
1.食品	2709.60	2416.92	292.68	12.11
2.衣着	686.79	637.72	49.07	7.69
3.家庭设备用品及服务	407.37	410.34	−2.97	−0.72
4.医疗保健	528.15	475.98	52.17	10.96
5.交通和通信	843.62	721.12	122.50	16.99
6.教育文化娱乐服务	1032.80	934.38	98.42	10.53
7.居住	733.53	699.38	34.15	4.88
8.杂项商品和服务	240.24	215.10	25.14	11.69
(二)购房与建房支出	801.48	690.19	111.29	16.12
1.购房	770.19	653.52	116.67	17.85
2.建房	31.29	36.67	−5.38	−14.67
(三)转移性支出	1116.84	1018.08	98.76	9.70
1.交纳的个人收入税	60.31	43.84	16.47	37.57
2.捐赠支出	615.77	564.30	51.47	9.12
3.购买彩票	10.69	11.76	−1.07	−9.10
4.赡养支出	363.70	339.28	24.42	7.20
5.各种非储蓄性保险支出	27.30	21.56	5.74	26.62
6.其他转移性支出	39.06	37.33	1.73	4.63

城镇居民家庭现金收入和支出变化表(四)

(平均每人全年)　　　　单位:元

项　　目	2004年	2003年	2004年比上年增减	2004年比上年增幅(%)
(四)财产性支出	15.07	9.27	5.80	62.57
1.非生产性利息支出	10.85	5.89	4.96	84.21
2.其他	4.22	3.38	0.84	24.85
(五)社会保障支出	598.53	503.06	95.47	18.98
1.个人交纳的养老基金	256.98	219.48	37.50	17.09
2.个人交纳的住房公积金	237.96	198.59	39.37	19.82
3.个人交纳的医疗基金	74.86	60.35	14.51	24.04
4.个人交纳的失业基金	22.09	19.35	2.74	14.16
5.其他社会保障支出	6.64	5.28	1.36	25.76
六、借贷支出	**3091.96**	**2594.48**	**497.48**	**19.17**
1.存入储蓄款	2598.34	2147.10	451.24	21.02
2.借出款	40.55	44.89	−4.34	−9.67
3.归还借款	96.20	88.90	7.30	8.21
4.储蓄性保险支出	111.16	114.76	−3.60	−3.14
5.购买有价证券	34.24	33.34	0.90	2.70
6.其他投资支出	22.68	19.86	2.82	14.20
7.归还住房贷款	143.75	110.01	33.74	30.67
8.归还汽车贷款	8.77	2.61	6.16	236.02
9.归还教育贷款	0.43	0.61	−0.18	−29.51
10.归还其他贷款	4.68	3.65	1.03	28.22
11.其他借贷支出	31.15	28.76	2.39	8.31
七、期末手存现金	**822.35**	**729.14**	**93.21**	**12.78**

城镇居民家庭消费支出变化表(一)

(平均每人全年)

单位:元

项　　目	2004年	2003年	2004年比上年增减	2004年比上年增幅(%)
消费支出	**7182.10**	**6510.94**	**671.16**	**10.31**
一、食品	**2709.60**	**2416.92**	**292.68**	**12.11**
(一)粮油类	382.29	321.09	61.20	19.06
1.粮食	238.76	194.15	44.61	22.98
2.淀粉及薯类	18.44	17.08	1.36	7.96
3.干豆类及豆制品	35.85	31.40	4.45	14.17
4.油脂类	89.24	78.46	10.78	13.74
(二)肉禽蛋水产品类	773.06	704.47	68.59	9.74
1.肉类	402.90	352.41	50.49	14.33
2.禽类	123.90	120.79	3.11	2.57
3.蛋类	68.19	60.97	7.22	11.84
4.水产品类	178.06	170.31	7.75	4.55
(三)蔬菜类	256.51	236.44	20.07	8.49
1.鲜菜	234.52	214.87	19.65	9.15
2.干菜	13.48	13.00	0.48	3.69
3.菜制品	8.51	8.58	−0.07	−0.82
(四)调味品	36.07	35.22	0.85	2.41
(五)糖烟酒饮料类	285.57	268.82	16.75	6.23
1.糖类	28.10	26.51	1.59	6.00
2.烟草类	133.73	122.19	11.54	9.44
3.酒类	69.37	67.91	1.46	2.15
4.饮料	54.37	52.20	2.17	4.16
(六)干鲜瓜果类	189.59	174.89	14.70	8.41
1.鲜果	120.02	111.91	8.11	7.25
2.鲜瓜	25.03	22.84	2.19	9.59
3.干果	8.74	8.81	−0.07	−0.79

城镇居民家庭消费支出变化表(二)

(平均每人全年) 单位:元

项　　目	2004年	2003年	2004年比上年增减	2004年比上年增幅(%)
4.瓜果制品	5.23	5.19	0.04	0.77
5.坚果及果仁	30.57	26.14	4.43	16.95
(七)糕点、奶及奶制品	189.83	178.16	11.67	6.55
1.糕点	57.46	53.46	4.00	7.48
2.奶及奶制品	132.37	124.70	7.67	6.15
(八)其他食品	62.35	58.37	3.98	6.82
(九)饮食服务	534.33	439.47	94.86	21.59
1.食品加工服务费	0.94	1.22	−0.28	−22.95
2.在外饮食	533.39	438.24	95.15	21.71
二、衣着	**686.79**	**637.73**	**49.06**	**7.69**
(一)服装	493.81	455.32	38.49	8.45
1.男士服装	202.63	187.84	14.79	7.87
2.女士服装	255.95	234.46	21.49	9.17
3.童装	35.24	33.01	2.23	6.76
(二)衣着材料	9.99	11.88	−1.89	−15.91
(三)鞋类	150.74	138.67	12.07	8.70
(四)其他衣着用品	25.79	25.05	0.74	2.95
(五)衣着加工服务费	6.46	6.80	−0.34	−5.00
三、家庭设备用品及服务	**407.37**	**410.34**	**−2.97**	**−0.72**
(一)耐用消费品	198.84	213.57	−14.73	−6.90
1.家具	63.94	67.09	−3.15	−4.70
2.家庭设备	134.90	146.48	−11.58	−7.91
(二)室内装饰品	16.02	15.58	0.44	2.82
1.纺织装饰品	6.03	5.74	0.29	5.05
2.装饰灯具	4.13	4.30	−0.17	−3.95
3.其他装饰品	5.86	5.54	0.32	5.78
(三)床上用品	32.43	29.40	3.03	10.31

城镇居民家庭消费支出变化表(三)

(平均每人全年)

单位:元

项　目	2004年	2003年	2004年比上年增减	2004年比上年增幅(%)
(四)家庭日用杂品	126.81	120.89	5.92	4.90
1.厨、餐、茶具	18.82	18.36	0.46	2.51
2.家用工具	0.99	1.08	-0.09	-8.33
3.家居清洁用品	24.98	24.46	0.52	2.13
4.其他日用杂品	82.02	76.99	5.03	6.53
(五)家具材料	2.83	3.12	-0.29	-9.29
(六)家庭服务	30.44	27.79	2.65	9.54
1.家政服务	19.08	16.94	2.14	12.63
2.加工维修服务费	11.36	10.85	0.51	4.70
四、医疗保健	**528.15**	**475.98**	**52.17**	**10.96**
(一)医疗器具	3.79	3.64	0.15	4.12
(二)保健器具	10.16	7.38	2.78	37.67
(三)药品费	295.36	285.98	9.38	3.28
(四)滋补保健品	59.30	44.82	14.48	32.31
(五)医疗费	154.04	128.96	25.08	19.45
(六)其他	5.50	5.20	0.30	5.77
五、交通和通讯	**843.62**	**721.13**	**122.49**	**16.99**
(一)交通	389.05	297.11	91.94	30.94
1.家庭交通工具	146.37	96.28	50.09	52.03
2.车辆用燃料及零配件	35.52	24.93	10.59	42.48
3.交通工具服务支出	36.47	27.97	8.50	30.39
4.交通费	170.70	147.95	22.75	15.38
(二)通信	454.56	424.01	30.55	7.21
1.通信工具	75.72	78.27	-2.55	-3.26
2.通信服务	378.84	345.75	33.09	9.57
六、教育文化娱乐服务	**1032.80**	**934.38**	**98.42**	**10.53**
(一)文化娱乐用品	256.65	264.47	-7.82	-2.96
(二)文化娱乐服务	217.20	155.91	61.29	39.31

城镇居民家庭消费支出变化表(四)

(平均每人全年) 单位:元

项　目	2004年	2003年	2004年比上年增减	2004年比上年增幅(%)
1.参观游览	28.12	22.65	5.47	24.15
2.健身活动	4.69	2.97	1.72	57.91
3.团体旅游	116.20	69.31	46.89	67.65
4.其它文娱活动	63.14	55.43	7.71	13.91
5.文娱用品修理服务费	5.04	5.56	−0.52	−9.35
(三)教育	558.95	514.00	44.95	8.75
1.教材	38.90	36.30	2.60	7.16
2.教育费用	520.05	477.70	42.35	8.87
七、居住	**733.53**	**699.39**	**34.14**	**4.88**
(一)住房	247.89	256.45	−8.56	−3.34
(二)水电燃料及其他	451.49	412.73	38.76	9.39
1.水	53.45	48.28	5.17	10.71
2.电	203.28	188.52	14.76	7.83
3.燃料	141.68	131.93	9.75	7.39
4.其他	53.08	44.01	9.07	20.61
(三)居住服务费	34.14	30.21	3.93	13.01
八、杂项商品和服务	**240.24**	**215.10**	**25.14**	**11.69**
(一)杂项商品	150.30	134.57	15.73	11.69
1.金银珠宝饰品	20.91	18.12	2.79	15.40
2.手表	3.58	3.81	−0.23	−6.04
3.理发美容用具	2.43	2.09	0.34	16.27
4.化妆品	61.73	53.25	8.48	15.92
5.其他杂品	61.64	57.31	4.33	7.56
(二)服务	89.94	80.53	9.41	11.69
1.旅馆住宿费	8.33	7.08	1.25	17.66
2.理发洗澡费	30.59	27.86	2.73	9.80
3.美容费	15.84	12.05	3.79	31.45
4.其他服务	35.19	33.53	1.66	4.95

城镇居民家庭购买主要商品数量变化表(一)

(平均每人全年)

项　目	计量单位	2004年	2003年	2004年比上年增减	2004年比上年增幅(%)
粮食	千克	78.18	79.52	-1.34	-1.69
大米	千克	42.74	43.77	-1.03	-2.35
面粉	千克	12.50	12.95	-0.45	-3.47
淀粉及薯类	千克	10.03	10.14	-0.11	-1.08
油脂类	千克	9.62	9.59	0.03	0.31
植物油	千克	9.29	9.20	0.09	0.98
动物油	千克	0.32	0.39	-0.07	-17.95
猪肉	千克	19.19	20.43	-1.24	-6.07
牛肉	千克	2.27	1.98	0.29	14.65
羊肉	千克	1.39	1.33	0.06	4.51
其他肉及肉制品	千克	3.74	3.84	-0.10	-2.60
鸡	千克	4.88	5.48	-0.60	-10.95
鸭	千克	1.49	1.59	-0.10	-6.29
其他禽类及禽制品	千克	2.05	2.14	-0.09	-4.21
蛋类	千克	10.97	11.91	-0.94	-7.89
鲜蛋	千克	10.35	11.19	-0.84	-7.51
其他蛋类及蛋制品	千克	0.63	0.72	-0.09	-12.50
鱼	千克	9.11	9.79	-0.68	-6.95
虾	千克	1.34	1.33	0.01	0.75
鲜菜	千克	122.32	118.34	3.98	3.36
干菜	千克	0.47	0.48	-0.01	-2.08

城镇居民家庭购买主要商品数量变化表(二)

(平均每人全年)

项　目	计量单位	2004 年	2003 年	2004 年比上年增减	2004 年比上年增幅(%)
白酒	千克	2.25	2.40	−0.15	−6.25
果酒	千克	0.26	0.29	−0.03	−10.34
啤酒	千克	5.91	6.12	−0.21	−3.43
其他酒	千克	0.52	0.58	−0.06	−10.34
汽水、可乐	千克	2.17	2.25	−0.08	−3.56
茶叶	千克	0.22	0.23	−0.01	−4.35
咖啡、可可粉	千克	0.03	0.03		
鲜瓜果	千克	56.45	56.57	−0.12	−0.21
干果	千克	0.72	0.78	−0.06	−7.69
坚果及果仁	千克	2.94	2.70	0.24	8.89
糕点类	千克	4.33	4.18	0.15	3.59
鲜乳品	千克	18.83	18.62	0.21	1.13
奶粉	千克	0.51	0.56	−0.05	−8.93
酸奶	千克	2.85	2.53	0.32	12.65
服装	件	6.98	7.22	−0.24	−3.32
男士服装	件	2.54	2.64	−0.10	−3.79
女士服装	件	3.45	3.56	−0.11	−3.09
各式童装	件	0.99	1.02	−0.03	−2.94
鞋类	双	2.48	2.58	−0.10	−3.88
水	吨	34.90	34.35	0.55	1.60
电	度	402.24	379.13	23.11	6.10
煤炭	千克	91.97	104.71	−12.74	−12.17
液化石油气	千克	19.05	19.92	−0.87	−4.37
管道煤气	立方米	40.32	38.31	2.01	5.25

城镇居民家庭购买主要商品数量变化表(三)

(平均每百户全年)

项　目	计量单位	2004年	2003年	2004年比上年增减	2004年比上年增幅(%)
洗衣机	台	3.96	4.44	-0.48	-10.81
电风扇	台	6.48	7.44	-0.96	-12.90
电冰箱	台	3.24	3.24		
冰柜	台	0.24	0.24		
微波炉	台	3.00	3.72	-0.72	-19.35
空调器	台	6.36	7.68	-1.32	-17.19
电炊具	台	8.88	7.68	1.20	15.63
淋浴热水器	台	4.32	4.68	-0.36	-7.69
排油烟机	台	2.40	2.76	-0.36	-13.04
吸尘器	台	0.60	0.60		
消毒碗柜	台	0.48	0.72	-0.24	-33.33
饮水机	台	2.52	2.52		
取暖器	台	2.52	3.36	-0.84	-25.00
摩托车	辆	0.96	1.20	-0.24	-20.00
自行车	辆	10.56	11.28	-0.72	-6.38
助力车	辆	2.16	1.56	0.60	38.46
家用汽车	辆	0.36	0.24	0.12	50.00
电话机	部	5.16	6.24	-1.08	-17.31
移动电话	部	18.48	18.60	-0.12	-0.65
彩色电视机	台	5.04	6.00	-0.96	-16.00
影碟机	台	3.24	3.96	-0.72	-18.18
录放像机	台	0.12	0.12		
组合音响	台	0.60	0.72	-0.12	-16.67
录音机	台	3.48	3.72	-0.24	-6.45
摄像机	架	0.24	0.24		
照相机	架	1.68	1.20	0.48	40.00
钢琴	架	0.12	0.12		

城镇居民家庭年末主要消费品拥有量变化表

（平均每百户）

项　　目	计量单位	2004 年	2003 年	2004 年比上年增减	2004 年比上年增幅(%)
成套家具	套	76.41	73.04	3.37	4.61
摩托车	辆	24.84	24.00	0.84	3.50
自行车	辆	140.21	143.55	−3.34	−2.33
助力车	辆	6.50	4.25	2.25	52.94
家用汽车	辆	2.18	1.36	0.82	60.29
洗衣机	台	95.90	94.41	1.49	1.58
电风扇	台	179.56	181.58	−2.02	−1.11
电冰箱	台	90.15	88.73	1.42	1.60
冰柜	台	6.73	6.97	−0.24	−3.44
彩色电视机	台	133.44	130.50	2.94	2.25
影碟机	台	63.26	58.69	4.57	7.79
录音机	台	47.33	48.55	−1.22	−2.51
录放像机	台	17.55	17.91	−0.36	−2.01
家用电脑	台	33.11	27.81	5.30	19.06
组合音响	套	28.29	26.89	1.40	5.21
摄像机	架	3.17	2.45	0.72	29.39
照相机	架	47.04	45.36	1.68	3.70
钢琴	架	2.22	1.91	0.31	16.23
其他中高档乐器	件	7.23	6.88	0.35	5.09
微波炉	台	41.70	36.96	4.74	12.82
空调器	台	69.81	61.79	8.02	12.98
取暖器	台	33.73	32.26	1.47	4.56
电炊具	台	106.38	101.19	5.19	5.13
淋浴热水器	台	69.40	66.61	2.79	4.19
排油烟机	台	65.58	63.55	2.03	3.19
消毒碗柜	台	14.03	12.94	1.09	8.42
洗碗机	台	0.57	0.59	−0.02	−3.39
饮水机	台	36.83	31.94	4.89	15.31
吸尘器	台	13.24	12.66	0.58	4.58
健身器材	套	4.22	4.07	0.15	3.69
普通电话	部	96.44	95.41	1.03	1.08
移动电话	部	111.35	90.07	21.28	23.63
传真机	部	0.92	0.72	0.20	27.78

（二）分省、自治区、直辖市调查资料

2004年各地区城镇居民家庭人口就业情况(一)

(平均每户)

单位:人

地　区	调查户数(户)	一、家庭人口数	(一)有收入者人数	1.就业人口数
合　计	**50430.00**	**2.98**	**2.10**	**1.56**
北　京	2000.00	2.95	2.33	1.54
天　津	1500.00	2.96	2.26	1.47
河　北	2259.92	2.94	2.15	1.52
山　西	1770.00	3.02	2.01	1.57
内蒙古	2420.00	2.94	1.97	1.51
辽　宁	3600.00	2.92	2.19	1.59
吉　林	1449.92	2.97	2.09	1.57
黑龙江	2050.00	2.89	2.01	1.41
上　海	1000.00	3.04	2.29	1.53
江　苏	4599.25	2.94	2.11	1.41
浙　江	2380.00	2.81	2.02	1.50
安　徽	1800.00	2.96	2.06	1.56
福　建	1700.00	3.05	2.18	1.58
江　西	1280.00	2.91	2.06	1.56
山　东	2649.25	2.95	2.06	1.77
河　南	2413.83	3.00	2.12	1.53
湖　北	1700.00	3.03	2.12	1.65
湖　南	1000.00	2.99	2.07	1.59
广　东	1600.00	3.28	2.14	1.74
广　西	750.00	2.96	2.11	1.59
海　南	300.00	3.53	2.17	1.63
重　庆	300.00	3.02	2.36	1.61
四　川	2095.42	2.90	2.00	1.44
贵　州	1189.92	3.05	2.05	1.51
云　南	1600.00	2.96	2.06	1.41
西　藏	100.00	3.40	1.86	1.77
陕　西	1449.92	3.01	2.01	1.50
甘　肃	880.00	2.96	2.03	1.60
青　海	549.83	3.06	1.92	1.30
宁　夏	1000.00	2.91	1.91	1.35
新　疆	1060.00	3.04	1.97	1.62

2004年各地区城镇居民家庭人口就业情况(二)

(平均每户)

单位:人

地　区	(1)国有经济单位职工人数	(2)城镇集体经济单位职工人数	(3)其他各种经济类型单位职工	(4)城镇个体经营者人员数
合　计	**0.98**	**0.10**	**0.16**	**0.11**
北　京	0.94	0.06	0.22	0.03
天　津	0.82	0.05	0.20	0.08
河　北	1.14	0.10	0.06	0.07
山　西	1.20	0.09	0.10	0.08
内蒙古	1.01	0.04	0.10	0.17
辽　宁	0.81	0.13	0.08	0.09
吉　林	0.97	0.11	0.11	0.15
黑龙江	0.90	0.08	0.06	0.13
上　海	0.90	0.07	0.26	0.05
江　苏	0.67	0.16	0.19	0.14
浙　江	0.57	0.08	0.38	0.17
安　徽	0.96	0.15	0.17	0.14
福　建	0.91	0.10	0.20	0.15
江　西	1.11	0.07	0.06	0.12
山　东	1.28	0.14	0.20	0.06
河　南	1.17	0.10	0.04	0.11
湖　北	1.12	0.12	0.17	0.09
湖　南	0.97	0.06	0.23	0.12
广　东	0.89	0.16	0.28	0.14
广　西	1.10	0.10	0.05	0.11
海　南	1.18	0.08	0.06	0.10
重　庆	0.99	0.11	0.20	0.06
四　川	0.81	0.06	0.18	0.15
贵　州	1.01	0.10	0.04	0.20
云　南	0.85	0.13	0.10	0.12
西　藏	1.56	0.15	0.01	0.04
陕　西	1.12	0.06	0.07	0.06
甘　肃	1.19	0.08	0.09	0.11
青　海	0.88	0.05	0.08	0.08
宁　夏	0.82	0.05	0.20	0.14
新　疆	1.19	0.06	0.07	0.12

2004年各地区城镇居民家庭人口就业情况(三)

(平均每户)

单位:人

地区	(5)城镇个体被雇人员数	(6)离退休再就业人员数	(7)其他就业人员数	2.离退休人数
合计	**0.11**	**0.04**	**0.06**	**0.48**
北京	0.03	0.18	0.08	0.73
天津	0.14	0.12	0.06	0.71
河北	0.08	0.03	0.04	0.60
山西	0.07	0.01	0.02	0.38
内蒙古	0.10	0.02	0.05	0.40
辽宁	0.22	0.10	0.15	0.53
吉林	0.14	0.04	0.06	0.48
黑龙江	0.14	0.02	0.09	0.53
上海	0.09	0.14	0.01	0.70
江苏	0.18	0.03	0.04	0.64
浙江	0.16	0.06	0.07	0.47
安徽	0.09	0.02	0.02	0.43
福建	0.14	0.03	0.05	0.52
江西	0.13	0.01	0.06	0.44
山东	0.05	0.02	0.03	0.26
河南	0.07	0.03	0.02	0.55
湖北	0.08	0.03	0.05	0.42
湖南	0.08	0.01	0.11	0.38
广东	0.19	0.01	0.08	0.35
广西	0.13	0.03	0.06	0.46
海南	0.07		0.13	0.49
重庆	0.17	0.07	0.01	0.67
四川	0.13	0.05	0.07	0.49
贵州	0.07	0.03	0.06	0.43
云南	0.08	0.02	0.10	0.57
西藏			0.01	0.07
陕西	0.11	0.04	0.04	0.42
甘肃	0.06	0.01	0.05	0.35
青海	0.09	0.01	0.12	0.54
宁夏	0.09	0.04	0.01	0.47
新疆	0.10	0.02	0.06	0.28

2004年各地区城镇居民家庭人口就业情况(四)

(平均每户)

单位:人

地 区	3.其他有收入者人数	(二)无收入者人数	二、期末家庭人口数	三、非家庭人口在家用餐人次数
合 计	**0.06**	**0.88**	**2.97**	**6.75**
北 京	0.05	0.62	2.94	4.74
天 津	0.08	0.70	2.94	4.28
河 北	0.03	0.79	2.93	4.82
山 西	0.05	1.01	3.00	4.11
内 蒙 古	0.06	0.97	2.93	2.62
辽 宁	0.07	0.73	2.91	5.35
吉 林	0.04	0.89	2.96	3.41
黑 龙 江	0.06	0.88	2.88	4.03
上 海	0.06	0.75	3.03	6.53
江 苏	0.05	0.82	2.92	7.19
浙 江	0.05	0.79	2.80	9.60
安 徽	0.07	0.89	2.95	6.93
福 建	0.08	0.87	3.05	7.63
江 西	0.05	0.85	2.89	10.04
山 东	0.03	0.89	2.95	5.35
河 南	0.05	0.88	2.99	7.59
湖 北	0.05	0.90	3.02	9.22
湖 南	0.10	0.92	2.97	10.21
广 东	0.05	1.14	3.27	6.69
广 西	0.06	0.86	2.94	6.94
海 南	0.06	1.36	3.50	5.12
重 庆	0.09	0.67	3.00	10.63
四 川	0.07	0.90	2.89	10.06
贵 州	0.11	1.00	3.04	7.61
云 南	0.08	0.90	2.94	2.53
西 藏	0.02	1.55	3.40	
陕 西	0.09	1.00	2.98	7.01
甘 肃	0.07	0.94	2.96	6.25
青 海	0.08	1.14	3.06	4.01
宁 夏	0.09	1.00	2.88	10.22
新 疆	0.08	1.07	3.04	4.53

2004年各地区城镇居民家庭现金收入和支出(一)

(平均每人全年)

单位:元

地区	一、期初手存现金	二、家庭总收入	其中:可支配收入	(一)工薪收入
合计	**794.79**	**10128.51**	**9421.61**	**7152.76**
北京	1259.79	17116.46	15637.84	11590.45
天津	1273.32	12279.73	11467.16	7508.72
河北	875.47	8381.42	7951.31	5589.89
山西	616.94	8428.81	7902.86	6338.80
内蒙古	314.23	8488.13	8122.99	5893.79
辽宁	686.28	8706.46	8007.56	5806.05
吉林	475.41	8226.78	7840.61	5447.36
黑龙江	607.55	7803.41	7470.71	5031.88
上海	2954.59	18501.66	16682.82	13156.67
江苏	1205.99	11236.68	10481.93	6869.00
浙江	1685.16	15881.63	14546.38	10752.74
安徽	575.68	7993.55	7511.43	5583.71
福建	749.23	12117.93	11175.37	7996.08
江西	728.61	7876.70	7559.64	5541.74
山东	530.02	10187.12	9437.80	8327.11
河南	605.55	8073.36	7704.90	5322.07
湖北	323.70	8522.06	8022.75	6390.81
湖南	533.50	9190.21	8617.48	6807.36
广东	1198.53	14953.39	13627.65	11646.42
广西	676.34	9324.00	8689.99	6737.70
海南	645.47	8121.85	7735.78	5599.27
重庆	640.99	9910.09	9220.96	7162.69
四川	586.77	8261.44	7709.87	5461.35
贵州	546.84	7518.72	7322.05	5135.14
云南	573.95	9546.29	8870.88	6138.33
西藏	144.06	10395.86	9106.07	10204.52
陕西	689.73	8043.23	7492.47	5725.33
甘肃	358.58	7990.65	7376.74	6087.37
青海	205.83	7785.09	7319.67	5022.57
宁夏	197.50	7748.53	7217.87	5166.44
新疆	503.71	8201.82	7503.42	6394.50

2004年各地区城镇居民家庭现金收入和支出(二)

(平均每人全年)

单位:元

地区	1.工资及补贴收入	2.其他劳动收入	(二)经营净收入	(三)财产性收入
合计	**6956.44**	**196.32**	**493.87**	**161.15**
北京	11064.33	526.12	177.54	146.45
天津	7260.52	248.20	600.40	123.55
河北	5384.09	205.80	334.28	108.97
山西	6005.63	333.17	335.91	141.19
内蒙古	5532.30	361.49	757.82	98.59
辽宁	5697.05	109.00	333.47	79.35
吉林	5311.36	136.00	791.60	69.69
黑龙江	4757.82	274.06	611.30	46.04
上海	12906.67	250.00	506.77	214.74
江苏	6772.88	96.12	752.10	202.02
浙江	10464.31	288.43	1336.37	383.55
安徽	5401.96	181.75	513.20	117.96
福建	7657.88	338.20	729.86	347.97
江西	5465.70	76.03	433.67	88.52
山东	8188.67	138.44	299.94	116.84
河南	5185.56	136.51	429.33	126.04
湖北	6187.16	203.65	291.87	122.72
湖南	6562.72	244.63	494.07	92.90
广东	11502.42	143.99	738.35	371.29
广西	6443.99	293.70	341.90	174.20
海南	5231.24	368.04	261.99	267.81
重庆	7009.97	152.72	228.53	109.67
四川	5315.15	146.20	439.25	197.40
贵州	4938.57	196.57	576.33	54.21
云南	5986.35	151.98	518.17	334.41
西藏	10186.26	18.27	42.59	1.18
陕西	5591.49	133.84	201.25	138.45
甘肃	5920.41	166.95	330.43	53.37
青海	4717.38	305.19	299.21	67.25
宁夏	4973.48	192.96	495.12	60.03
新疆	6245.38	149.12	371.74	62.95

2004年各地区城镇居民家庭现金收入和支出(三)

(平均每人全年)

单位:元

地区	1.利息收入	2.股息与红利收入	3.保险收益	4.其他投资收入	5.出租房屋收入
合计	**18.39**	**34.17**	**2.66**	**15.72**	**86.47**
北京	36.46	35.72	5.64	0.88	65.27
天津	32.64	62.50	1.36	0.34	24.73
河北	36.65	19.60	1.22	8.13	41.77
山西	17.13	24.86	3.02	35.15	56.81
内蒙古	9.78	15.43	2.67	9.43	56.34
辽宁	12.03	9.75	2.46	2.56	48.89
吉林	8.01	4.63	8.48	2.42	45.81
黑龙江	5.18	5.45	0.29	0.77	34.34
上海	8.31	14.10	2.42	31.06	157.35
江苏	11.59	28.89	1.86	55.00	89.78
浙江	37.26	74.96	4.40	68.54	194.91
安徽	23.25	22.69	3.64	9.91	50.53
福建	30.68	76.27	1.69	7.04	230.77
江西	8.27	16.72	0.27	9.07	51.06
山东	23.81	54.72	3.00	6.34	25.54
河南	24.93	29.07	2.95	13.59	55.12
湖北	24.50	41.24	0.56	4.23	50.11
湖南	7.38	16.67	3.96	3.64	60.19
广东	22.71	87.66	2.76	2.65	252.66
广西	22.58	33.21	1.23	48.55	53.75
海南	6.20	38.27	0.36	107.54	111.55
重庆	18.14	9.28		0.44	63.03
四川	19.33	37.26	5.81	47.53	86.69
贵州	1.75	6.34	1.55	3.18	40.93
云南	3.46	61.20	0.02	3.58	266.06
西藏					1.18
陕西	16.11	23.35	3.44	0.46	94.61
甘肃	8.47	5.66	0.83	0.22	37.90
青海	4.77	18.49		19.22	19.81
宁夏	11.15	10.98	4.34	1.22	30.59
新疆	4.42	12.06	2.31	0.20	39.62

2004年各地区城镇居民家庭现金收入和支出(四)

(平均每人全年)

单位:元

地区	6.知识产权收入	7.其他财产性收入	(四)转移性收入	1.养老金或离退休金	2.社会救济收入
合计	**0.19**	**3.55**	**2320.73**	**1783.81**	**19.63**
北京	0.26	2.22	5202.02	4574.95	8.75
天津		1.97	4047.06	3126.76	19.87
河北		1.60	2348.28	2078.40	9.55
山西	0.70	3.52	1612.92	1250.04	17.68
内蒙古	1.00	3.94	1737.93	1486.95	12.27
辽宁		3.68	2487.58	1841.67	26.66
吉林		0.34	1918.14	1620.40	5.84
黑龙江			2114.18	1776.19	13.53
上海		1.50	4623.47	3590.41	66.72
江苏	0.14	14.76	3413.56	2687.66	26.21
浙江	0.19	3.29	3408.98	2588.29	4.99
安徽	2.25	5.69	1778.68	1358.09	13.05
福建		1.52	3044.02	2082.81	7.84
江西		3.13	1812.77	1255.93	14.46
山东	0.10	3.33	1443.23	1060.13	9.88
河南		0.38	2195.92	1823.97	13.35
湖北	0.04	2.04	1716.66	1307.38	15.62
湖南		1.06	1795.88	1193.19	17.83
广东	0.01	2.84	2197.34	1360.44	13.50
广西		14.87	2070.21	1555.83	11.46
海南		3.88	1992.78	1457.47	8.96
重庆		18.78	2409.20	1904.42	48.68
四川		0.78	2163.45	1594.04	43.19
贵州		0.46	1753.04	1437.34	24.09
云南	0.01	0.08	2555.38	2126.49	21.24
西藏			147.58	102.79	
陕西		0.47	1978.20	1401.43	25.14
甘肃		0.29	1519.49	1332.77	17.58
青海	0.32	4.63	2396.05	2109.15	30.07
宁夏	0.26	1.50	2026.93	1647.76	29.19
新疆		4.34	1372.63	1049.53	19.02

2004年各地区城镇居民家庭现金收入和支出(五)

(平均每人全年)

单位:元

地　区	3.辞退金	4.赔偿收入	5.保险收入	其中:失业保险金	6.赡养收入
合　计	**32.98**	**7.63**	**23.60**	**20.59**	**97.39**
北　京	15.33	8.11	26.35	21.07	180.62
天　津	18.87		21.13	16.42	182.45
河　北	0.76	2.97	7.96	5.92	62.37
山　西	4.37	5.69	11.14	6.49	60.87
内 蒙 古	25.89	1.93	11.76	4.08	42.59
辽　宁	66.39	1.78	64.61	62.37	91.52
吉　林	22.91	1.65	1.92	1.92	44.49
黑 龙 江	2.76	0.42	3.98	3.81	87.94
上　海	38.17	0.07	69.26	62.99	226.99
江　苏	77.98	43.23	33.39	31.70	73.17
浙　江	23.91	8.27	32.36	29.64	77.80
安　徽	25.74	1.05	32.72	30.16	62.63
福　建	149.42		52.04	47.27	200.92
江　西	48.20	3.96	7.54	3.80	136.94
山　东	13.14	4.25	7.07	4.53	42.75
河　南	2.48	30.44	10.05	9.72	79.32
湖　北	25.86	0.21	20.21	18.58	63.53
湖　南	61.53	5.74	18.76	14.51	79.70
广　东	63.44	0.68	38.28	29.71	187.62
广　西	55.12	2.36	27.45	25.55	75.73
海　南		3.23	10.15	7.92	152.17
重　庆	40.77	15.17	9.07	6.90	78.59
四　川	25.08	2.35	22.92	20.24	121.01
贵　州	2.57	2.15	4.64	4.56	67.92
云　南	13.42	62.53	9.35	7.15	41.70
西　藏					
陕　西	1.37	1.26	45.37	43.13	177.64
甘　肃	0.99	0.14	3.39	1.87	51.91
青　海		1.28	2.50	2.13	90.52
宁　夏	35.96	1.99	7.83	5.18	100.56
新　疆	56.17	3.37	6.51	6.03	42.02

2004年各地区城镇居民家庭现金收入和支出(六)

(平均每人全年)

单位:元

地区	7.捐赠收入	8.亲友搭伙费	9.提取住房公积金	10.记帐补贴	11.其他转移性收入
合计	**214.74**	**32.03**	**25.18**	**48.06**	**35.67**
北京	178.44	6.65	84.60	95.90	22.33
天津	300.16	22.19	214.42	23.93	117.28
河北	119.62	11.89	11.27	38.39	5.09
山西	191.61	5.82	20.75	21.99	22.95
内蒙古	110.46	5.09	8.44	19.70	12.85
辽宁	271.95	10.31	39.78	40.60	32.31
吉林	171.98	10.32	6.23	26.21	6.19
黑龙江	180.22	0.90	6.13	32.12	9.99
上海	398.53	50.87	60.84	84.27	37.35
江苏	274.17	50.31	27.36	70.45	49.64
浙江	368.02	54.23	47.96	82.83	120.33
安徽	170.37	34.57	18.90	33.00	28.57
福建	318.33	91.59	50.82	57.00	33.26
江西	190.60	92.28	3.62	27.70	31.54
山东	217.38	3.35	28.62	31.95	24.71
河南	170.68	8.04	4.59	35.51	17.48
湖北	193.49	22.58	8.64	40.74	18.40
湖南	285.47	27.90	10.22	51.40	44.14
广东	326.18	71.74	5.10	83.35	47.01
广西	174.97	60.10	8.70	68.37	30.11
海南	192.47	51.99	26.04	58.30	32.00
重庆	130.47	46.01	43.28	59.58	33.16
四川	163.01	69.89	16.50	41.35	64.12
贵州	130.40	36.84	1.90	14.61	30.57
云南	99.06	16.66	33.34	77.77	53.82
西藏	2.94			39.19	2.65
陕西	225.89	6.43	20.89	34.41	38.37
甘肃	75.31	4.85		27.42	5.13
青海	54.42	5.46	0.17	36.52	65.96
宁夏	115.41	12.83	23.03	37.26	15.11
新疆	112.10	8.08	9.71	47.45	18.67

2004年各地区城镇居民家庭现金收入和支出(七)

(平均每人全年)

单位:元

地区	三、出售财物收入	1.出售住房收入	2.出售其他物品收入	四、借贷收入	1.提取储蓄存款
合计	**176.82**	**168.06**	**8.77**	**2831.44**	**2365.91**
北京	65.10	49.56	15.54	4682.97	3797.84
天津	743.13	740.14	2.99	5312.91	3466.17
河北	138.35	130.52	7.83	2293.25	2018.67
山西	26.75	22.93	3.82	1993.66	1447.15
内蒙古	90.94	88.05	2.88	1894.18	1470.33
辽宁	137.11	131.24	5.88	1827.99	1505.90
吉林	55.49	39.36	16.13	1497.34	1329.06
黑龙江	60.67	56.46	4.22	927.34	801.68
上海	2078.62	2029.33	49.29	5374.02	3717.20
江苏	180.03	177.00	3.03	2424.89	1882.22
浙江	596.30	583.25	13.05	4204.48	3079.54
安徽	125.23	120.16	5.07	1556.20	1133.04
福建	53.59	52.37	1.22	4662.61	4119.42
江西	20.07	17.09	2.98	1287.23	1172.18
山东	23.67	20.01	3.66	5618.86	5219.97
河南	43.18	40.65	2.53	1305.56	1163.36
湖北	46.01	44.56	1.46	1699.60	1530.43
湖南	31.70	29.46	2.24	2158.11	1878.69
广东	95.34	78.03	17.31	5131.11	4529.16
广西	3.62	0.50	3.12	1915.95	1599.01
海南	67.83	65.51	2.32	1349.48	1169.12
重庆	101.37	100.14	1.23	2265.34	2010.82
四川	178.75	156.52	22.23	2382.32	1855.42
贵州	19.85	14.13	5.72	1114.84	1024.18
云南	73.19	60.73	12.46	3570.75	3339.03
西藏				449.79	340.09
陕西	23.00	11.40	11.61	2195.87	1755.29
甘肃	205.43	204.08	1.36	2536.38	1954.73
青海	140.73	128.16	12.58	3736.49	3609.28
宁夏	120.98	117.78	3.20	3020.23	2328.60
新疆	45.89	41.26	4.63	1417.75	983.81

2004年各地区城镇居民家庭现金收入和支出(八)

(平均每人全年)　　单位:元

地　区	2.借入款	3.收　回借出款	4.收回储蓄性保险本	5.兑售有价证券	6.收回投资本金
合　计	**196.64**	**32.00**	**4.20**	**8.81**	**8.61**
北　京	466.72	69.49	6.34	9.26	5.94
天　津	633.31	21.08	0.66	11.94	11.15
河　北	120.95	23.48	12.34	3.75	2.17
山　西	332.92	99.02	3.39	13.40	7.56
内蒙古	192.01	32.45	0.40	0.06	28.79
辽　宁	155.94	54.15	5.08	6.65	5.52
吉　林	80.66	28.37	1.72	27.02	24.01
黑龙江	73.09	2.77	0.54	0.12	
上　海	463.79	6.65	7.82	17.14	
江　苏	205.66	14.32	3.02	3.66	5.53
浙　江	244.30	58.54	8.16	37.94	56.25
安　徽	233.52	32.48	6.88	5.28	14.37
福　建	184.75	91.03	7.74	58.67	20.35
江　西	89.20	8.30	1.40	0.79	1.03
山　东	198.58	27.43	5.43	5.34	13.94
河　南	104.16	25.84	1.89	3.30	2.08
湖　北	129.52	10.35	1.81	6.23	0.97
湖　南	176.63	14.79	5.47		3.81
广　东	155.80	26.19	1.00	1.00	0.81
广　西	150.54	57.87	5.06	0.93	28.29
海　南	99.81	20.19	1.03	2.87	
重　庆	66.76	40.04	1.87	9.22	5.49
四　川	259.11	30.81	8.96	26.94	4.20
贵　州	52.38	17.23	1.08		2.95
云　南	105.39	54.86	0.40	0.06	0.74
西　藏	33.68	58.38			
陕　西	332.81	25.56	1.36		0.22
甘　肃	247.75	55.85	5.26	1.19	3.96
青　海	106.75	7.96			1.56
宁　夏	284.07	45.29	4.68	1.66	0.45
新　疆	111.70	6.55	3.34		12.13

2004年各地区城镇居民家庭现金收入和支出(九)

(平均每人全年)

单位:元

地区	7.住房贷款	8.汽车贷款	9.教育贷款	10.其他贷款	11.其他借贷收入
合计	**157.78**	**11.79**	**1.21**	**7.59**	**36.90**
北京	235.21	6.62		15.06	70.49
天津	712.60	11.26		31.44	413.30
河北	92.53	13.23	0.35	3.81	1.98
山西	53.82	8.56	1.79	21.29	4.76
内蒙古	137.79	7.47	2.44	10.36	12.07
辽宁	87.61		2.22		4.92
吉林				0.39	6.11
黑龙江	29.31	5.62		0.17	14.05
上海	1056.60	95.36	1.97	0.33	7.16
江苏	256.86	14.95	4.33	1.54	32.79
浙江	446.34	29.91	5.34	40.22	197.95
安徽	93.47	0.12	1.13	0.48	35.42
福建	66.47	23.00		33.98	57.21
江西				13.29	1.05
山东	90.52	9.52		15.92	32.21
河南	2.77			0.24	1.92
湖北	3.41		0.29	1.21	15.38
湖南	71.35	1.96		1.60	3.81
广东	296.78	39.60	3.32	2.09	75.36
广西	63.98			4.36	5.92
海南	0.41	50.29	4.31		1.44
重庆	127.27			3.86	
四川	170.40	11.83	1.22	4.59	8.85
贵州	15.28		0.23	0.47	1.05
云南	60.42		1.03	2.35	6.48
西藏				17.65	
陕西	31.40			2.73	46.50
甘肃	259.22		2.94	1.19	4.29
青海	2.39		4.17	1.76	2.62
宁夏	274.43	33.26	2.31	2.97	42.52
新疆	57.33			55.32	187.56

2004年各地区城镇居民家庭现金收入和支出(十)

(平均每人全年)

单位:元

地　　区	五、家　庭 总支出	(一)消费支出	其中:服务性 消费支出	1.食　品
合　　计	**9714.02**	**7182.10**	**2012.56**	**2709.60**
北　　京	16162.29	12200.40	3863.33	3925.54
天　　津	13322.83	8802.44	2502.25	3278.24
河　　北	7747.18	5819.18	1324.12	2142.36
山　　西	7977.69	5654.15	1566.75	1917.75
内 蒙 古	7917.48	6219.26	1644.08	2024.87
辽　　宁	8862.67	6543.28	1797.97	2643.95
吉　　林	7648.88	6068.99	1610.04	2180.09
黑 龙 江	7052.19	5567.53	1526.62	1972.24
上　　海	20272.23	12631.03	4083.68	4593.32
江　　苏	10139.89	7332.26	1893.82	2931.70
浙　　江	15219.75	10636.14	2995.76	3851.23
安　　徽	7845.57	5711.33	1447.88	2509.02
福　　建	10858.22	8161.15	2151.37	3394.63
江　　西	6849.30	5337.84	1334.90	2296.48
山　　东	9025.61	6673.75	1689.04	2310.66
河　　南	6734.01	5294.19	1341.58	1855.44
湖　　北	8076.12	6398.52	1835.23	2516.20
湖　　南	9448.20	6884.61	1997.50	2479.58
广　　东	14341.36	10694.79	3371.35	3953.30
广　　西	8230.69	6445.73	1691.20	2727.09
海　　南	7345.90	5802.40	1501.51	2722.84
重　　庆	10235.87	7973.05	2443.77	3015.32
四　　川	8775.82	6371.14	1722.15	2560.35
贵　　州	6799.94	5494.45	1538.97	2260.46
云　　南	8716.40	6837.01	1947.69	2895.60
西　　藏	10395.60	8338.21	1991.54	3799.17
陕　　西	8315.11	6233.07	1883.11	2236.48
甘　　肃	8001.65	5937.30	1585.71	2204.04
青　　海	7616.90	5758.95	1605.55	2056.06
宁　　夏	8301.16	5821.38	1430.64	2156.34
新　　疆	7425.28	5773.62	1667.94	2083.13

2004年各地区城镇居民家庭现金收入和支出(十一)

(平均每人全年)

单位:元

地区	2.衣着	3.家庭设备用品及服务	4.医疗保健	5.交通和通信	6.教育文化娱乐服务
合计	**686.79**	**407.37**	**528.15**	**843.62**	**1032.80**
北京	1062.47	823.84	1182.81	1562.19	2115.89
天津	624.61	497.48	823.99	787.71	1232.38
河北	630.93	343.21	550.29	595.95	682.87
山西	747.43	314.82	401.75	587.00	901.40
内蒙古	897.88	360.31	473.64	699.66	858.38
辽宁	651.66	276.89	541.26	652.40	845.37
吉林	739.52	254.33	527.32	643.16	795.04
黑龙江	719.28	215.07	537.44	548.39	762.49
上海	796.72	780.26	761.70	1702.86	2195.15
江苏	610.96	493.53	496.77	765.17	1031.14
浙江	941.80	596.62	828.81	1419.09	1681.09
安徽	637.88	257.01	395.74	564.92	623.48
福建	598.37	435.32	476.75	1055.59	1050.30
江西	513.57	328.18	268.11	498.45	785.66
山东	829.22	457.33	484.42	801.23	983.07
河南	650.30	332.06	436.53	569.85	694.56
湖北	710.96	334.12	461.40	600.48	938.62
湖南	689.48	388.15	475.61	881.89	1091.29
广东	620.07	592.66	649.70	1754.12	1577.70
广西	423.17	397.33	461.67	584.12	960.77
海南	300.17	302.41	350.17	701.92	686.75
重庆	779.68	474.15	537.95	865.45	1200.52
四川	557.94	384.08	433.36	769.24	874.37
贵州	585.18	286.56	301.26	601.08	793.40
云南	651.72	302.04	623.22	882.19	725.08
西藏	1079.74	469.74	320.65	1184.66	617.39
陕西	609.33	409.00	513.27	583.19	1025.76
甘肃	736.19	336.20	411.95	601.16	853.31
青海	621.98	438.44	451.95	566.97	746.89
宁夏	636.81	364.07	440.77	646.97	651.14
新疆	766.73	292.14	375.18	615.19	840.59

2004年各地区城镇居民家庭现金收入和支出(十二)

(平均每人全年)

单位:元

地　区	7.居 住	8.杂项商品和服务	(二)购房与建房支出	1.购 房	2.建 房
合　计	**733.53**	**240.24**	**801.48**	**770.19**	**31.29**
北　京	1065.67	461.98	1580.43	1540.08	40.35
天　津	1230.17	327.86	2762.24	2762.24	
河　北	705.18	168.39	670.96	645.47	25.49
山　西	614.20	169.80	534.37	478.07	56.30
内蒙古	627.02	277.50	373.86	371.65	2.20
辽　宁	661.80	269.96	582.18	576.93	5.26
吉　林	700.04	229.51	190.49	190.49	
黑龙江	611.44	201.18	221.30	221.17	0.13
上　海	1326.69	474.33	4651.14	4651.14	
江　苏	760.71	242.28	1043.61	1038.37	5.25
浙　江	971.33	346.17	1844.38	1836.19	8.19
安　徽	534.30	188.99	480.73	423.99	56.75
福　建	869.25	280.93	651.93	621.91	30.02
江　西	505.47	141.93	222.94	197.52	25.43
山　东	601.54	206.28	495.84	479.69	16.15
河　南	578.60	176.84	294.52	282.21	12.31
湖　北	641.62	195.12	242.78	219.96	22.82
湖　南	640.73	237.87	575.28	573.62	1.66
广　东	1205.12	342.11	1054.26	965.44	88.83
广　西	660.26	231.31	387.79	146.75	241.03
海　南	564.86	173.29	249.24	235.17	14.07
重　庆	903.22	196.77	680.67	679.73	0.94
四　川	600.67	191.15	930.13	926.72	3.41
贵　州	468.21	198.30	179.93	170.29	9.64
云　南	592.93	164.21	317.73	182.96	134.77
西　藏	483.20	383.66			
陕　西	646.92	209.10	759.68	719.34	40.35
甘　肃	572.49	221.96	664.92	656.48	8.44
青　海	664.20	212.47	570.27	570.27	
宁　夏	660.19	265.08	1020.39	1001.88	18.52
新　疆	566.99	233.66	210.93	168.54	42.39

2004年各地区城镇居民家庭现金收入和支出(十三)

(平均每人全年)

单位:元

地区	(三)转移性支出	1.交纳的个人收入税	2.捐赠支出	3.购买彩票
合计	**1116.84**	**60.31**	**615.77**	**10.69**
北京	1212.81	227.76	539.44	17.59
天津	1039.75	79.10	675.90	8.96
河北	893.97	34.15	448.50	8.31
山西	1322.62	39.83	616.87	5.23
内蒙古	1021.60	45.06	640.74	5.74
辽宁	1115.02	47.92	613.57	11.91
吉林	1064.49	35.30	697.84	10.53
黑龙江	975.65	14.49	740.97	5.23
上海	1415.95	214.42	873.29	14.38
江苏	1111.79	43.32	756.95	6.05
浙江	1601.81	163.36	947.54	14.69
安徽	1212.22	22.21	570.28	12.89
福建	1221.76	77.94	752.64	7.63
江西	1017.26	20.00	607.48	3.17
山东	1174.46	38.80	643.49	11.17
河南	833.43	25.83	495.32	6.13
湖北	1007.78	31.92	625.56	5.87
湖南	1494.51	30.13	946.48	5.01
广东	1497.61	195.54	561.37	15.83
广西	874.60	43.29	428.12	10.21
海南	988.29	21.79	378.98	137.95
重庆	912.90	41.18	565.20	13.33
四川	948.24	15.06	477.89	3.55
贵州	947.08	5.87	703.39	5.98
云南	996.71	36.52	422.97	33.68
西藏	810.74	5.20	179.76	38.97
陕西	836.64	32.14	399.78	4.78
甘肃	843.76	32.11	457.50	5.30
青海	859.97	4.25	482.16	3.40
宁夏	961.47	10.72	397.33	11.40
新疆	802.63	13.48	361.49	11.87

2004年各地区城镇居民家庭现金收入和支出(十四)

(平均每人全年)　　　　单位:元

地　区	4.赡养支出	其中:在外就学子女费用	5.各种非储蓄性保险支出	其中:车辆保险支出	6.其他转移性支出
合　计	**363.70**	**221.31**	**27.30**	**4.11**	**39.06**
北　京	308.51	78.74	79.66	18.60	39.85
天　津	212.87	36.21	20.57	0.76	42.35
河　北	374.23	205.13	14.89	1.61	13.89
山　西	587.41	429.69	44.78	2.26	28.50
内蒙古	272.64	202.15	18.83	2.22	38.58
辽　宁	394.99	257.50	23.20	0.37	23.44
吉　林	271.66	173.44	13.01	1.99	36.15
黑龙江	195.27	120.42	7.30		12.39
上　海	252.23	116.78	25.99	9.75	35.63
江　苏	246.10	166.14	24.35	4.88	35.02
浙　江	389.17	235.63	48.19	14.20	38.87
安　徽	502.72	344.32	70.52	0.63	33.60
福　建	331.21	154.52	15.74	7.53	36.60
江　西	324.56	230.48	21.52	0.03	40.54
山　东	351.10	226.48	47.06	3.99	82.84
河　南	263.20	154.16	11.22	0.62	31.73
湖　北	283.85	184.95	12.73	0.15	47.86
湖　南	441.21	300.02	24.22	3.31	47.46
广　东	655.57	341.95	25.08	13.34	44.22
广　西	335.46	185.58	26.24	1.21	31.29
海　南	418.56	300.93	5.22	0.70	25.79
重　庆	209.55	106.11	32.03	1.10	51.62
四　川	383.31	239.79	25.61	5.19	42.83
贵　州	191.79	104.76	3.10	0.03	36.95
云　南	457.91	292.47	17.97	10.46	27.66
西　藏	583.09	213.92	0.71	0.71	3.01
陕　西	360.09	227.94	11.90	0.18	27.95
甘　肃	317.32	229.16	5.60	0.02	25.92
青　海	313.16	237.51	12.25		44.75
宁　夏	505.86	379.88	11.08	0.16	25.08
新　疆	353.91	217.76	26.98	0.05	34.89

2004年各地区城镇居民家庭现金收入和支出(十五)

(平均每人全年)　　单位:元

地　区	(四)财产性支出	1.非生产性利息支出	2.其　他	(五)社会保障支出	1.个人交纳的养老基金
合　计	**15.07**	**10.85**	**4.22**	**598.53**	**256.98**
北　京	13.69		13.68	1154.96	415.15
天　津	8.86	4.88	3.98	709.54	275.41
河　北	5.50	4.40	1.09	357.57	150.72
山　西	2.42	2.38	0.04	464.14	206.28
内蒙古	2.39	0.75	1.64	300.38	115.27
辽　宁	11.81	7.26	4.54	610.38	297.52
吉　林	0.25	0.09	0.16	324.66	146.64
黑龙江	1.62	1.13	0.49	286.09	135.40
上　海	53.96	22.10	31.86	1520.14	674.08
江　苏	11.25	3.20	8.05	640.98	276.73
浙　江	48.35	38.41	9.94	1089.06	423.65
安　徽	14.37	0.35	14.02	426.91	172.36
福　建	15.75	9.96	5.80	807.62	264.39
江　西	1.90	1.44	0.45	269.36	121.46
山　东	2.99	1.30	1.69	678.58	287.45
河　南	4.74	4.21	0.54	307.13	124.31
湖　北	0.39	0.20	0.18	426.65	194.51
湖　南	2.59	0.02	2.57	491.21	195.02
广　东	47.85	47.24	0.61	1046.86	483.85
广　西	0.22		0.22	522.35	222.88
海　南				305.98	141.48
重　庆	80.88	80.44	0.44	588.37	260.20
四　川	31.15	24.67	6.48	495.16	267.73
贵　州	2.28	0.23	2.05	176.20	76.56
云　南	3.82	2.73	1.09	561.13	196.44
西　藏	1.26		1.26	1245.39	299.20
陕　西	1.50	1.45	0.05	484.21	209.91
甘　肃	1.28	0.90	0.38	554.40	193.74
青　海	3.07	2.95	0.12	424.65	142.32
宁　夏	15.24	15.07	0.17	482.68	192.75
新　疆	0.63	0.49	0.15	637.46	220.49

2004年各地区城镇居民家庭现金收入和支出(十六)

(平均每人全年)

单位:元

地　区	2.个人交纳的住房公积金	3.个人交纳的医疗基金	4.个人交纳的失业基金	5.其他社会保障支出
合　计	**237.96**	**74.86**	**22.09**	**6.64**
北　京	533.96	159.15	42.36	4.34
天　津	346.71	59.37	26.46	1.59
河　北	138.61	51.05	13.62	3.56
山　西	171.12	59.88	18.18	8.68
内蒙古	118.38	46.13	11.04	9.56
辽　宁	212.11	78.07	19.76	2.92
吉　林	120.01	41.87	8.13	8.01
黑龙江	101.56	39.56	7.53	2.05
上　海	584.87	165.02	78.43	17.74
江　苏	269.18	73.68	15.84	5.55
浙　江	523.34	108.86	26.83	6.38
安　徽	170.24	56.11	18.68	9.53
福　建	388.34	122.84	23.85	8.19
江　西	95.76	30.85	8.15	13.15
山　东	270.21	74.93	29.22	16.76
河　南	116.59	54.67	11.13	0.43
湖　北	163.95	54.56	11.79	1.85
湖　南	200.32	74.59	15.97	5.30
广　东	407.99	114.18	37.90	2.94
广　西	212.81	63.62	22.55	0.49
海　南	99.79	52.58	10.95	1.17
重　庆	247.68	43.42	20.12	16.94
四　川	121.76	83.76	19.01	2.89
贵　州	61.23	27.78	9.73	0.89
云　南	235.62	93.71	24.44	10.92
西　藏	691.56	222.70	29.10	2.84
陕　西	194.11	57.03	22.74	0.42
甘　肃	248.77	64.11	21.08	26.69
青　海	190.70	66.89	14.02	10.73
宁　夏	209.76	62.15	16.50	1.53
新　疆	286.51	96.37	32.42	1.67

2004年各地区城镇居民家庭现金收入和支出(十七)

(平均每人全年)

单位:元

地　区	六、借贷支出	1.存入储蓄款	2.借出款	3.归还借款	4.储蓄性保险支出
合　计	**3091.96**	**2598.34**	**40.55**	**96.20**	**111.16**
北　京	4854.34	3747.26	140.99	239.99	292.65
天　津	4009.44	2885.19	32.88	228.72	130.84
河　北	2875.99	2581.65	59.14	69.02	42.07
山　西	2248.19	1686.64	94.02	169.07	64.30
内蒙古	2393.60	1960.27	25.51	106.59	83.54
辽　宁	1621.94	1302.99	47.29	83.73	65.33
吉　林	2015.85	1812.10	30.03	55.08	43.59
黑龙江	1593.27	1402.72	23.24	47.74	45.82
上　海	4141.96	2787.68	10.57	33.30	352.13
江　苏	3116.81	2616.63	20.91	66.27	112.36
浙　江	4932.51	3901.07	63.91	129.64	194.70
安　徽	1632.54	1262.86	37.68	91.36	87.01
福　建	5501.15	4605.63	50.76	89.59	138.51
江　西	2060.81	1806.15	13.33	73.13	56.27
山　东	6833.92	6314.22	52.02	130.24	129.09
河　南	2506.71	2207.67	48.00	73.04	89.55
湖　北	2113.31	1820.44	34.78	134.61	77.97
湖　南	1733.76	1366.20	18.93	81.03	118.58
广　东	5235.09	4663.85	34.40	67.93	149.53
广　西	2640.73	2309.68	35.48	43.15	104.22
海　南	2171.67	1941.08	21.24	48.22	42.68
重　庆	1651.89	1286.59	21.67	38.94	81.51
四　川	1730.55	1282.70	30.94	109.47	89.69
贵　州	1496.31	1237.76	6.40	34.04	75.75
云　南	4146.60	3544.34	72.11	160.80	81.54
西　藏	511.59	248.34	18.24	77.35	
陕　西	1727.27	1365.62	29.71	112.47	121.15
甘　肃	2548.56	1867.32	70.24	96.97	120.27
青　海	3977.70	3598.35	12.02	57.08	71.63
宁　夏	2586.17	2140.25	35.46	94.93	111.69
新　疆	1987.97	1461.67	19.81	79.37	151.46

2004年各地区城镇居民家庭现金收入和支出(十八)

(平均每人全年)

单位:元

地 区	5.购买有价证券	6.其他投资支出	7.归还住房贷款	8.归还汽车贷款
合 计	**34.24**	**22.68**	**143.75**	**8.77**
北 京	161.37	13.95	175.78	48.82
天 津	83.59	44.39	172.50	9.26
河 北	22.68	5.23	81.17	2.70
山 西	25.37	138.57	55.93	7.66
内 蒙 古	23.86	12.41	130.32	5.41
辽 宁	14.43	8.32	91.05	0.24
吉 林	12.42	11.71	43.01	
黑 龙 江	9.36	3.03	51.37	4.67
上 海	20.70		817.83	52.98
江 苏	25.44	26.20	207.38	16.27
浙 江	124.83	146.37	272.65	34.43
安 徽	20.42	24.12	89.98	5.09
福 建	128.84	184.56	250.10	16.19
江 西	2.00	3.05	79.31	
山 东	66.82	15.62	81.68	0.87
河 南	24.72	3.43	52.24	
湖 北	17.39	1.48	16.95	
湖 南	7.18	9.76	105.05	16.36
广 东	31.16	8.81	214.39	8.16
广 西	11.35	7.29	103.11	
海 南		34.08	61.32	9.77
重 庆	15.99	0.01	204.44	
四 川	26.27	13.30	154.81	7.28
贵 州	3.81	6.81	108.95	0.78
云 南	66.01	17.68	149.49	14.43
西 藏		10.00	147.96	9.71
陕 西	19.52	3.45	50.23	
甘 肃	5.20	9.66	206.71	
青 海	15.88	0.45	212.77	
宁 夏	18.30	6.55	115.29	45.61
新 疆	0.57	8.13	176.81	

2004 年各地区城镇居民家庭现金收入和支出(十九)

(平均每人全年)

单位:元

地区	9.归还教育贷款	10归还其他贷款	11.其他借贷支出	七、期末手存现金
合计	**0.43**	**4.68**	**31.15**	**822.35**
北京	0.87	1.97	30.68	1330.45
天津	1.88	2.10	418.08	1356.95
河北		4.50	7.82	891.29
山西	0.18		6.46	635.56
内蒙古	0.03	15.63	30.03	327.74
辽宁		1.06	7.50	701.86
吉林		1.66	6.24	484.98
黑龙江		0.16	5.17	619.72
上海		2.75	64.01	3082.93
江苏	0.03	2.81	22.50	1254.73
浙江	0.13	47.74	17.03	1729.34
安徽	1.86	0.93	11.23	592.08
福建	0.04	11.02	25.91	788.79
江西		2.21	25.36	751.43
山东	1.56	2.42	39.37	527.53
河南		0.09	7.96	620.66
湖北	0.05	0.24	9.41	330.22
湖南	1.17	3.66	5.83	550.01
广东		0.53	56.33	1248.82
广西		1.02	25.43	707.35
海南	3.97		9.30	647.27
重庆		0.87	1.86	673.41
四川	0.06	1.90	14.13	613.12
贵州	0.23	14.96	6.81	576.61
云南	0.80	20.85	18.55	601.22
西藏				138.93
陕西	0.36	3.16	21.60	708.04
甘肃	0.60	7.64	163.94	373.77
青海		4.65	4.87	211.47
宁夏	1.08	7.29	9.72	197.70
新疆	0.86	14.82	74.48	524.73

2004年各地区城镇居民家庭消费支出(一)

(平均每人全年)

单位:元

地区	消费支出	其中:服务性消费支出	一、食品	(一)粮油类	1.粮食
合计	**7182.10**	**2012.56**	**2709.60**	**382.29**	**238.76**
北京	12200.40	3863.33	3925.54	413.86	254.95
天津	8802.44	2502.25	3278.24	399.60	249.55
河北	5819.18	1324.12	2142.36	373.48	218.07
山西	5654.15	1566.75	1917.75	375.52	262.53
内蒙古	6219.26	1644.08	2024.87	351.99	258.08
辽宁	6543.28	1797.97	2643.95	425.05	255.51
吉林	6068.99	1610.04	2180.09	386.21	240.45
黑龙江	5567.53	1520.02	1972.24	377.93	241.28
上海	12631.03	4083.68	4593.32	429.46	247.03
江苏	7332.26	1893.82	2931.70	380.73	225.00
浙江	10636.14	2995.76	3851.23	378.83	240.38
安徽	5711.33	1447.88	2509.02	383.32	234.68
福建	8161.15	2151.37	3394.63	465.98	307.19
江西	5337.84	1334.90	2296.48	415.41	246.40
山东	6673.75	1689.04	2310.66	317.45	212.62
河南	5294.19	1341.58	1855.44	357.59	233.72
湖北	6398.52	1835.23	2516.20	381.98	221.34
湖南	6884.61	1997.50	2479.58	417.75	253.28
广东	10694.79	3371.35	3953.30	422.41	279.01
广西	6445.73	1691.20	2727.09	361.36	218.47
海南	5802.40	1501.51	2722.84	299.70	199.53
重庆	7973.05	2443.77	3015.32	404.12	225.84
四川	6371.14	1722.15	2560.35	382.64	222.82
贵州	5494.45	1538.97	2260.46	322.59	204.02
云南	6837.01	1947.69	2895.60	361.37	252.67
西藏	8338.21	1991.54	3799.17	488.35	323.76
陕西	6233.07	1883.11	2236.48	359.21	227.46
甘肃	5937.30	1585.71	2204.04	335.08	217.43
青海	5758.95	1605.55	2056.06	331.12	237.05
宁夏	5821.38	1430.64	2156.34	376.22	245.43
新疆	5773.62	1667.94	2083.13	325.13	209.72

2004年各地区城镇居民家庭消费支出(二)

(平均每人全年)

单位:元

地区	2.淀粉及薯类	3.干豆类及豆制品	4.油脂类	(二)肉禽蛋水产品类	1.肉类
合计	**18.44**	**35.85**	**89.24**	**773.06**	**402.90**
北京	24.52	42.41	91.99	857.69	519.60
天津	23.68	30.29	96.09	889.81	428.87
河北	18.59	29.24	107.58	576.54	321.99
山西	23.98	30.36	58.65	395.69	246.77
内蒙古	16.71	18.24	58.97	456.05	318.22
辽宁	32.47	40.85	96.21	760.84	392.09
吉林	30.32	40.15	75.29	542.72	329.83
黑龙江	25.06	33.46	78.12	504.92	299.47
上海	25.98	64.74	91.71	1275.94	433.90
江苏	22.92	51.84	80.98	926.05	423.04
浙江	12.57	52.24	73.64	1088.39	376.03
安徽	12.81	38.67	97.16	717.72	379.65
福建	18.49	41.84	98.46	1407.67	566.79
江西	6.00	37.82	125.18	695.74	400.43
山东	16.36	29.76	58.71	616.78	325.93
河南	20.88	31.19	71.80	467.52	282.06
湖北	12.84	37.18	110.63	655.19	376.53
湖南	9.49	41.32	113.66	724.68	422.84
广东	11.70	27.20	104.50	1405.26	674.25
广西	12.47	36.83	93.59	1057.39	548.05
海南	7.90	12.59	79.68	1182.01	528.98
重庆	26.33	39.11	112.84	862.52	457.60
四川	20.04	31.02	108.75	747.71	449.18
贵州	8.10	26.90	83.57	637.37	421.94
云南	16.30	35.20	57.20	654.38	388.28
西藏	20.81	9.56	134.22	883.48	595.28
陕西	22.84	33.50	75.41	399.36	244.50
甘肃	10.05	20.77	86.84	430.96	280.07
青海	12.35	16.10	65.61	494.57	349.91
宁夏	23.12	26.87	80.80	447.02	292.85
新疆	19.09	22.45	73.86	510.96	336.76

2004年各地区城镇居民家庭消费支出(三)

(平均每人全年)

单位:元

地区	2.禽类	3.蛋类	4.水产品类	(三)蔬菜类	1.鲜菜
合计	**123.90**	**68.19**	**178.06**	**256.51**	**234.52**
北京	94.29	78.60	165.20	287.14	256.55
天津	81.51	102.01	277.42	264.78	244.56
河北	61.26	87.03	106.26	240.48	222.78
山西	37.77	73.39	37.76	215.02	198.48
内蒙古	46.38	47.37	44.08	188.91	176.66
辽宁	69.86	92.83	206.05	304.84	266.12
吉林	46.97	61.10	104.82	251.87	223.43
黑龙江	49.20	65.31	90.95	193.08	181.46
上海	205.05	72.44	564.55	345.50	310.46
江苏	165.64	73.85	263.52	263.67	240.65
浙江	160.75	51.83	499.77	336.02	305.59
安徽	129.63	93.79	114.65	228.04	214.64
福建	176.42	76.03	588.42	292.84	246.77
江西	110.46	55.88	128.97	271.88	243.18
山东	70.35	87.19	133.32	194.77	181.91
河南	71.95	73.57	39.93	210.97	199.94
湖北	90.24	56.61	131.82	285.17	260.80
湖南	127.27	54.74	119.83	244.21	226.44
广东	298.74	49.69	382.58	312.31	278.70
广西	280.71	50.97	177.66	238.10	209.69
海南	240.12	27.86	385.06	240.79	226.80
重庆	204.74	78.08	122.10	297.99	277.04
四川	156.42	65.59	76.53	258.46	240.58
贵州	118.65	50.89	45.89	227.65	204.90
云南	115.58	58.67	91.85	304.49	289.34
西藏	127.69	54.88	105.63	447.17	404.35
陕西	54.34	51.74	48.77	199.92	184.83
甘肃	54.71	49.75	46.44	236.02	226.33
青海	50.33	42.48	51.84	188.36	178.16
宁夏	65.88	41.95	46.34	220.91	212.61
新疆	74.53	44.69	54.98	197.59	185.59

2004年各地区城镇居民家庭消费支出(四)

(平均每人全年)

单位:元

地　区	2.干　菜	3.菜制品	(四)调味品	(五)糖烟酒饮料类	1.糖　类
合　计	**13.48**	**8.51**	**36.07**	**285.57**	**28.10**
北　京	17.91	12.68	72.06	426.22	47.45
天　津	13.67	6.55	56.50	344.37	25.67
河　北	11.35	6.35	33.18	311.94	35.17
山　西	9.90	6.64	26.57	229.14	18.18
内蒙古	6.32	5.92	26.83	228.44	15.83
辽　宁	30.50	8.22	47.29	343.60	39.13
吉　林	17.34	11.11	35.98	215.02	26.19
黑龙江	7.36	4.26	31.25	202.12	25.09
上　海	16.96	18.08	51.07	505.52	53.88
江　苏	11.91	11.11	37.79	313.11	23.59
浙　江	16.28	14.15	36.23	506.05	33.33
安　徽	6.67	6.73	34.68	386.81	21.48
福　建	33.66	12.41	45.67	271.98	22.97
江　西	20.69	8.00	26.69	196.21	24.60
山　东	6.40	6.45	27.30	213.68	18.51
河　南	6.80	4.23	29.21	189.43	15.54
湖　北	11.98	12.39	35.18	281.62	21.81
湖　南	10.21	7.56	25.11	227.12	30.87
广　东	23.51	10.10	36.17	246.38	38.85
广　西	16.50	11.91	26.25	157.52	25.61
海　南	7.98	6.00	34.06	143.31	17.89
重　庆	13.74	7.22	44.22	320.90	39.28
四　川	11.88	6.00	44.47	285.53	30.17
贵　州	13.37	9.38	31.31	289.28	31.54
云　南	7.05	8.10	30.76	386.49	26.87
西　藏	39.63	3.18	48.81	939.62	122.29
陕　西	8.47	6.63	33.73	256.09	21.58
甘　肃	6.21	3.49	33.32	299.89	20.53
青　海	3.81	6.39	30.17	265.37	24.32
宁　夏	4.98	3.31	30.41	231.71	22.66
新　疆	7.01	4.98	21.67	184.92	28.40

2004年各地区城镇居民家庭消费支出(五)

(平均每人全年)

单位:元

地区	2.烟草类	3.酒类	4.饮料	(六)干鲜瓜果类	1.鲜果
合计	**133.73**	**69.37**	**54.37**	**189.59**	**120.02**
北京	115.09	96.23	167.45	329.76	189.39
天津	140.38	97.59	80.72	239.94	138.07
河北	116.05	95.53	65.17	162.79	105.70
山西	127.56	41.69	41.70	138.03	85.92
内蒙古	106.43	69.30	36.87	149.13	99.87
辽宁	157.58	84.64	62.25	243.94	160.81
吉林	90.29	53.52	45.03	215.63	143.92
黑龙江	78.95	60.35	37.73	177.99	120.25
上海	236.11	98.99	116.56	310.73	161.50
江苏	167.09	71.99	50.44	175.49	89.31
浙江	291.58	107.88	73.26	280.67	161.04
安徽	180.61	120.10	64.63	151.74	82.36
福建	118.75	66.95	63.31	208.96	150.16
江西	98.04	45.64	27.93	160.76	104.96
山东	62.43	84.52	48.22	181.33	108.42
河南	76.21	60.00	37.67	132.83	75.88
湖北	153.93	67.83	38.05	141.94	83.92
湖南	115.85	55.26	25.14	200.62	129.79
广东	97.36	34.96	75.21	223.73	168.69
广西	61.43	39.46	31.02	182.38	129.20
海南	69.43	21.72	34.27	141.10	119.53
重庆	178.89	62.77	39.97	183.64	119.40
四川	151.17	62.59	41.60	153.34	105.96
贵州	157.95	59.03	40.75	154.80	115.29
云南	271.01	34.67	53.93	172.10	138.45
西藏	454.51	228.44	134.38	243.89	203.13
陕西	131.01	56.46	47.03	157.13	89.72
甘肃	145.95	89.52	43.89	178.54	105.49
青海	111.12	98.91	31.02	141.96	86.40
宁夏	127.66	46.90	34.48	188.39	116.82
新疆	72.64	49.72	34.15	190.31	106.82

2004年各地区城镇居民家庭消费支出(六)

(平均每人全年)　　单位:元

地　区	2.鲜　瓜	3.干　果	4.瓜果制品	5.坚果及果　仁	(七)糕点、奶及奶制品
合　计	**25.03**	**8.74**	**5.23**	**30.57**	**189.83**
北　京	42.87	15.95	13.69	67.88	396.81
天　津	31.30	7.18	7.61	55.78	223.17
河　北	22.96	8.66	3.28	22.20	176.09
山　西	17.71	8.94	4.48	20.97	189.20
内蒙古	18.21	7.32	2.57	21.16	139.90
辽　宁	35.87	12.69	4.22	30.36	191.48
吉　林	32.67	13.36	3.47	22.22	140.85
黑龙江	24.02	5.71	5.38	22.64	144.17
上　海	63.73	13.53	14.93	57.04	375.65
江　苏	35.79	8.33	6.05	36.02	197.76
浙　江	42.52	19.14	10.14	47.84	212.58
安　徽	30.80	10.17	3.94	24.48	188.98
福　建	12.45	6.73	10.79	28.84	211.20
江　西	18.06	8.35	4.28	25.12	148.89
山　东	27.26	9.15	4.63	31.86	225.53
河　南	22.59	5.55	3.80	25.00	151.52
湖　北	21.77	6.50	3.41	26.33	153.03
湖　南	28.30	10.57	4.23	27.74	135.74
广　东	15.30	7.12	8.44	24.18	203.02
广　西	16.11	5.64	3.57	27.86	144.86
海　南	10.98	1.57	1.42	7.60	127.93
重　庆	16.71	5.29	4.60	37.65	234.18
四　川	10.47	4.79	2.18	29.94	173.02
贵　州	8.01	3.94	2.06	25.50	130.33
云　南	7.32	1.73	3.79	20.81	152.83
西　藏	22.74	8.04	1.41	8.57	459.98
陕　西	21.89	7.94	3.41	34.16	170.33
甘　肃	26.26	16.06	2.52	28.21	163.65
青　海	17.34	12.98	2.34	22.90	135.29
宁　夏	27.58	5.90	3.40	34.69	149.99
新　疆	24.51	15.96	2.69	40.33	165.53

2004年各地区城镇居民家庭消费支出(七)

(平均每人全年)

单位:元

地　区	1.糕　点	2.奶　及奶制品	(八)其他食品	其中:半成品	(九)饮食服务
合　计	**57.46**	**132.37**	**62.35**	**11.60**	**534.33**
北　京	141.02	255.79	82.60	24.10	1059.40
天　津	87.68	135.49	76.26	5.93	783.82
河　北	47.93	128.16	16.65	3.65	251.22
山　西	45.85	143.35	29.79	3.91	318.79
内蒙古	27.90	111.99	91.87	5.41	391.75
辽　宁	53.30	138.18	39.98	13.50	286.93
吉　林	38.38	102.47	51.59	9.84	340.21
黑龙江	37.87	106.30	52.70	9.69	288.07
上　海	125.62	250.03	116.47		1182.99
江　苏	53.54	144.22	111.92	13.49	525.18
浙　江	69.08	143.51	101.21	22.44	911.24
安　徽	51.96	137.02	51.09	4.09	366.63
福　建	49.87	161.33	50.95	17.72	439.38
江　西	44.38	104.51	72.71	10.59	308.19
山　东	66.36	159.16	77.45	6.49	456.37
河　南	45.29	106.23	40.54	9.78	275.85
湖　北	55.34	97.69	47.63	11.65	534.47
湖　南	37.23	98.52	65.23	9.21	439.11
广　东	75.62	127.39	67.77	29.51	1036.26
广　西	44.52	100.34	56.75	8.68	502.49
海　南	42.82	85.10	29.65	1.45	524.28
重　庆	50.28	183.91	48.50	17.94	619.23
四　川	41.95	131.07	46.51	17.37	468.67
贵　州	43.74	86.59	74.12	6.18	393.03
云　南	77.03	75.79	50.29	4.50	782.90
西　藏	61.91	398.07	2.35	1.58	285.54
陕　西	57.79	112.54	59.43	9.15	601.30
甘　肃	37.68	125.97	80.56	5.68	446.02
青　海	35.29	100.00	97.79	14.90	371.43
宁　夏	33.10	116.89	82.40	8.70	429.30
新　疆	48.25	117.28	54.08	10.36	432.95

2004年各地区城镇居民家庭消费支出(八)

(平均每人全年)

单位:元

地区	1.食品加工服务费	2.在外饮食	二、衣着	(一)服装
合计	**0.94**	**533.39**	**686.79**	**493.81**
北京	0.79	1058.61	1062.47	724.88
天津	0.66	783.16	624.61	429.68
河北	1.01	250.21	630.93	438.51
山西	0.40	318.39	747.43	544.44
内蒙古	0.91	390.84	897.88	634.54
辽宁	1.54	285.39	651.66	449.82
吉林	1.06	339.15	739.52	523.00
黑龙江	1.49	286.58	719.28	492.47
上海	0.09	1182.90	796.72	580.99
江苏	1.54	523.64	610.96	440.95
浙江	0.32	910.92	941.80	718.48
安徽	0.42	366.20	637.88	459.74
福建	0.69	438.70	598.37	471.07
江西	0.98	307.21	513.57	368.87
山东	0.65	455.73	829.22	593.49
河南	0.56	275.29	650.30	474.43
湖北	1.03	533.43	710.96	510.70
湖南	0.35	438.76	689.48	507.87
广东	0.37	1035.88	620.07	455.20
广西	0.76	501.72	423.17	309.57
海南	0.22	524.06	300.17	233.19
重庆	3.57	615.66	779.68	579.31
四川	2.45	466.23	557.94	399.29
贵州	1.07	391.96	585.18	409.73
云南	0.27	782.63	651.72	499.64
西藏	2.45	283.09	1079.74	753.48
陕西	0.52	600.78	609.33	428.30
甘肃	0.47	445.55	736.19	508.49
青海	0.33	371.10	621.98	418.84
宁夏	0.43	428.86	636.81	448.03
新疆	0.54	432.42	766.73	536.28

2004年各地区城镇居民家庭消费支出(九)

(平均每人全年) 单位:元

地　区	1.男士服装	2.女士服装	3.童　装	(二)衣着材料	(三)鞋　类
合　计	**202.63**	**255.95**	**35.24**	**9.99**	**150.74**
北　京	281.79	410.43	32.65	17.04	256.04
天　津	188.78	225.44	15.46	14.19	143.84
河　北	177.86	225.03	35.62	14.81	146.16
山　西	218.31	268.40	57.73	15.23	154.51
内蒙古	296.04	306.56	31.95	11.98	192.93
辽　宁	173.12	250.17	26.53	11.61	156.52
吉　林	216.68	274.17	32.14	6.99	173.00
黑龙江	200.98	263.47	28.02	7.24	187.69
上　海	232.32	314.42	34.25	14.38	154.43
江　苏	205.14	206.49	29.32	10.58	125.76
浙　江	285.38	381.42	51.68	9.62	183.40
安　徽	178.76	231.39	49.60	9.12	146.22
福　建	202.55	233.85	34.67	2.75	106.12
江　西	153.14	193.18	22.55	10.17	109.51
山　东	254.90	300.61	37.99	15.28	175.96
河　南	195.73	245.85	32.86	10.69	139.75
湖　北	233.81	245.55	31.34	10.25	158.68
湖　南	219.86	261.09	26.92	8.15	149.46
广　东	173.46	235.98	45.76	1.51	137.86
广　西	118.79	171.48	19.30	8.25	88.01
海　南	85.47	114.63	33.09	1.55	55.85
重　庆	213.35	335.17	30.78	5.93	163.98
四　川	161.77	210.53	26.99	7.44	124.65
贵　州	147.66	221.29	40.78	8.26	143.88
云　南	179.49	247.97	72.18	7.90	124.97
西　藏	293.53	343.03	116.93	5.06	303.38
陕　西	175.63	224.64	28.03	13.42	139.00
甘　肃	237.21	244.56	26.72	15.20	157.08
青　海	168.55	225.88	24.42	12.69	134.79
宁　夏	192.82	226.99	28.23	15.02	143.24
新　疆	194.47	295.37	46.43	12.78	171.14

2004 年各地区城镇居民家庭消费支出(十)

(平均每人全年)　　　　单位:元

地　　区	(四)其他衣着用品	(五)衣着加工服务费	三、家庭设备用品及服务	(一)耐用消费品	1.家具
合　　计	**25.79**	**6.46**	**407.37**	**198.84**	**63.94**
北　　京	48.03	16.48	823.84	410.63	186.45
天　　津	28.42	8.47	497.48	281.08	119.21
河　　北	24.60	6.85	343.21	205.56	70.78
山　　西	30.58	2.66	314.82	162.27	47.10
内 蒙 古	48.09	10.34	360.31	163.92	85.51
辽　　宁	26.55	7.16	276.89	97.12	38.55
吉　　林	29.82	6.71	254.33	101.46	37.38
黑 龙 江	25.01	6.87	215.07	93.05	29.00
上　　海	32.25	14.67	780.26	390.91	159.07
江　　苏	25.80	7.86	493.53	247.38	63.37
浙　　江	22.80	7.50	596.62	316.20	65.61
安　　徽	19.79	3.01	257.01	137.21	23.09
福　　建	15.69	2.74	435.32	206.19	52.35
江　　西	19.86	5.17	328.18	144.26	27.87
山　　东	36.19	8.31	457.33	250.96	80.61
河　　南	19.84	5.60	332.06	181.12	57.87
湖　　北	24.32	7.02	334.12	153.32	41.96
湖　　南	18.49	5.51	388.15	168.05	36.90
广　　东	21.70	3.80	592.66	243.27	76.32
广　　西	12.81	4.53	397.33	231.27	66.75
海　　南	8.10	1.47	302.41	134.21	44.40
重　　庆	25.92	4.54	474.15	258.90	71.53
四　　川	21.06	5.50	384.08	187.04	54.27
贵　　州	19.94	3.37	286.56	89.31	24.88
云　　南	17.23	1.99	302.04	141.14	62.51
西　　藏	13.69	4.14	469.74	121.10	3.38
陕　　西	21.99	6.60	409.00	225.57	99.26
甘　　肃	48.23	7.17	336.20	158.97	62.51
青　　海	49.08	6.57	438.44	259.98	155.69
宁　　夏	23.87	6.65	364.07	196.32	97.53
新　　疆	37.68	8.86	292.14	130.42	49.04

2004 年各地区城镇居民家庭消费支出(十一)

(平均每人全年)

单位:元

地　区	2.家庭设备	(二)室　内装饰品	1.纺　织装饰品	2.装饰灯具	3.其　他装饰品
合　计	**134.90**	**16.02**	**6.03**	**4.13**	**5.86**
北　京	224.18	41.39	13.18	9.58	18.62
天　津	161.88	27.53	7.87	6.43	13.23
河　北	134.78	14.85	4.54	6.33	3.98
山　西	115.17	20.46	5.84	7.13	7.50
内蒙古	78.41	36.54	18.09	8.44	10.01
辽　宁	58.56	23.47	9.95	6.08	7.44
吉　林	64.08	10.29	4.99	2.55	2.75
黑龙江	64.05	7.58	3.36	1.88	2.33
上　海	231.84	39.13	13.51	8.56	17.06
江　苏	184.01	12.28	3.74	5.05	3.50
浙　江	250.59	22.79	11.59	4.91	6.30
安　徽	114.12	6.40	2.85	1.86	1.68
福　建	153.84	11.51	3.56	4.35	3.60
江　西	116.39	6.91	1.68	2.37	2.87
山　东	170.35	17.55	6.70	3.49	7.36
河　南	123.25	9.93	4.04	2.86	3.03
湖　北	111.36	9.12	3.87	1.81	3.44
湖　南	131.14	10.27	5.03	1.86	3.38
广　东	166.95	17.85	4.16	4.08	9.61
广　西	164.52	13.45	5.82	1.67	5.96
海　南	89.81	8.31	2.03	1.86	4.42
重　庆	187.37	18.13	5.94	3.10	9.08
四　川	132.77	11.52	4.17	4.13	3.23
贵　州	64.43	7.10	3.71	0.99	2.40
云　南	78.63	13.48	5.37	4.28	3.83
西　藏	117.72	36.19	4.69	16.56	14.94
陕　西	126.31	13.20	5.81	3.99	3.39
甘　肃	96.47	15.73	4.01	6.81	4.91
青　海	104.28	29.06	12.42	6.31	10.33
宁　夏	98.80	20.03	11.64	6.02	2.37
新　疆	81.38	17.82	11.10	3.67	3.04

2004年各地区城镇居民家庭消费支出(十二)

(平均每人全年)

单位:元

地　区	(三)床上用品	(四)家庭日用杂品	1.厨、餐、茶具	2.家用工具	3.家居清洁用品
合　计	**32.43**	**126.81**	**18.82**	**0.99**	**24.98**
北　京	59.22	238.41	32.67	1.92	46.53
天　津	28.97	127.27	17.54	0.33	29.75
河　北	27.47	77.63	12.28	2.45	16.90
山　西	19.90	92.45	12.85	1.77	15.74
内蒙古	29.61	112.74	18.68	1.58	17.57
辽　宁	34.73	102.53	13.86	2.60	30.27
吉　林	21.31	101.11	14.92	0.18	24.82
黑龙江	18.87	80.32	11.92	0.63	25.77
上　海	63.83	189.14	26.53	0.67	37.66
江　苏	37.71	154.46	22.59	0.83	24.44
浙　江	51.61	147.36	20.63	1.12	21.20
安　徽	17.53	81.04	13.26	0.12	15.25
福　建	34.43	139.86	20.36	0.47	31.48
江　西	28.99	119.28	15.29	1.24	23.73
山　东	27.81	142.20	22.23	1.56	20.93
河　南	28.20	92.51	18.86	0.63	16.63
湖　北	22.18	132.31	18.01	0.40	29.18
湖　南	36.68	142.40	21.32	1.07	20.05
广　东	48.79	193.26	25.77	0.78	38.75
广　西	27.75	109.81	18.22	0.47	21.24
海　南	18.04	123.18	11.06	0.04	40.04
重　庆	45.82	124.83	17.68	2.55	17.49
四　川	28.16	119.18	19.67	0.37	27.22
贵　州	21.06	150.50	21.09	0.93	26.46
云　南	47.41	81.56	12.33	0.50	16.30
西　藏	138.22	159.87	61.77	3.65	29.76
陕　西	24.63	115.01	19.90	0.15	22.44
甘　肃	26.35	113.91	13.16	0.57	19.31
青　海	21.77	101.96	16.10	2.94	14.88
宁　夏	23.49	104.89	22.36	0.08	21.70
新　疆	17.97	102.22	20.63	0.96	23.02

2004 年各地区城镇居民家庭消费支出(十三)

(平均每人全年) 单位:元

地　区	4.其他日用杂品	(五)家具材料	(六)家庭服务	1.家政服务	2.加工维修服务费
合　计	**82.02**	**2.83**	**30.44**	**19.08**	**11.36**
北　京	157.30	9.47	64.72	43.10	21.63
天　津	79.65	1.35	31.27	23.70	7.57
河　北	46.00	3.67	14.03	8.49	5.54
山　西	62.10	3.09	16.64	6.50	10.14
内蒙古	74.91	2.99	14.50	7.54	6.96
辽　宁	55.80	5.64	13.40	6.96	6.44
吉　林	61.19	0.50	19.66	14.93	4.73
黑龙江	42.01	0.45	14.81	9.33	5.48
上　海	124.27	1.77	95.47	70.19	25.28
江　苏	106.60	3.05	38.65	25.65	13.00
浙　江	104.42	13.00	45.66	30.13	15.53
安　徽	52.41	1.13	13.70	7.07	6.64
福　建	87.55	0.16	43.17	33.30	9.87
江　西	79.02	2.66	26.07	13.68	12.40
山　东	97.48	4.83	13.98	5.16	8.82
河　南	56.38	2.76	17.54	7.48	10.06
湖　北	84.72	1.29	15.90	4.46	11.44
湖　南	99.96	2.52	28.23	13.17	15.06
广　东	127.96	0.84	88.64	71.93	16.71
广　西	69.88	0.93	14.11	4.33	9.78
海　南	72.03	1.23	17.44	11.45	5.99
重　庆	87.11	0.31	26.16	13.14	13.03
四　川	71.93	0.32	37.85	22.67	15.18
贵　州	102.02	0.68	17.90	6.96	10.94
云　南	52.43	0.51	17.94	10.80	7.14
西　藏	64.69	3.75	10.61	3.59	7.02
陕　西	72.52	9.10	21.48	8.24	13.24
甘　肃	80.87	1.78	19.46	5.91	13.55
青　海	68.04	6.72	18.95	6.53	12.42
宁　夏	60.76	0.43	18.91	7.34	11.57
新　疆	57.60	4.50	19.22	8.83	10.39

2004年各地区城镇居民家庭消费支出(十四)

(平均每人全年) 单位:元

地区	四、医疗保健	(一)医疗器具	(二)保健器具	(三)药品费	(四)滋补保健品
合计	**528.15**	**3.79**	**10.16**	**295.36**	**59.30**
北京	1182.81	10.42	43.35	559.47	204.41
天津	823.99	3.56	12.82	490.09	63.00
河北	550.29	6.20	8.97	331.10	44.76
山西	401.75	2.73	3.51	237.57	15.12
内蒙古	473.64	3.17	7.00	304.93	20.08
辽宁	541.26	5.38	10.41	266.06	69.94
吉林	527.32	1.19	9.79	307.50	52.88
黑龙江	537.44	3.01	7.16	306.99	48.26
上海	761.70	7.72	14.63	294.20	232.62
江苏	496.77	5.08	14.71	250.44	88.28
浙江	828.81	3.27	8.70	429.23	200.38
安徽	395.74	1.47	4.37	229.75	13.59
福建	476.75	1.85	5.15	254.89	55.57
江西	268.11	3.03	9.15	160.07	21.58
山东	484.42	5.31	10.23	265.87	49.41
河南	436.53	2.33	7.46	289.50	22.83
湖北	461.40	1.98	4.32	239.90	29.17
湖南	475.61	4.00	2.36	309.17	43.37
广东	649.70	4.81	15.84	352.36	96.58
广西	461.67	1.24	1.89	299.89	32.76
海南	350.17	2.59	1.77	199.98	20.43
重庆	537.95	2.53	10.70	335.94	41.81
四川	433.36	2.98	17.99	263.67	34.66
贵州	301.26	2.90	1.84	189.69	12.79
云南	623.22	4.43	18.71	374.54	25.58
西藏	320.65		4.84	175.04	52.63
陕西	513.27	2.96	5.72	319.59	23.10
甘肃	411.95	3.36	3.55	282.43	15.72
青海	451.95	5.80	4.77	246.97	27.70
宁夏	440.77	2.53	8.27	311.09	20.29
新疆	375.18	3.50	3.37	193.82	31.35

2004年各地区城镇居民家庭消费支出(十五)

(平均每人全年)　　单位:元

地　区	(五)医疗费	(六)其　他	五、交通和通　讯	(一)交　通	1.家庭交通工具
合　计	**154.04**	**5.50**	**843.62**	**389.05**	**146.37**
北　京	346.51	18.65	1562.19	808.67	272.72
天　津	244.54	9.98	787.71	323.11	136.30
河　北	149.76	9.52	595.95	224.61	97.24
山　西	136.80	6.02	587.00	191.19	68.99
内蒙古	135.12	3.34	699.66	297.83	87.05
辽　宁	180.76	8.72	652.40	225.99	22.97
吉　林	155.30	0.66	643.16	283.77	67.88
黑龙江	166.73	5.28	548.39	207.84	24.16
上　海	203.94	8.59	1702.86	994.83	389.57
江　苏	134.12	4.13	765.17	395.33	196.68
浙　江	178.49	8.73	1419.09	794.05	466.33
安　徽	145.79	0.78	564.92	199.24	27.09
福　建	156.19	3.11	1055.59	432.12	218.78
江　西	70.38	3.91	498.45	141.92	30.19
山　东	147.82	5.78	801.23	404.48	203.12
河　南	110.48	3.92	569.85	168.17	63.67
湖　北	177.96	8.06	600.48	200.75	16.35
湖　南	113.19	3.52	881.89	425.21	186.22
广　东	175.15	4.95	1754.12	1005.58	483.05
广　西	123.75	2.14	584.12	243.75	52.67
海　南	121.74	3.67	701.92	351.80	95.64
重　庆	139.19	7.79	865.45	327.78	7.92
四　川	111.45	2.60	769.24	380.28	166.21
贵　州	91.42	2.62	601.08	219.09	20.28
云　南	192.07	7.88	882.19	349.16	112.34
西　藏	87.45	0.69	1184.66	445.62	45.57
陕　西	159.59	2.32	583.19	203.79	25.66
甘　肃	103.81	3.08	601.16	246.65	39.97
青　海	160.53	6.17	566.97	227.17	10.62
宁　夏	96.35	2.23	646.97	242.63	55.09
新　疆	136.84	6.29	615.19	246.45	16.49

2004年各地区城镇居民家庭消费支出(十六)

(平均每人全年) 单位:元

地区	2.车辆用燃料及零配件	3.交通工具服务支出	4.交通费	(二)通信	1.通信工具
合计	**35.52**	**36.47**	**170.70**	**454.56**	**75.72**
北京	108.16	106.25	321.54	753.52	155.52
天津	15.39	19.87	151.55	464.60	92.32
河北	26.59	17.21	83.57	371.33	71.76
山西	14.63	10.63	96.94	395.81	87.31
内蒙古	36.74	30.30	143.74	401.83	80.42
辽宁	7.66	7.08	188.27	426.41	45.32
吉林	14.62	13.40	187.86	359.39	58.35
黑龙江	10.53	18.16	154.99	340.54	47.77
上海	42.29	92.48	470.50	708.03	115.19
江苏	38.85	41.30	118.51	369.84	78.36
浙江	72.18	68.85	186.69	625.04	127.54
安徽	8.67	6.59	156.88	365.68	46.55
福建	40.85	37.91	134.58	623.46	76.10
江西	7.19	9.45	95.09	356.52	72.03
山东	34.66	32.84	133.86	396.75	86.23
河南	17.52	14.77	72.22	401.68	61.91
湖北	7.76	9.91	166.73	399.73	73.50
湖南	18.08	31.29	189.61	456.69	96.18
广东	156.60	139.39	226.54	748.54	94.60
广西	42.96	38.77	109.35	340.36	76.32
海南	73.35	30.27	152.54	350.12	51.39
重庆	5.07	4.01	310.78	537.67	65.92
四川	25.42	38.64	150.01	388.95	57.14
贵州	9.57	8.49	180.76	381.98	40.82
云南	53.01	61.27	122.53	533.03	60.14
西藏	35.10	28.49	336.46	739.03	32.49
陕西	9.03	9.54	159.57	379.40	75.84
甘肃	7.20	6.39	193.09	354.51	68.76
青海	6.17	7.76	202.62	339.80	56.51
宁夏	14.77	8.97	163.80	404.33	98.28
新疆	15.40	10.36	204.20	368.73	53.55

2004年各地区城镇居民家庭消费支出(十七)

(平均每人全年)　　单位:元

地　区	2.通信服务	六、教育文化娱乐服务	(一)文化娱乐用品	(二)文化娱乐服务	1.参观游览
合　计	**378.84**	**1032.80**	**256.65**	**217.20**	**28.12**
北　京	598.00	2115.89	606.79	534.64	100.93
天　津	372.28	1232.38	352.86	180.09	40.38
河　北	299.58	682.87	194.17	107.08	13.82
山　西	308.50	901.40	214.25	145.71	27.31
内蒙古	321.41	858.38	255.21	163.02	35.97
辽　宁	381.09	845.37	167.69	105.53	28.28
吉　林	301.05	795.04	203.22	110.56	11.15
黑龙江	292.77	762.49	166.13	121.07	21.42
上　海	592.84	2195.15	618.57	474.39	29.61
江　苏	291.48	1031.14	265.76	207.65	30.64
浙　江	497.50	1681.09	414.63	406.91	32.36
安　徽	319.13	623.48	149.53	110.90	20.38
福　建	547.37	1050.30	279.38	271.06	17.80
江　西	284.49	785.66	184.39	172.98	35.79
山　东	310.53	983.07	285.93	141.19	26.83
河　南	339.77	694.56	167.30	156.95	14.25
湖　北	326.22	938.62	191.73	187.17	23.34
湖　南	360.51	1091.29	214.33	268.63	15.64
广　东	653.95	1577.70	361.73	494.98	57.20
广　西	264.04	960.77	233.16	210.63	13.73
海　南	298.72	686.75	160.13	153.72	7.83
重　庆	471.74	1200.52	303.02	229.71	35.36
四　川	331.82	874.37	216.03	190.62	13.13
贵　州	341.16	793.40	188.12	205.93	24.84
云　南	472.89	725.08	193.65	194.74	31.88
西　藏	706.54	617.39	129.89	86.57	3.39
陕　西	303.55	1025.76	235.39	155.85	19.56
甘　肃	285.75	853.31	249.43	142.78	36.68
青　海	283.28	746.89	203.02	176.86	38.02
宁　夏	306.06	651.14	214.76	121.51	21.85
新　疆	315.19	840.59	183.75	135.73	21.61

2004年各地区城镇居民家庭消费支出(十八)

(平均每人全年)

单位:元

地区	2.健身活动	3.团体旅游	4.其他文娱活动	5.文娱用品修理服务费	(三)教育
合计	**4.69**	**116.20**	**63.14**	**5.04**	**558.95**
北京	30.44	293.46	97.44	12.37	974.45
天津	5.18	61.58	67.62	5.33	699.44
河北	1.79	52.95	35.33	3.19	381.62
山西	1.51	80.52	33.12	3.26	541.44
内蒙古	1.32	51.16	68.79	5.77	440.15
辽宁	5.59	37.21	32.05	2.39	572.15
吉林	4.89	42.09	49.68	2.75	481.26
黑龙江	4.61	43.23	49.43	2.38	475.29
上海	19.01	297.40	120.21	8.15	1102.19
江苏	2.70	113.63	56.82	3.86	557.73
浙江	5.92	283.84	78.53	6.26	859.55
安徽	0.82	47.75	38.79	3.15	363.05
福建	6.27	197.66	42.32	7.01	499.87
江西	0.86	69.37	60.25	6.71	428.30
山东	2.18	62.97	42.23	6.99	555.96
河南	1.06	84.54	53.40	3.71	370.30
湖北	2.51	92.74	63.02	5.57	559.72
湖南	2.29	135.70	110.84	4.17	608.33
广东	11.17	335.95	82.68	7.98	720.99
广西	1.49	130.54	60.04	4.84	516.97
海南	0.81	86.96	46.86	11.28	372.90
重庆	1.68	121.73	68.48	2.47	667.79
四川	2.88	73.06	97.74	3.80	467.71
贵州	5.56	93.02	77.86	4.65	399.36
云南	4.83	102.25	52.72	3.05	336.70
西藏	4.48	10.88	66.94	0.88	400.93
陕西	2.30	68.38	61.88	3.73	634.53
甘肃	0.41	42.09	52.90	10.69	461.11
青海	0.13	58.19	76.67	3.84	367.00
宁夏	4.47	22.85	69.88	2.45	314.88
新疆	1.95	54.72	53.27	4.18	521.11

2004年各地区城镇居民家庭消费支出(十九)

(平均每人全年)

单位:元

地　区	1.教　材	2.教育费用	七、居　住	(一)住　房	(二)水电燃料及其他
合　计	**38.90**	**520.05**	**733.53**	**247.89**	**451.49**
北　京	60.47	913.98	1065.67	501.23	526.84
天　津	47.48	651.96	1230.17	529.74	649.14
河　北	39.30	342.32	705.18	201.94	481.89
山　西	45.11	496.33	614.20	219.36	364.98
内蒙古	22.34	417.81	627.02	175.92	400.56
辽　宁	51.42	520.73	661.80	187.66	458.57
吉　林	41.60	439.67	700.04	194.31	479.57
黑龙江	33.69	441.00	611.44	173.85	409.58
上　海	96.63	1005.56	1326.69	631.13	584.72
江　苏	21.47	536.27	760.71	340.75	399.47
浙　江	51.61	807.93	971.33	447.46	496.01
安　徽	31.31	331.74	534.30	151.62	367.62
福　建	35.83	464.04	869.25	223.94	611.60
江　西	21.57	406.72	505.47	125.96	369.90
山　东	30.45	525.50	601.54	164.27	413.91
河　南	36.65	333.65	578.60	162.64	388.35
湖　北	34.37	525.35	641.62	171.70	452.56
湖　南	31.24	577.09	640.73	231.57	385.87
广　东	42.41	678.59	1205.12	399.60	704.44
广　西	40.24	476.73	660.26	162.55	473.02
海　南	43.40	329.50	564.86	155.00	389.96
重　庆	24.85	642.93	903.22	387.28	461.08
四　川	40.27	427.44	600.67	198.45	369.17
贵　州	28.45	370.91	468.21	87.34	363.79
云　南	20.92	315.78	592.93	201.88	368.54
西　藏	81.28	319.65	483.20	79.87	381.92
陕　西	63.34	571.18	646.92	235.83	387.63
甘　肃	26.14	434.97	572.49	179.44	370.44
青　海	20.85	346.15	664.20	299.11	336.50
宁　夏	44.82	270.06	660.19	267.02	357.98
新　疆	36.80	484.32	566.99	113.99	419.82

2004年各地区城镇居民家庭消费支出(二十)

(平均每人全年)

单位:元

地区	1.水	2.电	3.燃料	4.其他	(三)居住服务费
合计	**53.45**	**203.28**	**141.68**	**53.08**	**34.14**
北京	86.31	276.65	130.75	33.13	37.59
天津	56.15	263.09	110.06	219.84	51.29
河北	41.62	150.96	146.11	143.19	21.36
山西	33.11	124.38	130.51	76.99	29.86
内蒙古	27.95	134.55	113.74	124.31	50.54
辽宁	44.10	171.62	128.21	114.64	15.57
吉林	39.29	161.46	131.19	147.63	26.16
黑龙江	34.14	162.12	119.27	94.06	28.01
上海	88.43	317.97	173.26	5.06	110.84
江苏	53.11	201.78	130.00	14.57	20.49
浙江	63.66	287.30	124.71	20.33	27.87
安徽	36.79	177.60	145.05	8.17	15.06
福建	93.36	323.23	188.87	6.15	33.71
江西	41.87	168.77	148.95	10.31	9.60
山东	31.05	147.99	118.60	116.27	23.36
河南	46.65	170.46	135.73	35.51	27.61
湖北	57.36	223.44	161.36	10.40	17.36
湖南	54.72	175.05	145.91	10.19	23.29
广东	93.07	370.43	234.27	6.67	101.08
广西	59.05	217.64	187.89	8.44	24.69
海南	65.97	170.27	149.10	4.62	19.90
重庆	89.13	238.65	128.31	5.00	54.86
四川	55.15	179.80	125.32	8.89	33.05
贵州	43.88	202.91	110.41	6.60	17.09
云南	75.64	179.54	110.01	3.35	22.51
西藏	49.24	139.15	189.67	3.87	21.41
陕西	35.44	157.81	127.01	67.37	23.47
甘肃	24.89	117.35	78.97	149.23	22.62
青海	21.63	119.36	82.35	113.16	28.58
宁夏	30.51	119.57	78.31	129.58	35.20
新疆	21.80	92.62	113.05	192.35	33.18

2004年各地区城镇居民家庭消费支出(二十一)

(平均每人全年) 单位:元

地区	1.物业管理费	2.维修服务费	3.其他	八、杂项商品和服务	(一)杂项商品	(二)服务
合计	**18.25**	**5.27**	**10.63**	**240.24**	**150.30**	**89.94**
北京	26.43	3.53	7.64	461.98	303.28	158.70
天津	18.65	6.38	26.26	327.86	210.09	117.77
河北	9.07	8.38	3.91	168.39	93.93	74.45
山西	7.18	7.82	14.86	169.80	99.55	70.24
内蒙古	24.29	7.35	18.90	277.50	171.27	106.22
辽宁	5.79	6.53	3.26	269.96	128.82	141.14
吉林	17.23	5.41	3.52	229.51	132.95	96.55
黑龙江	17.98	5.28	4.75	201.18	126.41	74.77
上海	102.03	3.79	5.03	474.33	330.46	143.86
江苏	11.96	5.42	3.10	242.28	144.23	98.05
浙江	18.77	4.76	4.34	346.17	216.06	130.11
安徽	8.57	2.16	4.33	188.99	90.64	98.35
福建	18.16	6.42	9.13	280.93	150.22	130.71
江西	1.47	3.93	4.21	141.93	95.20	46.73
山东	6.38	6.63	10.35	206.28	141.14	65.14
河南	4.04	4.80	18.76	176.84	110.00	66.84
湖北	3.58	4.64	9.14	195.12	135.43	59.70
湖南	5.23	8.42	9.63	237.87	153.98	83.89
广东	68.05	5.32	27.71	342.11	221.38	120.73
广西	13.96	2.04	8.69	231.31	137.11	94.21
海南	16.23	2.58	1.09	173.29	123.38	49.91
重庆	37.86	2.27	14.73	196.77	146.60	50.17
四川	12.60	6.44	14.01	191.15	120.92	70.23
贵州	4.05	2.89	10.14	198.30	132.73	65.57
云南	8.67	2.56	11.28	164.21	102.36	61.85
西藏	15.34	1.79	4.28	383.66	209.41	174.25
陕西	2.21	5.71	15.55	209.10	133.23	75.88
甘肃	6.92	4.77	10.93	221.96	143.73	78.23
青海	11.67	5.63	11.28	212.47	135.11	77.36
宁夏	20.32	8.37	6.51	265.08	173.92	91.15
新疆	13.78	4.49	14.91	233.66	169.81	63.85

2004 年各地区城镇居民家庭消费支出构成(一)

单位:%

地　区	消费支出	其中:服务性消费支出	一、食　品	(一)粮油类	1.粮　食
合　计	**100.00**	**28.02**	**37.73**	**5.32**	**3.32**
北　京	100.00	31.67	32.18	3.39	2.09
天　津	100.00	28.43	37.24	4.54	2.84
河　北	100.00	22.75	36.82	6.42	3.75
山　西	100.00	27.71	33.92	6.64	4.64
内蒙古	100.00	26.44	32.56	5.66	4.15
辽　宁	100.00	27.48	40.41	6.50	3.90
吉　林	100.00	26.53	35.92	6.36	3.96
黑龙江	100.00	27.42	35.42	6.79	4.33
上　海	100.00	32.33	36.37	3.40	1.96
江　苏	100.00	25.83	39.98	5.19	3.07
浙　江	100.00	28.17	36.21	3.56	2.26
安　徽	100.00	25.35	43.93	6.71	4.11
福　建	100.00	26.36	41.59	5.71	3.76
江　西	100.00	25.01	43.02	7.78	4.62
山　东	100.00	25.31	34.62	4.76	3.19
河　南	100.00	25.34	35.05	6.75	4.41
湖　北	100.00	28.68	39.32	5.97	3.46
湖　南	100.00	29.01	36.02	6.07	3.68
广　东	100.00	31.52	36.96	3.95	2.61
广　西	100.00	26.24	42.31	5.61	3.39
海　南	100.00	25.88	46.93	5.17	3.44
重　庆	100.00	30.65	37.82	5.07	2.83
四　川	100.00	27.03	40.19	6.01	3.50
贵　州	100.00	28.01	41.14	5.87	3.71
云　南	100.00	28.49	42.35	5.29	3.70
西　藏	100.00	23.88	45.56	5.86	3.88
陕　西	100.00	30.21	35.88	5.76	3.65
甘　肃	100.00	26.71	37.12	5.64	3.66
青　海	100.00	27.88	35.70	5.75	4.12
宁　夏	100.00	24.58	37.04	6.46	4.22
新　疆	100.00	28.89	36.08	5.63	3.63

2004 年各地区城镇居民家庭消费支出构成(二)

单位:%

地 区	2.淀 粉及薯类	3.干 豆 类及豆制品	4.油脂类	(二)肉 禽 蛋水产品类	1.肉 类
合 计	**0.26**	**0.50**	**1.24**	**10.76**	**5.61**
北 京	0.20	0.35	0.75	7.03	4.26
天 津	0.27	0.34	1.09	10.11	4.87
河 北	0.32	0.50	1.85	9.91	5.53
山 西	0.42	0.54	1.04	7.00	4.36
内 蒙 古	0.27	0.29	0.95	7.33	5.12
辽 宁	0.50	0.62	1.47	11.63	5.99
吉 林	0.50	0.66	1.24	8.94	5.43
黑 龙 江	0.45	0.60	1.40	9.07	5.38
上 海	0.21	0.51	0.73	10.10	3.44
江 苏	0.31	0.71	1.10	12.63	5.77
浙 江	0.12	0.49	0.69	10.23	3.54
安 徽	0.22	0.68	1.70	12.57	6.65
福 建	0.23	0.51	1.21	17.25	6.94
江 西	0.11	0.71	2.35	13.03	7.50
山 东	0.25	0.45	0.88	9.24	4.88
河 南	0.39	0.59	1.36	8.83	5.33
湖 北	0.20	0.58	1.73	10.24	5.88
湖 南	0.14	0.60	1.65	10.53	6.14
广 东	0.11	0.25	0.98	13.14	6.30
广 西	0.19	0.57	1.45	16.40	8.50
海 南	0.14	0.22	1.37	20.37	9.12
重 庆	0.33	0.49	1.42	10.82	5.74
四 川	0.31	0.49	1.71	11.74	7.05
贵 州	0.15	0.49	1.52	11.60	7.68
云 南	0.24	0.51	0.84	9.57	5.68
西 藏	0.25	0.11	1.61	10.60	7.14
陕 西	0.37	0.54	1.21	6.41	3.92
甘 肃	0.17	0.35	1.46	7.26	4.72
青 海	0.21	0.28	1.14	8.59	6.08
宁 夏	0.40	0.46	1.39	7.68	5.03
新 疆	0.33	0.39	1.28	8.85	5.83

2004年各地区城镇居民家庭消费支出构成(三)

单位:%

地区	2.禽类	3.蛋类	4.水产品类	(三)蔬菜类	1.鲜菜
合计	**1.73**	**0.95**	**2.48**	**3.57**	**3.27**
北京	0.77	0.64	1.35	2.35	2.10
天津	0.93	1.16	3.15	3.01	2.78
河北	1.05	1.50	1.83	4.13	3.83
山西	0.67	1.30	0.67	3.80	3.51
内蒙古	0.75	0.76	0.71	3.04	2.84
辽宁	1.07	1.42	3.15	4.66	4.07
吉林	0.77	1.01	1.73	4.15	3.68
黑龙江	0.88	1.17	1.63	3.47	3.26
上海	1.62	0.57	4.47	2.74	2.46
江苏	2.26	1.01	3.59	3.60	3.28
浙江	1.51	0.49	4.70	3.16	2.87
安徽	2.27	1.64	2.01	3.99	3.76
福建	2.16	0.93	7.21	3.59	3.02
江西	2.07	1.05	2.42	5.09	4.56
山东	1.05	1.31	2.00	2.92	2.73
河南	1.36	1.39	0.75	3.98	3.78
湖北	1.41	0.88	2.06	4.46	4.08
湖南	1.85	0.80	1.74	3.55	3.29
广东	2.79	0.46	3.58	2.92	2.61
广西	4.35	0.79	2.76	3.69	3.25
海南	4.14	0.48	6.64	4.15	3.91
重庆	2.57	0.98	1.53	3.74	3.47
四川	2.46	1.03	1.20	4.06	3.78
贵州	2.16	0.93	0.84	4.14	3.73
云南	1.69	0.86	1.34	4.45	4.23
西藏	1.53	0.66	1.27	5.36	4.85
陕西	0.87	0.83	0.78	3.21	2.97
甘肃	0.92	0.84	0.78	3.98	3.81
青海	0.87	0.74	0.90	3.27	3.09
宁夏	1.13	0.72	0.80	3.79	3.65
新疆	1.29	0.77	0.95	3.42	3.21

2004年各地区城镇居民家庭消费支出构成(四)

单位:%

地　区	2.干　菜	3.菜制品	(四)调味品	(五)糖烟酒饮料类	1.糖　类
合　计	**0.19**	**0.12**	**0.50**	**3.98**	**0.39**
北　京	0.15	0.10	0.59	3.49	0.39
天　津	0.16	0.07	0.64	3.91	0.29
河　北	0.20	0.11	0.57	5.36	0.60
山　西	0.18	0.12	0.47	4.05	0.32
内蒙古	0.10	0.10	0.43	3.67	0.25
辽　宁	0.47	0.13	0.72	5.25	0.60
吉　林	0.29	0.18	0.59	3.54	0.43
黑龙江	0.13	0.08	0.56	3.63	0.45
上　海	0.13	0.14	0.40	4.00	0.43
江　苏	0.16	0.15	0.52	4.27	0.32
浙　江	0.15	0.13	0.34	4.76	0.31
安　徽	0.12	0.12	0.61	6.77	0.38
福　建	0.41	0.15	0.56	3.33	0.28
江　西	0.39	0.15	0.50	3.68	0.46
山　东	0.10	0.10	0.41	3.20	0.28
河　南	0.13	0.08	0.55	3.58	0.29
湖　北	0.19	0.19	0.55	4.40	0.34
湖　南	0.15	0.11	0.36	3.30	0.45
广　东	0.22	0.09	0.34	2.30	0.36
广　西	0.26	0.18	0.41	2.44	0.40
海　南	0.14	0.10	0.59	2.47	0.31
重　庆	0.17	0.09	0.55	4.02	0.49
四　川	0.19	0.09	0.70	4.48	0.47
贵　州	0.24	0.17	0.57	5.26	0.57
云　南	0.10	0.12	0.45	5.65	0.39
西　藏	0.48	0.04	0.59	11.27	1.47
陕　西	0.14	0.11	0.54	4.11	0.35
甘　肃	0.10	0.06	0.56	5.05	0.35
青　海	0.07	0.11	0.52	4.61	0.42
宁　夏	0.09	0.06	0.52	3.98	0.39
新　疆	0.12	0.09	0.38	3.20	0.49

2004年各地区城镇居民家庭消费支出构成(五)

单位:%

地　区	2.烟草类	3.酒　类	4.饮　料	(六)干　鲜 瓜果类	1.鲜　果
合　计	**1.86**	**0.97**	**0.76**	**2.64**	**1.67**
北　京	0.94	0.79	1.37	2.70	1.55
天　津	1.59	1.11	0.92	2.73	1.57
河　北	1.99	1.64	1.12	2.80	1.82
山　西	2.26	0.74	0.74	2.44	1.52
内蒙古	1.71	1.11	0.59	2.40	1.61
辽　宁	2.41	1.29	0.95	3.73	2.46
吉　林	1.49	0.88	0.74	3.55	2.37
黑龙江	1.42	1.08	0.68	3.20	2.16
上　海	1.87	0.78	0.92	2.46	1.28
江　苏	2.28	0.98	0.69	2.39	1.22
浙　江	2.74	1.01	0.69	2.64	1.51
安　徽	3.16	2.10	1.13	2.66	1.44
福　建	1.46	0.82	0.78	2.56	1.84
江　西	1.84	0.86	0.52	3.01	1.97
山　东	0.94	1.27	0.72	2.72	1.62
河　南	1.44	1.13	0.71	2.51	1.43
湖　北	2.41	1.06	0.59	2.22	1.31
湖　南	1.68	0.80	0.37	2.91	1.89
广　东	0.91	0.33	0.70	2.09	1.58
广　西	0.95	0.61	0.48	2.83	2.00
海　南	1.20	0.37	0.59	2.43	2.06
重　庆	2.24	0.79	0.50	2.30	1.50
四　川	2.37	0.98	0.65	2.41	1.66
贵　州	2.87	1.07	0.74	2.82	2.10
云　南	3.96	0.51	0.79	2.52	2.03
西　藏	5.45	2.74	1.61	2.92	2.44
陕　西	2.10	0.91	0.75	2.52	1.44
甘　肃	2.46	1.51	0.74	3.01	1.78
青　海	1.93	1.72	0.54	2.47	1.50
宁　夏	2.19	0.81	0.59	3.24	2.01
新　疆	1.26	0.86	0.59	3.30	1.85

2004年各地区城镇居民家庭消费支出构成(六)

单位:%

地　区	2.鲜　瓜	3.干　果	4.瓜果制品	5.坚果及果　仁	(七)糕点、奶及奶制品
合　计	**0.35**	**0.12**	**0.07**	**0.43**	**2.64**
北　京	0.35	0.13	0.11	0.56	3.25
天　津	0.36	0.08	0.09	0.63	2.54
河　北	0.39	0.15	0.06	0.38	3.03
山　西	0.31	0.16	0.08	0.37	3.35
内蒙古	0.29	0.12	0.04	0.34	2.25
辽　宁	0.55	0.19	0.06	0.46	2.93
吉　林	0.54	0.22	0.06	0.37	2.32
黑龙江	0.43	0.10	0.10	0.41	2.59
上　海	0.50	0.11	0.12	0.45	2.97
江　苏	0.49	0.11	0.08	0.49	2.70
浙　江	0.40	0.18	0.10	0.45	2.00
安　徽	0.54	0.18	0.07	0.43	3.31
福　建	0.15	0.08	0.13	0.35	2.59
江　西	0.34	0.16	0.08	0.47	2.79
山　东	0.41	0.14	0.07	0.48	3.38
河　南	0.43	0.10	0.07	0.47	2.86
湖　北	0.34	0.10	0.05	0.41	2.39
湖　南	0.41	0.15	0.06	0.40	1.97
广　东	0.14	0.07	0.08	0.23	1.90
广　西	0.25	0.09	0.06	0.43	2.25
海　南	0.19	0.03	0.02	0.13	2.20
重　庆	0.21	0.07	0.06	0.47	2.94
四　川	0.16	0.08	0.03	0.47	2.72
贵　州	0.15	0.07	0.04	0.46	2.37
云　南	0.11	0.03	0.06	0.30	2.24
西　藏	0.27	0.10	0.02	0.10	5.52
陕　西	0.35	0.13	0.05	0.55	2.73
甘　肃	0.44	0.27	0.04	0.48	2.76
青　海	0.30	0.23	0.04	0.40	2.35
宁　夏	0.47	0.10	0.06	0.60	2.58
新　疆	0.42	0.28	0.05	0.70	2.87

2004年各地区城镇居民家庭消费支出构成(七)

单位:%

地区	1.糕点	2.奶及奶制品	(八)其他食品	其中:半成品	(九)饮食服务
合计	**0.80**	**1.84**	**0.87**	**0.16**	**7.44**
北京	1.16	2.10	0.68	0.20	8.68
天津	1.00	1.54	0.87	0.07	8.90
河北	0.82	2.20	0.29	0.06	4.32
山西	0.81	2.54	0.53	0.07	5.64
内蒙古	0.45	1.80	1.48	0.09	6.30
辽宁	0.81	2.11	0.61	0.21	4.39
吉林	0.63	1.69	0.85	0.16	5.61
黑龙江	0.68	1.91	0.95	0.17	5.17
上海	0.99	1.98	0.92		9.37
江苏	0.73	1.97	1.53	0.18	7.16
浙江	0.65	1.35	0.95	0.21	8.57
安徽	0.91	2.40	0.89	0.07	6.42
福建	0.61	1.98	0.62	0.22	5.38
江西	0.83	1.96	1.36	0.20	5.77
山东	0.99	2.38	1.16	0.10	6.84
河南	0.86	2.01	0.77	0.18	5.21
湖北	0.86	1.53	0.74	0.18	8.35
湖南	0.54	1.43	0.95	0.13	6.38
广东	0.71	1.19	0.63	0.28	9.69
广西	0.69	1.56	0.88	0.13	7.80
海南	0.74	1.47	0.51	0.02	9.04
重庆	0.63	2.31	0.61	0.23	7.77
四川	0.66	2.06	0.73	0.27	7.36
贵州	0.80	1.58	1.35	0.11	7.15
云南	1.13	1.11	0.74	0.07	11.45
西藏	0.74	4.77	0.03	0.02	3.42
陕西	0.93	1.81	0.95	0.15	9.65
甘肃	0.63	2.12	1.36	0.10	7.51
青海	0.61	1.74	1.70	0.26	6.45
宁夏	0.57	2.01	1.42	0.15	7.37
新疆	0.84	2.03	0.94	0.18	7.50

2004年各地区城镇居民家庭消费支出构成(八)

单位:%

地　区	1.食品加工服务费	2.在外饮食	二、衣　着	(一)服　装
合　计	**0.01**	**7.43**	**9.56**	**6.88**
北　京	0.01	8.68	8.71	5.94
天　津	0.01	8.90	7.10	4.88
河　北	0.02	4.30	10.84	7.54
山　西	0.01	5.63	13.22	9.63
内蒙古	0.01	6.28	14.44	10.20
辽　宁	0.02	4.36	9.96	6.87
吉　林	0.02	5.59	12.19	8.62
黑龙江	0.03	5.15	12.92	8.85
上　海		9.37	6.31	4.60
江　苏	0.02	7.14	8.33	6.01
浙　江		8.56	8.85	6.76
安　徽	0.01	6.41	11.17	8.05
福　建	0.01	5.38	7.33	5.77
江　西	0.02	5.76	9.62	6.91
山　东	0.01	6.83	12.43	8.89
河　南	0.01	5.20	12.28	8.96
湖　北	0.02	8.34	11.11	7.98
湖　南	0.01	6.37	10.01	7.38
广　东		9.69	5.80	4.26
广　西	0.01	7.78	6.57	4.80
海　南		9.03	5.17	4.02
重　庆	0.04	7.72	9.78	7.27
四　川	0.04	7.32	8.76	6.27
贵　州	0.02	7.13	10.65	7.46
云　南		11.45	9.53	7.31
西　藏	0.03	3.40	12.95	9.04
陕　西	0.01	9.64	9.78	6.87
甘　肃	0.01	7.50	12.40	8.56
青　海	0.01	6.44	10.80	7.27
宁　夏	0.01	7.37	10.94	7.70
新　疆	0.01	7.49	13.28	9.29

2004年各地区城镇居民家庭消费支出构成(九)

单位:%

地区	1.男士服装	2.女士服装	3.童装	(二)衣着材料	(三)鞋类
合计	**2.82**	**3.56**	**0.49**	**0.14**	**2.10**
北京	2.31	3.36	0.27	0.14	2.10
天津	2.14	2.56	0.18	0.16	1.63
河北	3.06	3.87	0.61	0.25	2.51
山西	3.86	4.75	1.02	0.27	2.73
内蒙古	4.76	4.93	0.51	0.19	3.10
辽宁	2.65	3.82	0.41	0.18	2.39
吉林	3.57	4.52	0.53	0.12	2.85
黑龙江	3.61	4.73	0.50	0.13	3.37
上海	1.84	2.49	0.27	0.11	1.22
江苏	2.80	2.82	0.40	0.14	1.72
浙江	2.68	3.59	0.49	0.09	1.72
安徽	3.13	4.05	0.87	0.16	2.56
福建	2.48	2.87	0.42	0.03	1.30
江西	2.87	3.62	0.42	0.19	2.05
山东	3.82	4.50	0.57	0.23	2.64
河南	3.70	4.64	0.62	0.20	2.64
湖北	3.65	3.84	0.49	0.16	2.48
湖南	3.19	3.79	0.39	0.12	2.17
广东	1.62	2.21	0.43	0.01	1.29
广西	1.84	2.66	0.30	0.13	1.37
海南	1.47	1.98	0.57	0.03	0.96
重庆	2.68	4.20	0.39	0.07	2.06
四川	2.54	3.30	0.42	0.12	1.96
贵州	2.69	4.03	0.74	0.15	2.62
云南	2.63	3.63	1.06	0.12	1.83
西藏	3.52	4.11	1.40	0.06	3.64
陕西	2.82	3.60	0.45	0.22	2.23
甘肃	4.00	4.12	0.45	0.26	2.65
青海	2.93	3.92	0.42	0.22	2.34
宁夏	3.31	3.90	0.48	0.26	2.46
新疆	3.37	5.12	0.80	0.22	2.96

2004年各地区城镇居民家庭消费支出构成(十)

单位:%

地　区	(四)其他衣着用品	(五)衣着加工服务费	三、家庭设备用品及服务	(一)耐用消费品	1.家具
合　计	**0.36**	**0.09**	**5.67**	**2.77**	**0.89**
北　京	0.39	0.14	6.75	3.37	1.53
天　津	0.32	0.10	5.65	3.19	1.35
河　北	0.42	0.12	5.90	3.53	1.22
山　西	0.54	0.05	5.57	2.87	0.83
内蒙古	0.77	0.17	5.79	2.64	1.37
辽　宁	0.41	0.11	4.23	1.48	0.59
吉　林	0.49	0.11	4.19	1.67	0.62
黑龙江	0.45	0.12	3.86	1.67	0.52
上　海	0.26	0.12	6.18	3.09	1.26
江　苏	0.35	0.11	6.73	3.37	0.86
浙　江	0.21	0.07	5.61	2.97	0.62
安　徽	0.35	0.05	4.50	2.40	0.40
福　建	0.19	0.03	5.33	2.53	0.64
江　西	0.37	0.10	6.15	2.70	0.52
山　东	0.54	0.12	6.85	3.76	1.21
河　南	0.37	0.11	6.27	3.42	1.09
湖　北	0.38	0.11	5.22	2.40	0.66
湖　南	0.27	0.08	5.64	2.44	0.54
广　东	0.20	0.04	5.54	2.27	0.71
广　西	0.20	0.07	6.16	3.59	1.04
海　南	0.14	0.03	5.21	2.31	0.77
重　庆	0.33	0.06	5.95	3.25	0.90
四　川	0.33	0.09	6.03	2.94	0.85
贵　州	0.36	0.06	5.22	1.63	0.45
云　南	0.25	0.03	4.42	2.06	0.91
西　藏	0.16	0.05	5.63	1.45	0.04
陕　西	0.35	0.11	6.56	3.62	1.59
甘　肃	0.81	0.12	5.66	2.68	1.05
青　海	0.85	0.11	7.61	4.51	2.70
宁　夏	0.41	0.11	6.25	3.37	1.68
新　疆	0.65	0.15	5.06	2.26	0.85

2004年各地区城镇居民家庭消费支出构成(十一)

单位:%

地　区	2.家庭设备	(二)室内装饰品	1.纺织装饰品	2.装饰灯具	3.其他装饰品
合　计	**1.88**	**0.22**	**0.08**	**0.06**	**0.08**
北　京	1.84	0.34	0.11	0.08	0.15
天　津	1.84	0.31	0.09	0.07	0.15
河　北	2.32	0.26	0.08	0.11	0.07
山　西	2.04	0.36	0.10	0.13	0.13
内蒙古	1.26	0.59	0.29	0.14	0.16
辽　宁	0.89	0.36	0.15	0.09	0.11
吉　林	1.06	0.17	0.08	0.04	0.05
黑龙江	1.15	0.14	0.06	0.03	0.04
上　海	1.84	0.31	0.11	0.07	0.14
江　苏	2.51	0.17	0.05	0.07	0.05
浙　江	2.36	0.21	0.11	0.05	0.06
安　徽	2.00	0.11	0.05	0.03	0.03
福　建	1.89	0.14	0.04	0.05	0.04
江　西	2.18	0.13	0.03	0.04	0.05
山　东	2.55	0.26	0.10	0.05	0.11
河　南	2.33	0.19	0.08	0.05	0.06
湖　北	1.74	0.14	0.06	0.03	0.05
湖　南	1.90	0.15	0.07	0.03	0.05
广　东	1.56	0.17	0.04	0.04	0.09
广　西	2.55	0.21	0.09	0.03	0.09
海　南	1.55	0.14	0.03	0.03	0.08
重　庆	2.35	0.23	0.07	0.04	0.11
四　川	2.08	0.18	0.07	0.06	0.05
贵　州	1.17	0.13	0.07	0.02	0.04
云　南	1.15	0.20	0.08	0.06	0.06
西　藏	1.41	0.43	0.06	0.20	0.18
陕　西	2.03	0.21	0.09	0.06	0.05
甘　肃	1.62	0.26	0.07	0.11	0.08
青　海	1.81	0.50	0.22	0.11	0.18
宁　夏	1.70	0.34	0.20	0.10	0.04
新　疆	1.41	0.31	0.19	0.06	0.05

2004年各地区城镇居民家庭消费支出构成(十二)

单位:%

地　区	(三)床上用品	(四)家庭日用杂品	1.厨、餐、茶具	2.家用工具	3.家居清洁用品
合　计	**0.45**	**1.77**	**0.26**	**0.01**	**0.35**
北　京	0.49	1.95	0.27	0.02	0.38
天　津	0.33	1.45	0.20		0.34
河　北	0.47	1.33	0.21	0.04	0.29
山　西	0.35	1.64	0.23	0.03	0.28
内蒙古	0.48	1.81	0.30	0.03	0.28
辽　宁	0.53	1.57	0.21	0.04	0.46
吉　林	0.35	1.67	0.25		0.41
黑龙江	0.34	1.44	0.21	0.01	0.46
上　海	0.51	1.50	0.21	0.01	0.30
江　苏	0.51	2.11	0.31	0.01	0.33
浙　江	0.49	1.39	0.19	0.01	0.20
安　徽	0.31	1.42	0.23		0.27
福　建	0.42	1.71	0.25	0.01	0.39
江　西	0.54	2.23	0.29	0.02	0.44
山　东	0.42	2.13	0.33	0.02	0.31
河　南	0.53	1.75	0.36	0.01	0.31
湖　北	0.35	2.07	0.28	0.01	0.46
湖　南	0.53	2.07	0.31	0.02	0.29
广　东	0.46	1.81	0.24	0.01	0.36
广　西	0.43	1.70	0.28	0.01	0.33
海　南	0.31	2.12	0.19		0.69
重　庆	0.57	1.57	0.22	0.03	0.22
四　川	0.44	1.87	0.31	0.01	0.43
贵　州	0.38	2.74	0.38	0.02	0.48
云　南	0.69	1.19	0.18	0.01	0.24
西　藏	1.66	1.92	0.74	0.04	0.36
陕　西	0.40	1.85	0.32		0.36
甘　肃	0.44	1.92	0.22	0.01	0.33
青　海	0.38	1.77	0.28	0.05	0.26
宁　夏	0.40	1.80	0.38		0.37
新　疆	0.31	1.77	0.36	0.02	0.40

2004年各地区城镇居民家庭消费支出构成(十三)

单位:%

地区	4.其他日用杂品	(五)家具材料	(六)家庭服务	1.家政服务	2.加工维修服务费
合计	**1.14**	**0.04**	**0.42**	**0.27**	**0.16**
北京	1.29	0.08	0.53	0.35	0.18
天津	0.90	0.02	0.36	0.27	0.09
河北	0.79	0.06	0.24	0.15	0.10
山西	1.10	0.05	0.29	0.11	0.18
内蒙古	1.20	0.05	0.23	0.12	0.11
辽宁	0.85	0.09	0.20	0.11	0.10
吉林	1.01	0.01	0.32	0.25	0.08
黑龙江	0.75	0.01	0.27	0.17	0.10
上海	0.98	0.01	0.76	0.56	0.20
江苏	1.45	0.04	0.53	0.35	0.18
浙江	0.98	0.12	0.43	0.28	0.15
安徽	0.92	0.02	0.24	0.12	0.12
福建	1.07		0.53	0.41	0.12
江西	1.48	0.05	0.49	0.26	0.23
山东	1.46	0.07	0.21	0.08	0.13
河南	1.06	0.05	0.33	0.14	0.19
湖北	1.32	0.02	0.25	0.07	0.18
湖南	1.45	0.04	0.41	0.19	0.22
广东	1.20	0.01	0.83	0.67	0.16
广西	1.08	0.01	0.22	0.07	0.15
海南	1.24	0.02	0.30	0.20	0.10
重庆	1.09		0.33	0.16	0.16
四川	1.13	0.01	0.59	0.36	0.24
贵州	1.86	0.01	0.33	0.13	0.20
云南	0.77	0.01	0.26	0.16	0.10
西藏	0.78	0.04	0.13	0.04	0.08
陕西	1.16	0.15	0.34	0.13	0.21
甘肃	1.36	0.03	0.33	0.10	0.23
青海	1.18	0.12	0.33	0.11	0.22
宁夏	1.04	0.01	0.32	0.13	0.20
新疆	1.00	0.08	0.33	0.15	0.18

2004年各地区城镇居民家庭消费支出构成(十四)

单位:%

地　区	四、医疗保健	(一)医疗器具	(二)保健器具	(三)药品费	(四)滋补保健品
合　计	**7.35**	**0.05**	**0.14**	**4.11**	**0.83**
北　京	9.69	0.09	0.36	4.59	1.68
天　津	9.36	0.04	0.15	5.57	0.72
河　北	9.46	0.11	0.15	5.69	0.77
山　西	7.11	0.05	0.06	4.20	0.27
内蒙古	7.62	0.05	0.11	4.90	0.32
辽　宁	8.27	0.08	0.16	4.07	1.07
吉　林	8.69	0.02	0.16	5.07	0.87
黑龙江	9.65	0.05	0.13	5.51	0.87
上　海	6.03	0.06	0.12	2.33	1.84
江　苏	6.78	0.07	0.20	3.42	1.20
浙　江	7.79	0.03	0.08	4.04	1.88
安　徽	6.93	0.03	0.08	4.02	0.24
福　建	5.84	0.02	0.06	3.12	0.68
江　西	5.02	0.06	0.17	3.00	0.40
山　东	7.26	0.08	0.15	3.98	0.74
河　南	8.25	0.04	0.14	5.47	0.43
湖　北	7.21	0.03	0.07	3.75	0.46
湖　南	6.91	0.06	0.03	4.49	0.63
广　东	6.07	0.04	0.15	3.29	0.90
广　西	7.16	0.02	0.03	4.65	0.51
海　南	6.03	0.04	0.03	3.45	0.35
重　庆	6.75	0.03	0.13	4.21	0.52
四　川	6.80	0.05	0.28	4.14	0.54
贵　州	5.48	0.05	0.03	3.45	0.23
云　南	9.12	0.06	0.27	5.48	0.37
西　藏	3.85		0.06	2.10	0.63
陕　西	8.23	0.05	0.09	5.13	0.37
甘　肃	6.94	0.06	0.06	4.76	0.26
青　海	7.85	0.10	0.08	4.29	0.48
宁　夏	7.57	0.04	0.14	5.34	0.35
新　疆	6.50	0.06	0.06	3.36	0.54

2004 年各地区城镇居民家庭消费支出构成(十五)

单位:%

地区	(五)医疗费	(六)其他	五、交通和通讯	(一)交通	1.家庭交通工具
合计	**2.14**	**0.08**	**11.75**	**5.42**	**2.04**
北京	2.84	0.15	12.80	6.63	2.24
天津	2.78	0.11	8.95	3.67	1.55
河北	2.57	0.16	10.24	3.86	1.67
山西	2.42	0.11	10.38	3.38	1.22
内蒙古	2.17	0.05	11.25	4.79	1.40
辽宁	2.76	0.13	9.97	3.45	0.35
吉林	2.56	0.01	10.60	4.68	1.12
黑龙江	2.99	0.09	9.85	3.73	0.43
上海	1.61	0.07	13.48	7.88	3.08
江苏	1.83	0.06	10.44	5.39	2.68
浙江	1.68	0.08	13.34	7.47	4.38
安徽	2.55	0.01	9.89	3.49	0.47
福建	1.91	0.04	12.93	5.29	2.68
江西	1.32	0.07	9.34	2.66	0.57
山东	2.21	0.09	12.01	6.06	3.04
河南	2.09	0.07	10.76	3.18	1.20
湖北	2.78	0.13	9.38	3.14	0.26
湖南	1.64	0.05	12.81	6.18	2.70
广东	1.64	0.05	16.40	9.40	4.52
广西	1.92	0.03	9.06	3.78	0.82
海南	2.10	0.06	12.10	6.06	1.65
重庆	1.75	0.10	10.85	4.11	0.10
四川	1.75	0.04	12.07	5.97	2.61
贵州	1.66	0.05	10.94	3.99	0.37
云南	2.81	0.12	12.90	5.11	1.64
西藏	1.05	0.01	14.21	5.34	0.55
陕西	2.56	0.04	9.36	3.27	0.41
甘肃	1.75	0.05	10.13	4.15	0.67
青海	2.79	0.11	9.85	3.94	0.18
宁夏	1.66	0.04	11.11	4.17	0.95
新疆	2.37	0.11	10.66	4.27	0.29

2004年各地区城镇居民家庭消费支出构成(十六)

单位:%

地区	2.车辆用燃料及零配件	3.交通工具服务支出	4.交通费	(二)通信	1.通信工具
合计	**0.49**	**0.51**	**2.38**	**6.33**	**1.05**
北京	0.89	0.87	2.64	6.18	1.27
天津	0.17	0.23	1.72	5.28	1.05
河北	0.46	0.30	1.44	6.38	1.23
山西	0.26	0.19	1.71	7.00	1.54
内蒙古	0.59	0.49	2.31	6.46	1.29
辽宁	0.12	0.11	2.88	6.52	0.69
吉林	0.24	0.22	3.10	5.92	0.96
黑龙江	0.19	0.33	2.78	6.12	0.86
上海	0.33	0.73	3.72	5.61	0.91
江苏	0.53	0.56	1.62	5.04	1.07
浙江	0.68	0.65	1.76	5.88	1.20
安徽	0.15	0.12	2.75	6.40	0.82
福建	0.50	0.46	1.65	7.64	0.93
江西	0.13	0.18	1.78	6.68	1.35
山东	0.52	0.49	2.01	5.94	1.29
河南	0.33	0.28	1.36	7.59	1.17
湖北	0.12	0.15	2.61	6.25	1.15
湖南	0.26	0.45	2.75	6.63	1.40
广东	1.46	1.30	2.12	7.00	0.88
广西	0.67	0.60	1.70	5.28	1.18
海南	1.26	0.52	2.63	6.03	0.89
重庆	0.06	0.05	3.90	6.74	0.83
四川	0.40	0.61	2.35	6.10	0.90
贵州	0.17	0.15	3.29	6.95	0.74
云南	0.78	0.90	1.79	7.80	0.88
西藏	0.42	0.34	4.04	8.86	0.39
陕西	0.14	0.15	2.56	6.09	1.22
甘肃	0.12	0.11	3.25	5.97	1.16
青海	0.11	0.13	3.52	5.90	0.98
宁夏	0.25	0.15	2.81	6.95	1.69
新疆	0.27	0.18	3.54	6.39	0.93

2004年各地区城镇居民家庭消费支出构成(十七)

单位:%

地区	2.通信服务	六、教育文化娱乐服务	(一)文化娱乐用品	(二)文化娱乐服务	1.参观游览
合计	**5.27**	**14.38**	**3.57**	**3.02**	**0.39**
北京	4.90	17.34	4.97	4.38	0.83
天津	4.23	14.00	4.01	2.05	0.46
河北	5.15	11.73	3.34	1.84	0.24
山西	5.46	15.94	3.79	2.58	0.48
内蒙古	5.17	13.80	4.10	2.62	0.58
辽宁	5.82	12.92	2.56	1.61	0.43
吉林	4.96	13.10	3.35	1.82	0.18
黑龙江	5.26	13.70	2.98	2.17	0.38
上海	4.69	17.38	4.90	3.76	0.23
江苏	3.98	14.06	3.62	2.83	0.42
浙江	4.68	15.81	3.90	3.83	0.30
安徽	5.59	10.92	2.62	1.94	0.36
福建	6.71	12.87	3.42	3.32	0.22
江西	5.33	14.72	3.45	3.24	0.67
山东	4.65	14.73	4.28	2.12	0.40
河南	6.42	13.12	3.16	2.96	0.27
湖北	5.10	14.67	3.00	2.93	0.36
湖南	5.24	15.85	3.11	3.90	0.23
广东	6.11	14.75	3.38	4.63	0.53
广西	4.10	14.91	3.62	3.27	0.21
海南	5.15	11.84	2.76	2.65	0.13
重庆	5.92	15.06	3.80	2.88	0.44
四川	5.21	13.72	3.39	2.99	0.21
贵州	6.21	14.44	3.42	3.75	0.45
云南	6.92	10.61	2.83	2.85	0.47
西藏	8.47	7.40	1.56	1.04	0.04
陕西	4.87	16.46	3.78	2.50	0.31
甘肃	4.81	14.37	4.20	2.40	0.62
青海	4.92	12.97	3.53	3.07	0.66
宁夏	5.26	11.19	3.69	2.09	0.38
新疆	5.46	14.56	3.18	2.35	0.37

2004年各地区城镇居民家庭消费支出构成(十八)

单位:%

地　区	2.健身活动	3.团体旅游	4.其他文娱活动	5.文娱用品修理服务费	(三)教　育
合　计	**0.07**	**1.62**	**0.88**	**0.07**	**7.78**
北　京	0.25	2.41	0.80	0.10	7.99
天　津	0.06	0.70	0.77	0.06	7.95
河　北	0.03	0.91	0.61	0.05	6.56
山　西	0.03	1.42	0.59	0.06	9.58
内蒙古	0.02	0.82	1.11	0.09	7.08
辽　宁	0.09	0.57	0.49	0.04	8.74
吉　林	0.08	0.69	0.82	0.05	7.93
黑龙江	0.08	0.78	0.89	0.04	8.54
上　海	0.15	2.35	0.95	0.06	8.73
江　苏	0.04	1.55	0.77	0.05	7.61
浙　江	0.06	2.67	0.74	0.06	8.08
安　徽	0.01	0.84	0.68	0.06	6.36
福　建	0.08	2.42	0.52	0.09	6.12
江　西	0.02	1.30	1.13	0.13	8.02
山　东	0.03	0.94	0.63	0.10	8.33
河　南	0.02	1.60	1.01	0.07	6.99
湖　北	0.04	1.45	0.98	0.09	8.75
湖　南	0.03	1.97	1.61	0.06	8.84
广　东	0.10	3.14	0.77	0.07	6.74
广　西	0.02	2.03	0.93	0.08	8.02
海　南	0.01	1.50	0.81	0.19	6.43
重　庆	0.02	1.53	0.86	0.03	8.38
四　川	0.05	1.15	1.53	0.06	7.34
贵　州	0.10	1.69	1.42	0.08	7.27
云　南	0.07	1.50	0.77	0.04	4.92
西　藏	0.05	0.13	0.80	0.01	4.81
陕　西	0.04	1.10	0.99	0.06	10.18
甘　肃	0.01	0.71	0.89	0.18	7.77
青　海		1.01	1.33	0.07	6.37
宁　夏	0.08	0.39	1.20	0.04	5.41
新　疆	0.03	0.95	0.92	0.07	9.03

2004年各地区城镇居民家庭消费支出构成(十九)

单位:%

地区	1.教材	2.教育费用	七、居住	(一)住房	(二)水电燃料及其他
合计	**0.54**	**7.24**	**10.21**	**3.45**	**6.29**
北京	0.50	7.49	8.73	4.11	4.32
天津	0.54	7.41	13.98	6.02	7.37
河北	0.68	5.88	12.12	3.47	8.28
山西	0.80	8.78	10.86	3.88	6.46
内蒙古	0.36	6.72	10.08	2.83	6.44
辽宁	0.79	7.96	10.11	2.87	7.01
吉林	0.69	7.24	11.53	3.20	7.90
黑龙江	0.61	7.93	10.98	3.12	7.36
上海	0.77	7.96	10.50	5.00	4.63
江苏	0.29	7.31	10.37	4.65	5.45
浙江	0.49	7.60	9.13	4.21	4.66
安徽	0.55	5.81	9.36	2.65	6.44
福建	0.44	5.69	10.65	2.74	7.49
江西	0.40	7.62	9.47	2.36	6.93
山东	0.46	7.87	9.01	2.46	6.20
河南	0.69	6.30	10.93	3.07	7.34
湖北	0.54	8.21	10.03	2.68	7.07
湖南	0.45	8.38	9.31	3.36	5.60
广东	0.40	6.35	11.27	3.74	6.59
广西	0.62	7.40	10.24	2.52	7.34
海南	0.75	5.68	9.73	2.67	6.72
重庆	0.31	8.06	11.33	4.86	5.78
四川	0.63	6.71	9.43	3.11	5.79
贵州	0.52	6.75	8.52	1.59	6.62
云南	0.31	4.62	8.67	2.95	5.39
西藏	0.97	3.83	5.80	0.96	4.58
陕西	1.02	9.16	10.38	3.78	6.22
甘肃	0.44	7.33	9.64	3.02	6.24
青海	0.36	6.01	11.53	5.19	5.84
宁夏	0.77	4.64	11.34	4.59	6.15
新疆	0.64	8.39	9.82	1.97	7.27

2004年各地区城镇居民家庭消费支出构成(二十)

单位:%

地区	1.水	2.电	3.燃料	4.其他	(三)居住服务费
合计	**0.74**	**2.83**	**1.97**	**0.74**	**0.48**
北京	0.71	2.27	1.07	0.27	0.31
天津	0.64	2.99	1.25	2.50	0.58
河北	0.72	2.59	2.51	2.46	0.37
山西	0.59	2.20	2.31	1.36	0.53
内蒙古	0.45	2.16	1.83	2.00	0.81
辽宁	0.67	2.62	1.96	1.75	0.24
吉林	0.65	2.66	2.16	2.43	0.43
黑龙江	0.61	2.91	2.14	1.69	0.50
上海	0.70	2.52	1.37	0.04	0.88
江苏	0.72	2.75	1.77	0.20	0.28
浙江	0.60	2.70	1.17	0.19	0.26
安徽	0.64	3.11	2.54	0.14	0.26
福建	1.14	3.96	2.31	0.08	0.41
江西	0.78	3.16	2.79	0.19	0.18
山东	0.47	2.22	1.78	1.74	0.35
河南	0.88	3.22	2.56	0.67	0.52
湖北	0.90	3.49	2.52	0.16	0.27
湖南	0.79	2.54	2.12	0.15	0.34
广东	0.87	3.46	2.19	0.06	0.95
广西	0.92	3.38	2.91	0.13	0.38
海南	1.14	2.93	2.57	0.08	0.34
重庆	1.12	2.99	1.61	0.06	0.69
四川	0.87	2.82	1.97	0.14	0.52
贵州	0.80	3.69	2.01	0.12	0.31
云南	1.11	2.63	1.61	0.05	0.33
西藏	0.59	1.67	2.27	0.05	0.26
陕西	0.57	2.53	2.04	1.08	0.38
甘肃	0.42	1.98	1.33	2.51	0.38
青海	0.38	2.07	1.43	1.96	0.50
宁夏	0.52	2.05	1.35	2.23	0.60
新疆	0.38	1.60	1.96	3.33	0.57

2004年各地区城镇居民家庭消费支出构成(二十一)

单位:%

地　区	1.物业管理费	2.维修服务费	3.其他	八、杂项商品和服务	(一)杂项商品	(二)服务
合　计	**0.25**	**0.07**	**0.15**	**3.34**	**2.09**	**1.25**
北　京	0.22	0.03	0.06	3.79	2.49	1.30
天　津	0.21	0.07	0.30	3.72	2.39	1.34
河　北	0.16	0.14	0.07	2.89	1.61	1.28
山　西	0.13	0.14	0.26	3.00	1.76	1.24
内蒙古	0.39	0.12	0.30	4.46	2.75	1.71
辽　宁	0.09	0.10	0.05	4.13	1.97	2.16
吉　林	0.28	0.09	0.06	3.78	2.19	1.59
黑龙江	0.32	0.09	0.09	3.61	2.27	1.34
上　海	0.81	0.03	0.04	3.76	2.62	1.14
江　苏	0.16	0.07	0.04	3.30	1.97	1.34
浙　江	0.18	0.04	0.04	3.25	2.03	1.22
安　徽	0.15	0.04	0.08	3.31	1.59	1.72
福　建	0.22	0.08	0.11	3.44	1.84	1.60
江　西	0.03	0.07	0.08	2.66	1.78	0.88
山　东	0.10	0.10	0.16	3.09	2.11	0.98
河　南	0.08	0.09	0.35	3.34	2.08	1.26
湖　北	0.06	0.07	0.14	3.05	2.12	0.93
湖　南	0.08	0.12	0.14	3.46	2.24	1.22
广　东	0.64	0.05	0.26	3.20	2.07	1.13
广　西	0.22	0.03	0.13	3.59	2.13	1.46
海　南	0.28	0.04	0.02	2.99	2.13	0.86
重　庆	0.47	0.03	0.18	2.47	1.84	0.63
四　川	0.20	0.10	0.22	3.00	1.90	1.10
贵　州	0.07	0.05	0.18	3.61	2.42	1.19
云　南	0.13	0.04	0.16	2.40	1.50	0.90
西　藏	0.18	0.02	0.05	4.60	2.51	2.09
陕　西	0.04	0.09	0.25	3.35	2.14	1.22
甘　肃	0.12	0.08	0.18	3.74	2.42	1.32
青　海	0.20	0.10	0.20	3.69	2.35	1.34
宁　夏	0.35	0.14	0.11	4.55	2.99	1.57
新　疆	0.24	0.08	0.26	4.05	2.94	1.11

2004年各地区城镇居民家庭年末主要耐用消费品拥有量(一)

(平均每百户)

地　区	1.成套家具(套)	2.摩托车(辆)	3.自行车(辆)	4.助力车(辆)	5.家用汽车(辆)
合　计	**76.41**	**24.84**	**140.21**	**6.50**	**2.18**
北　京	89.25	5.65	191.83	3.99	12.64
天　津	98.53	8.53	222.40	7.40	2.33
河　北	82.57	36.33	225.17	6.46	2.23
山　西	77.68	27.68	186.39	3.84	1.23
内蒙古	73.47	27.35	174.89	4.25	3.47
辽　宁	43.06	7.28	129.59	3.20	0.42
吉　林	28.39	15.66	132.50	1.82	1.16
黑龙江	42.06	9.20	102.00	0.51	0.95
上　海	99.70	3.00	125.60	20.30	3.60
江　苏	72.72	27.59	177.59	17.71	1.83
浙　江	80.56	29.41	170.42	23.18	3.52
安　徽	64.93	18.88	135.23	5.54	0.53
福　建	81.45	48.89	113.93	4.95	1.42
江　西	75.98	18.98	142.11	2.59	0.36
山　东	89.95	47.20	192.05	12.54	2.51
河　南	70.81	26.85	202.63	9.06	0.76
湖　北	85.98	15.80	121.62	2.75	0.31
湖　南	87.80	17.32	66.60	3.52	0.56
广　东	81.88	76.91	121.21	3.05	6.56
广　西	93.89	44.55	184.94	7.57	0.48
海　南	18.66	67.54	111.95	0.51	2.25
重　庆	98.33	2.33	4.67	2.33	0.33
四　川	99.44	7.87	80.67	3.73	2.14
贵　州	71.27	8.61	22.91	0.03	0.38
云　南	67.17	20.43	122.69	6.77	6.91
西　藏	86.00	7.00	137.00		2.00
陕　西	68.49	15.04	134.08	1.93	0.35
甘　肃	82.96	12.18	164.77	5.82	0.23
青　海	48.06	6.98	68.48	1.72	0.67
宁　夏	27.53	17.57	180.43	2.50	0.36
新　疆	70.11	19.10	133.58	1.35	0.79

2004年各地区城镇居民家庭年末主要耐用消费品拥有量(二)

(平均每百户)

地 区	6.洗衣机(台)	7.电风扇(台)	8.电冰箱(台)	9.冰 柜(台)	10.彩色电视机(台)
合 计	**95.90**	**179.56**	**90.15**	**6.73**	**133.44**
北 京	102.02	130.90	102.60	10.09	150.61
天 津	95.87	114.60	98.93	16.80	136.47
河 北	100.14	163.59	95.26	15.05	127.23
山 西	99.39	89.64	81.06	9.73	116.24
内 蒙 古	93.45	60.35	83.59	12.94	110.53
辽 宁	91.88	78.42	88.68	8.93	122.29
吉 林	97.62	71.20	82.20	10.45	124.89
黑 龙 江	92.25	58.82	75.73	12.41	112.98
上 海	95.60	214.50	103.50	1.90	177.50
江 苏	98.85	209.65	90.94	4.67	145.41
浙 江	94.94	264.98	98.93	3.67	163.14
安 徽	95.68	242.27	89.85	4.95	127.66
福 建	98.08	230.65	97.08	2.67	158.42
江 西	96.24	255.17	87.28	3.55	135.35
山 东	92.89	179.15	91.21	14.01	119.59
河 南	97.05	217.05	84.62	7.78	125.21
湖 北	97.80	239.21	96.20	5.53	131.69
湖 南	95.55	251.10	87.60	7.30	129.55
广 东	97.36	297.33	93.42	0.87	154.69
广 西	93.80	301.27	92.67	1.68	138.10
海 南	80.51	193.05	71.41	2.03	118.51
重 庆	99.33	182.33	99.67	3.33	153.33
四 川	96.23	211.58	92.91	3.17	135.71
贵 州	98.05	103.42	86.43	5.79	125.27
云 南	91.11	29.69	77.31	1.16	122.91
西 藏	93.00	11.00	84.00	9.00	133.00
陕 西	97.00	131.64	81.65	3.25	127.87
甘 肃	96.53	56.16	87.57	5.05	120.32
青 海	102.34	14.44	81.71	9.69	122.44
宁 夏	93.70	77.53	80.48	3.36	116.00
新 疆	91.46	57.77	83.52	3.75	111.95

2004年各地区城镇居民家庭年末主要耐用消费品拥有量(三)

(平均每百户)

地 区	11.影碟机(台)	12.录音机(台)	13.录放像机(台)	14.家用电脑(台)	15.组合音响(套)
合 计	**63.26**	**47.33**	**17.55**	**33.11**	**28.29**
北 京	66.97	66.52	45.22	79.44	35.98
天 津	55.33	54.73	28.00	41.20	28.93
河 北	48.32	57.38	16.97	23.82	22.59
山 西	46.07	49.15	12.47	22.93	17.37
内 蒙 古	52.18	45.19	8.59	19.02	13.26
辽 宁	46.54	50.20	22.75	27.87	24.18
吉 林	55.05	48.04	17.94	20.85	14.30
黑 龙 江	47.17	51.16	15.36	17.29	15.62
上 海	85.70	60.20	30.80	69.90	44.80
江 苏	56.76	42.86	18.92	31.68	25.33
浙 江	64.15	50.41	20.27	44.72	30.41
安 徽	55.90	40.89	15.87	19.31	20.39
福 建	78.12	31.26	12.88	46.56	29.45
江 西	55.47	38.36	10.94	19.98	24.14
山 东	59.83	64.21	20.60	37.71	22.84
河 南	52.41	48.05	10.38	22.09	18.98
湖 北	70.14	41.32	14.44	32.40	31.05
湖 南	63.86	39.04	13.42	27.67	33.91
广 东	85.64	50.43	17.97	64.28	54.33
广 西	71.19	45.15	13.91	32.64	35.68
海 南	58.68	48.75	11.11	18.96	25.06
重 庆	82.00	27.33	21.67	43.67	39.67
四 川	76.80	34.15	13.52	26.43	30.51
贵 州	78.71	26.22	13.39	21.02	39.34
云 南	75.94	43.61	17.40	25.73	35.32
西 藏	74.00	59.00	45.00	17.00	33.00
陕 西	58.25	44.57	14.33	23.51	20.75
甘 肃	59.26	56.73	14.96	20.66	27.88
青 海	63.81	55.68	13.67	16.46	22.84
宁 夏	53.78	43.55	8.65	15.04	20.59
新 疆	56.19	59.80	16.26	17.84	18.29

2004年各地区城镇居民家庭年末主要耐用消费品拥有量(四)

(平均每百户)

地　区	16.摄像机(架)	17.照相机(架)	18.钢　琴(架)	19.其他中高档乐器(件)	20.微波炉(台)
合　计	**3.17**	**47.04**	**2.22**	**7.23**	**41.70**
北　京	13.63	100.44	4.18	9.81	86.86
天　津	3.93	54.27	1.13	3.33	68.87
河　北	2.46	47.77	1.38	7.51	30.87
山　西	2.03	40.39	1.41	6.16	17.60
内蒙古	2.51	32.96	1.18	6.79	22.53
辽　宁	4.11	50.87	2.47	6.13	37.37
吉　林	3.12	42.99	1.75	7.43	30.91
黑龙江	3.08	34.00	1.74	5.97	20.03
上　海	8.30	80.10	5.80	7.70	93.30
江　苏	3.56	42.05	1.86	5.03	65.41
浙　江	3.07	51.47	2.28	8.19	51.65
安　徽	1.58	34.54	1.52	7.75	34.06
福　建	3.33	44.56	3.15	5.88	68.29
江　西	1.54	34.71	1.44	7.88	28.66
山　东	3.47	56.80	3.14	9.18	35.62
河　南	2.07	37.87	1.96	7.89	23.87
湖　北	1.45	41.70	1.53	7.27	40.16
湖　南	1.21	39.67	2.39	7.48	34.49
广　东	4.83	64.68	3.50	9.24	58.65
广　西	2.11	42.20	1.57	7.09	39.78
海　南	0.25	21.53	0.76	5.09	20.63
重　庆	4.67	52.67	2.00	6.33	66.33
四　川	1.90	37.53	1.39	5.45	36.95
贵　州	2.12	33.83	2.07	5.00	32.70
云　南	3.18	47.30	2.78	5.84	41.15
西　藏	5.00	55.00		2.00	30.00
陕　西	1.45	39.84	1.26	6.41	32.14
甘　肃	1.64	42.58	1.69	9.69	22.34
青　海	1.15	46.02	1.50	7.78	31.93
宁　夏	1.12	26.94	0.70	6.32	23.05
新　疆	1.16	40.33	2.51	12.24	14.29

2004年各地区城镇居民家庭年末主要耐用消费品拥有量(五)

(平均每百户)

地　区	21.空调器(台)	22.取暖器(台)	23.电炊具(台)	24.淋浴热水器(台)	25.排油烟机(台)
合　计	**69.81**	**33.73**	**106.38**	**69.40**	**65.58**
北　京	135.66	31.92	120.43	94.07	90.89
天　津	95.33	25.27	103.00	85.80	87.07
河　北	61.56	17.06	68.75	69.38	71.55
山　西	21.33	11.56	41.82	34.56	60.34
内蒙古	6.10	5.54	149.04	40.25	61.98
辽　宁	12.10	17.37	93.73	60.49	78.67
吉　林	3.81	11.66	131.47	40.90	77.58
黑龙江	5.75	10.20	174.83	30.81	73.60
上　海	159.20	79.30	176.30	88.40	82.30
江　苏	98.72	50.84	115.01	74.81	74.04
浙　江	115.70	41.48	123.66	80.70	85.33
安　徽	69.77	41.22	94.49	59.92	52.05
福　建	126.62	16.61	125.92	98.52	64.39
江　西	53.92	68.70	84.09	72.69	40.64
山　东	61.67	31.96	87.17	69.04	85.49
河　南	81.80	35.81	75.39	45.63	52.07
湖　北	85.79	62.87	116.96	71.04	54.45
湖　南	65.84	70.11	62.02	66.07	33.74
广　东	155.95	11.81	116.45	105.16	80.43
广　西	63.96	28.00	152.91	96.70	53.65
海　南	36.20		149.19	79.46	55.85
重　庆	152.33	34.67	83.00	96.33	38.67
四　川	65.92	42.29	103.58	83.99	39.34
贵　州	6.38	59.81	108.61	50.72	40.04
云　南	0.34	28.63	115.51	50.90	74.28
西　藏	5.00	54.00	23.00	25.00	37.00
陕　西	65.01	21.27	89.40	61.21	61.21
甘　肃	2.78	12.90	81.33	55.74	80.03
青　海	1.00	25.54	52.52	32.72	79.30
宁　夏	2.95	10.33	144.44	55.32	60.46
新　疆	6.15	7.58	76.99	61.46	75.98

2004年各地区城镇居民家庭年末主要耐用消费品拥有量(六)

(平均每百户)

地区	26.消毒碗柜(台)	27.洗碗机(台)	28.饮水机(台)	29.吸尘器(台)
合计	**14.03**	**0.57**	**36.83**	**13.24**
北京	7.56	1.10	52.91	36.71
天津	1.33	0.27	36.53	26.73
河北	2.94	0.57	30.17	12.83
山西	1.06	0.29	31.39	6.59
内蒙古	1.67	0.21	30.08	11.12
辽宁	4.42	0.57	23.16	25.01
吉林	4.20	0.50	26.07	16.53
黑龙江	3.90	0.55	24.65	15.00
上海	14.40	1.00	58.50	51.80
江苏	5.14	0.42	47.41	15.38
浙江	16.60	0.85	46.67	15.83
安徽	3.57	0.34	25.23	8.64
福建	36.31	0.65	34.29	5.82
江西	7.56	0.27	28.30	4.99
山东	5.82	0.85	60.91	17.19
河南	5.99	0.35	33.83	5.02
湖北	10.65	0.56	26.87	7.28
湖南	19.99	0.48	28.73	3.33
广东	78.75	1.08	38.57	10.75
广西	38.95	0.20	26.93	6.69
海南	50.99		19.51	0.25
重庆	14.00	1.00	45.33	12.00
四川	8.26	0.41	32.07	6.00
贵州	26.43	0.32	51.83	5.45
云南	10.90	1.00	57.83	9.23
西藏	8.00	2.00	37.00	7.00
陕西	5.03	0.18	34.63	6.04
甘肃	1.80	0.49	38.25	7.29
青海	3.40		29.63	8.53
宁夏	1.89	0.10	30.32	6.32
新疆	4.23	0.14	26.82	16.59

2004年各地区城镇居民家庭年末主要耐用消费品拥有量(七)

(平均每百户)

地　区	30.健身器材(套)	31.普通电话(部)	32.移动电话(部)	33.传真机(部)
合　计	**4.22**	**96.44**	**111.35**	**0.92**
北　京	11.88	106.81	164.52	2.38
天　津	4.93	95.73	107.13	0.87
河　北	6.09	96.36	82.13	0.40
山　西	2.16	93.48	79.00	0.42
内蒙古	2.08	90.73	114.21	0.39
辽　宁	3.01	94.40	91.08	0.70
吉　林	4.79	96.68	113.52	0.66
黑龙江	2.14	91.32	76.59	0.51
上　海	8.00	103.00	160.80	4.90
江　苏	4.06	108.14	105.94	1.23
浙　江	4.45	99.37	144.58	1.73
安　徽	3.69	95.92	86.90	0.17
福　建	5.67	106.07	149.58	1.35
江　西	2.19	95.68	95.22	0.12
山　东	5.21	97.09	121.36	0.44
河　南	3.04	94.85	87.53	0.46
湖　北	3.25	95.53	95.89	0.67
湖　南	4.01	93.06	124.85	0.23
广　东	7.41	102.38	170.86	2.51
广　西	2.71	94.69	102.57	1.26
海　南	3.74	95.55	85.40	
重　庆	5.67	96.00	128.33	1.00
四　川	2.90	93.18	104.97	0.38
贵　州	1.99	94.07	96.82	0.34
云　南	4.03	90.09	111.52	0.84
西　藏	1.00	88.00	108.00	
陕　西	2.21	89.38	100.51	0.49
甘　肃	2.20	87.87	91.89	0.34
青　海	1.43	90.51	90.69	0.27
宁　夏	1.00	91.29	90.49	0.16
新　疆	2.72	91.69	87.13	0.14